부산광역시교육청

교육공무직원

소양평가(직무능력검사 및 인성검사)

부산광역시교육청
교육공무직원
소양평가(직무능력검사 및 인성검사)

개정2판 1쇄 발행 2023년 07월 14일
개정3판 1쇄 발행 2024년 06월 28일

편 저 자 | 공무원시험연구소
발 행 처 | (주)서원각
등록번호 | 1999-1A-107호
주 소 | 경기도 고양시 일산서구 덕산로 88-45(가좌동)
대표번호 | 031-923-2051
팩 스 | 031-923-3815
교재문의 | 카카오톡 플러스 친구 [서원각]
홈페이지 | goseowon.com

합격을 향하여

교육공무직원은 교사들이 학생지도에 전념할 수 있도록 일선 학교에서 업무를 담당한다. 교육공무직원은 정년 만 60세의 무기계약근로자로 안정적 신분이다.

각 시도교육청별 다르지만 채용전형은 다르지만 부산광역시교육청 교육공무직원은 서류심사 이후에 소양평가(직무능력검사 및 인성검사)와 면접으로 인재를 선발한다.

본서는 부산광역시 교육공무직원 채용시험에 대비하기 위한 도서입니다.

1 채용시험에 출제가 예상되는 핵심이론을 요점만 정리하여 효율적인 학습이 가능하도록 하였습니다.

2 영역별로 출제가 예상되는 문제를 수록하였습니다.

3 인성검사 유형과 실전 인성검사를 수록하여 실제 시험장에서 당황하지 않을 수 있도록 하였습니다.

4 면접에 필요한 정보와 함께 기출질문을 수록하였습니다.

본서는 교육공무직원 채용을 준비하는 수험생을 위해 발행된 기본서이다. 인성검사의 유형을 분석하고 가장 대표적인 유형을 엄선하여 교육공무직원 소양평가에 포괄적으로 대비할 수 있도록 구성하였다. 또한 직무능력검사 영역별 핵심이론 및 출제예상문제, 다양한 유형의 인성검사, 면접기출 등을 수록하여 교육공무직원 채용에 다각도로 대비할 수 있도록 하였다.

시험을 준비하는 수험생들에게 합격의 영광이 함께 하기를 기원합니다.

Structure

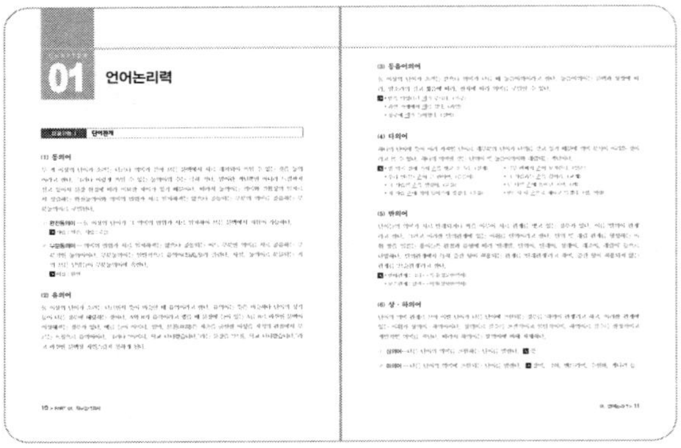
01 언어논리력

핵심이론정리

직무능력검사 영역별로 문제유형을 구분하여 문제 풀이에 활용할 수 있는 주요 핵심이론을 정리하였습니다.

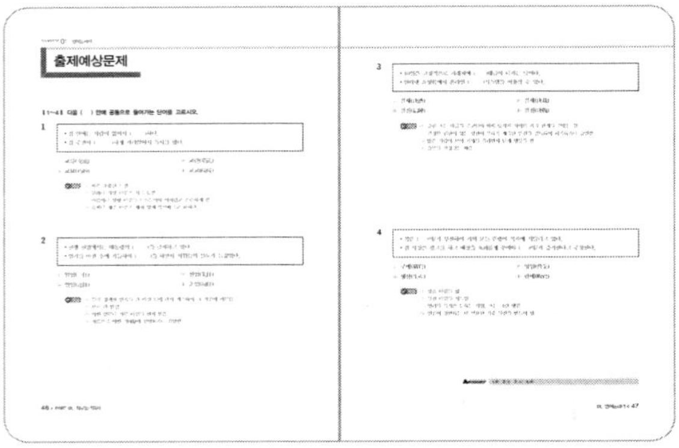
출제예상문제

출제예상문제

각 영역별로 출제가 예상되는 다양한 유형과 난도별로 문제를 엄선하여 수록하였습니다.

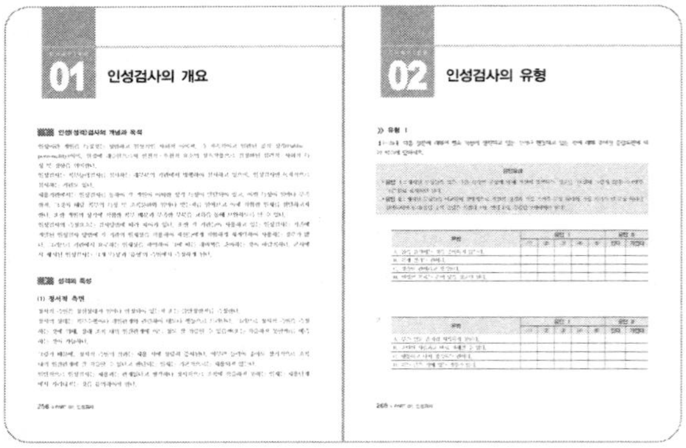
01 인성검사의 개요

02 인성검사의 유형

인성검사

근면성, 책임감 등 개인의 성격 및 적성을 파악하는 인성검사의 개념에 대해 소개하고 진위형 및 객관식을 포함한 다양한 유형의 인성검사를 수록하였습니다.

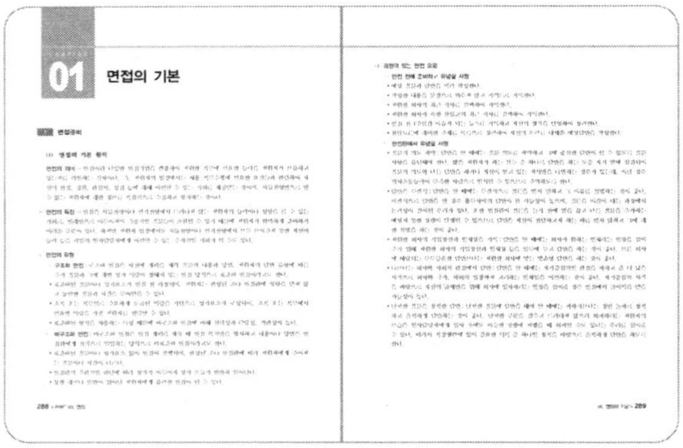
01 면접의 기본

면접

면접 준비방법을 위한 기본 원칙과 면접의 유형을 상세하게 정리하였습니다. 면접장에서 유의사항, 면접 종류, 면접 복장, 면접 질문 답변 포인트를 정리하였으며 면접 기출질문을 수록하였습니다.

Contents

01 직무능력검사

02 인성검사

03 면접

Information

응시 필수 자격요건은 무엇인가요?

응시 자격요건에는 첫 번째로 응시연령으로 18세 이상이어야 합니다.
채용시험 공고일 전일(前日)부터 면접시험일까지 계속하여 본인의 주민등록상 주소지 또는 국내 거소신고(재외국민에 한함)가 부산광역시로 되어 있는 사람이며, 동 기간 중 주민등록말소 및 거주불명으로 등록된 사실이 없어야 합니다.
대한민국 국적 소지자(외국인 및 복수국적자 제외)이어야 합니다. 복수국적자(대한민국 국적과 외국 국적을 동시에 가진 자)가 응시할 경우 채용 전까지 외국 국적을 포기하여야 합니다.
응시자는 응시원서 접수 마감일까지 직종별 필수자격 요건 중 1가지 이상을 갖춘 경우에만 시험에 응시 가능하므로 공고문의 직종별 필수자격 조건을 확인해보아야 합니다.

응시 결격 사유가 있나요?

① 면접시험일 기준으로 정년(만 60세) 이상에 해당하는 사람은 응시할 수 없음
② 면접시험일 기준으로 「부산광역시교육감 소속 교육공무직원 취업규칙」 제6조(결격사유)에 해당되는 사람은 응시할 수 없음

응시 원서 접수 방법과 유의사항이 있나요?

① PC인터넷 접수 : 교육공무직원 채용관리 시스템 이용(모바일, 방문 · 우편 접수 불가)
② 접수기간 중 온라인 접수 가능. 단, 접수 마감일에는 18:00 마감. 마감 이후에는 접수 · 수정 · 취소 불가
③ 중복하여 응시원서를 접수할 수 없으며, 중복접수로 인한 불이익(응시불가)은 응시자 책임
④ 응시원서 접수 후 반드시 접수 확인 필요(응시표에 접수번호가 기재되어있으면 정상 접수)

시험은 어떻게 진행이 되나요?

1차 시험에서는 교육청 일저에 따라 서류심사가 진행됩니다. 심사가 되고 나면 소양평가를 시행합니다. 소양평가는 문항 출제 및 결과 분석 등 평가 전반에 관한 사항을 전문기관에 위탁하여 실시합니다.
소양평가는 인성검사(50%), 직무능력검사(50%)로 진행합니다.
1차 시험 합격자에 한하여 2차 면접심사에 응시 가능합니다.

합격자 결정 방법은 어떻게 되나요?

1차 점수와 가산점수를 합산하여 점수가 높은 순서대로 1차 합격자를 결정합니다. 동점자 처리는 1순위는 취업지원대상자이고, 2순위는 소양평가 점수 높은 자입니다.
1차 시험 합격자 공고 후 응시결격사유에 해당되거나, 자격요건 등 확인 결과 허위로 판명되는 경우 합격을 취소하고 차순위자를 합격자로 결정됩니다.
최종합격자는 면접심사 만점의 40% 이상 득점자에 한하여 가산점수를 포함한 1차 시험 점수와 2차 시험(면접심사) 점수를 합산하여 점수가 높은 순서대로 최종 합격자를 결정합니다. 이때 동점자 처리 기준은 1순위 취업지원대상자, 2순위 면접심사 점수 높은 자, 3순위 소양평가 점수 높은 자, 4순위 경력 점수 높은 자, 5순위 고연장자 입니다.

최종 합격자 신분 및 처우에 대해서 알려주세요.,

① 정년 : 만 60세
② 수습기간 : 3개월 미만 ※ 3개월 미만의 수습기간을 두며, 수습기간 중 평가를 통해 계속 근로가 부적격하다고 판단되는 경우 근로계약 해지 가능
③ 근무장소 : 부산광역시교육청 소속 공립 각급학교(기관)
④ 근무지 발령 : 성적순으로 발령
⑤ 보수 등 처우 : 매년 부산광역시교육청 교육공무직원 처우개선 계획 등 관련규정을 따르며, 퇴직연금제도는 확정기여형(DC)으로 설정
⑥ 겸직불가(예외적 사전승인)

PART

01

직무능력검사

01. 언어논리력
02. 수리력
03. 공간지각력
04. 문제해결력
05. 관찰탐구력

CHAPTER 01

언어논리력

대표유형 1 단어관계

(1) 동의어

두 개 이상의 단어가 소리는 다르나 의미가 같아 모든 문맥에서 서로 대치되어 쓰일 수 있는 것을 동의어라고 한다. 그러나 이렇게 쓰일 수 있는 동의어의 수는 극히 적다. 말이란 개념뿐만 아니라 느낌까지 싣고 있어서 문장 환경에 따라 미묘한 차이가 있기 때문이다. 따라서 동의어는 의미와 결합성의 일치로서 성립하는 완전동의어와 의미의 범위가 서로 일치하지는 않으나 공통되는 부분의 의미를 공유하는 부분동의어로 구별된다.

① **완전동의어** … 둘 이상의 단어가 그 의미의 범위가 서로 일치하여 모든 문맥에서 치환이 가능하다.
예 사람 : 인간, 사망 : 죽음

② **부분동의어** … 의미의 범위가 서로 일치하지는 않으나 공통되는 어느 부분만 의미를 서로 공유하는 부분적인 동의어이다. 부분동의어는 일반적으로 유의어(類義語)라 불린다. 사실, 동의어로 분류되는 거의 모든 낱말들이 부분동의어에 속한다.
예 이유 : 원인

(2) 유의어

둘 이상의 단어가 소리는 다르면서 뜻이 비슷할 때 유의어라고 한다. 유의어는 뜻은 비슷하나 단어의 성격 등이 다른 경우에 해당하는 것이다. A와 B가 유의어라고 했을 때 문장에 들어 있는 A를 B로 바꾸면 문맥이 이상해지는 경우가 있다. 예를 들어 어머니, 엄마, 모친(母親)은 자손을 출산한 여성을 자식의 관점에서 부르는 호칭으로 유의어이다. 그러나 "어머니, 학교 다녀왔습니다."라는 문장을 "모친, 학교 다녀왔습니다."라고 바꾸면 문맥상 자연스럽지 못하게 된다.

(3) 동음이의어

둘 이상의 단어가 소리는 같으나 의미가 다를 때 동음이의어라고 한다. 동음이의어는 문맥과 상황에 따라, 말소리의 길고 짧음에 따라, 한자에 따라 의미를 구별할 수 있다.

예
- 밥을 먹었더니 배가 부르다. (복부)
- 과일 가게에서 배를 샀다. (과일)
- 항구에 배가 들어왔다. (선박)

(4) 다의어

하나의 단어에 뜻이 여러 가지인 단어로 대부분의 단어가 다의를 갖고 있기 때문에 의미 분석이 어려운 것이라고 볼 수 있다. 하나의 의미만 갖는 단의어 및 동음이의어와 대립되는 개념이다.

예
- 밥 먹기 전에 가서 손을 씻고 오너라. (신체)
- 우리 언니는 손이 큰 편이야. (씀씀이)
- 그 사람의 손을 빌렸어. (도움)
- 저 사람 손에 집이 넘어가게 생겼다. (소유)
- 너무 바빠서 손이 모자란다. (일손)
- 그 사람과는 손을 끊어라. (교제)
- 넌 나의 손에 놀아난 거야. (꾀)
- 반드시 내 손으로 해내고 말겠다. (힘, 역량)

(5) 반의어

단어들의 의미가 서로 반대되거나 짝을 이루어 서로 관계를 맺고 있는 경우가 있다. 이를 '반의어 관계'라고 한다. 그리고 이러한 반의관계에 있는 어휘를 반의어라고 한다. 반의 및 대립 관계를 형성하는 어휘 쌍을 일컫는 용어들은 관점과 유형에 따라 '반대말, 반의어, 반대어, 상대어, 대조어, 대립어' 등으로 다양하다. 반의관계에서 특히 중간 항이 허용되는 관계를 '반대관계'라고 하며, 중간 항이 허용되지 않는 관계를 '모순관계'라고 한다.

예
- 반대관계 : 크다 ↔ 작다(정도반의어)
- 모순관계 : 남자 ↔ 여자(상보반의어)

(6) 상 · 하의어

단어의 의미 관계로 보아 어떤 단어가 다른 단어에 포함되는 경우를 '하의어 관계'라고 하고, 이러한 관계에 있는 어휘가 상의어 · 하의어이다. 상의어로 갈수록 포괄적이고 일반적이며, 하의어로 갈수록 한정적이고 개별적인 의미를 지닌다. 따라서 하의어는 상의어에 비해 자세하다.

① 상의어…다른 단어의 의미를 포함하는 단어를 말한다. 예 꽃

② 하의어 … 다른 단어의 의미에 포함되는 단어를 말한다. 예 장미, 국화, 맨드라미, 수선화, 개나리 등

대표유형 2	관용표현 및 생활어휘

(1) 관용표현

관용표현이란 둘 이상의 낱말이 합쳐져 원래의 뜻과는 전혀 다른 새로운 뜻으로 굳어져서 쓰이는 표현을 말한다. 예 발을 끊다. → 오가지 않거나 관계를 끊다. / 손이 크다. → 씀씀이가 후하고 크다.

(2) 단위를 나타내는 말

① 길이

뼘	엄지손가락과 다른 손가락을 완전히 펴서 벌렸을 때에 두 끝 사이의 거리
발	한 발은 두 팔을 양옆으로 펴서 벌렸을 때 한쪽 손끝에서 다른 쪽 손끝까지의 길이
길	한 길은 여덟 자 또는 열 자로 약 3m에 해당함. 사람의 키 정도의 길이
치	길이의 단위. 한 치는 한 자의 10분의 1 또는 약 3.33cm
자	길이의 단위. 한 자는 한 치의 열 배로 약 30.3cm
리	거리의 단위. 1리는 약 0.393km
마장	거리의 단위. 오 리나 십 리가 못 되는 거리

② 부피

술	한 술은 숟가락 하나 만큼의 양
홉	곡식의 부피를 재기 위한 기구들이 만들어지고, 그 기구들의 이름이 그대로 부피를 재는 단위가 된다. '홉'은 그 중 가장 작은 단위(180ml에 해당)이며, 곡식 외에 가루, 액체 따위의 부피를 잴 때도 쓰임(10홉 = 1되, 10되 = 1말, 10말 = 1섬).
되	곡식이나 액체 따위의 분량을 헤아리는 단위. '말'의 10분의 1, '홉'의 10배이며, 약 1.8l
섬	곡식 · 가루 · 액체 따위의 부피를 잴 때 씀. 한 섬은 한 말의 열 배로 약 180l

③ 무게

돈	귀금속이나 한약재 따위의 무게를 잴 때 쓰는 단위. 한 돈은 한 냥의 10분의 1, 한 푼의 열 배로 3.75g
냥	한 냥은 귀금속 무게를 잴 때는 한 돈의 열 배이고, 한약재의 무게를 잴 때는 한 근의 16분의 1로 37.5g
근	고기나 한약재의 무게를 잴 때는 600g에 해당하고, 과일이나 채소 따위의 무게를 잴 때는 한 관의 10분의 1로 375g
관	한 관은 한 근의 열 배로 3.75kg

④ 낱개

개비	가늘고 짤막하게 쪼개진 도막을 세는 단위
그루	식물, 특히 나무를 세는 단위
닢	가마니, 돗자리, 멍석 등을 세는 단위
땀	바느질할 때 바늘을 한 번 뜬, 그 눈
마리	짐승이나 물고기, 벌레 따위를 세는 단위
모	두부나 묵 따위를 세는 단위
올(오리)	실이나 줄 따위의 가닥을 세는 단위
자루	필기 도구나 연장, 무기 따위를 세는 단위
채	집이나 큰 가구, 기물, 가마, 상여, 이불 등을 세는 단위
코	그물이나 뜨개질한 물건에서 지어진 하나하나의 매듭
타래	사리어 뭉쳐 놓은 실이나 노끈 따위의 뭉치를 세는 단위
톨	밤이나 곡식의 낟알을 세는 단위
통	배추나 박 따위를 세는 단위
포기	뿌리를 단위로 하는 초목을 세는 단위

⑤ 넓이

평	땅 넓이의 단위. 한 평은 여섯 자 제곱으로 약 3.3058m^2
홉지기	땅 넓이의 단위. 한 홉은 1평의 10분의 1
마지기	논과 밭의 넓이를 나타내는 단위. 한 마지기는 볍씨 한 말의 모 또는 씨앗을 심을 만한 넓이로, 지방마다 다르나 논은 약 150~300평, 밭은 약 100평 정도
되지기	넓이의 단위. 한 되지기는 볍씨 한 되의 모 또는 씨앗을 심을 만한 넓이로 한 마지기의 10분의 1
섬지기	논과 밭의 넓이를 나타내는 단위. 한 섬지기는 볍씨 한 섬의 모 또는 씨앗을 심을 만한 넓이로, 한 마지기의 10배이며, 논은 약 2,000평, 밭은 약 1,000평 정도
간	가옥의 넓이를 나타내는 말. '간'은 네 개의 도리로 둘러싸인 면적의 넓이로, 약 6자×6자 정도의 넓이

⑥ 수량

갓	굴비, 고사리 따위를 묶어 세는 단위. 고사리 따위 10모숨을 한 줄로 엮은 것
꾸러미	달걀 10개
동	붓 10자루
두름	조기 따위의 물고기를 짚으로 한 줄에 10마리씩 두 줄로 엮은 것을 세는 단위. 고사리 따위의 산나물을 10모숨 정도로 엮은 것을 세는 단위
벌	옷이나 그릇 따위가 짝을 이루거나 여러 가지가 모여 갖추어진 한 덩이를 세는 단위
손	한 손에 잡을 만한 분량을 세는 단위. 조기·고등어·배추 따위의 한 손은 큰 것과 작은 것을 합한 것을 이르고, 미나리나 파 따위 한 손은 한 줌 분량을 말함
쌈	바늘 24개를 한 묶음으로 하여 세는 단위
접	채소나 과일 따위를 묶어 세는 단위. 한 접은 채소나 과일 100개
제(劑)	탕약 20첩 또는 그만한 분량으로 지은 환약
죽	옷이나 그릇 따위의 10벌을 묶어 세는 단위
축	오징어를 묶어 세는 단위. 오징어 한 축은 20마리
켤레	신, 양말, 버선, 방망이 따위의 짝이 되는 2개를 한 벌로 세는 단위
쾌	북어 20마리
톳	김을 묶어 세는 단위. 김 한 톳은 100장

(3) 나이에 관한 어휘

나이	어휘	나이	어휘
10대	충년(沖年)	15세	지학(志學)
20세	약관(弱冠)	30세	이립(而立)
40세	불혹(不惑)	50세	지천명(知天命)
60세	이순(耳順)	61세	환갑(還甲), 화갑(華甲), 회갑(回甲)
62세	진갑(進甲)	70세	고희(古稀)
77세	희수(喜壽)	80세	산수(傘壽)
88세	미수(米壽)	90세	졸수(卒壽)
99세	백수(白壽)	100세	기원지수(期願之壽)

(4) 가족에 관한 호칭

구분	본인의 가족		타인의 가족	
	생전	사후	생전	사후
父(아버지)	家親(가친) 嚴親(엄친) 父主(부주)	先親(선친) 先考(선고) 先父君(선부군)	春府丈(춘부장) 椿丈(춘장) 椿當(춘당)	先大人(선대인) 先考丈(선고장) 先人(선인)
母(어머니)	慈親(자친) 母生(모생) 家慈(가자)	先妣(선비) 先慈(선자)	慈堂(자당) 大夫人(대부인) 萱堂(훤당) 母堂(모당) 北堂(북당)	先大夫人(선대부인) 先大夫(선대부)
子(아들)	家兒(가아) 豚兒(돈아) 家豚(가돈) 迷豚(미돈)		令郞(영랑) 令息(영식) 令胤(영윤)	
女(딸)	女兒(여아) 女息(여식) 息鄙(식비)		令愛(영애) 令嬌(영교) 令孃(영양)	

(5) 어림수를 나타내는 수사, 수관형사

한두	하나나 둘쯤	예 어려움이 한두 가지가 아니다.
두세	둘이나 셋	예 두세 마리
두셋	둘 또는 셋	예 사람 두셋
두서너	둘, 혹은 서너	예 과일 두서너 개
두서넛	둘 혹은 서넛	예 과일을 두서넛 먹었다.
두어서너	두서너	
서너	셋이나 넷쯤	예 쌀 서너 되
서넛	셋이나 넷	예 사람 서넛
서너너덧	서넛이나 너덧. 셋이나 넷 또는 넷이나 다섯	예 서너너덧 명
너덧	넷 가량	예 너덧 개
네댓	넷이나 다섯 가량	
네다섯	넷이나 다섯	
대엿	대여섯. 다섯이나 여섯 가량	
예닐곱	여섯이나 일곱	예 예닐곱 사람이 왔다.
일여덟	일고여덟	예 과일 일여덟 개

대표유형 3 어법

(1) 한글 맞춤법

① **표기원칙** … 한글 맞춤법은 표준어를 소리대로 적되, 어법에 맞도록 함을 원칙으로 한다.

② **맞춤법에 유의해야 할 말**

㉠ 한 단어 안에서 뚜렷한 까닭 없이 나는 된소리는 다음 음절의 첫소리를 된소리로 적는다.

예 소쩍새, 아끼다, 어떠하다, 해쓱하다, 거꾸로, 가끔, 어찌, 이따금, 산뜻하다, 몽땅

※ 다만, 'ㄱ, ㅂ' 받침 뒤에서는 된소리로 적지 아니한다.

예 국수, 깍두기, 색시, 싹둑, 법석, 갑자기, 몹시, 딱지

㉡ 'ㄷ' 소리로 나는 받침 중에서 'ㄷ'으로 적을 근거가 없는 것은 'ㅅ'으로 적는다.

예 덧저고리, 돗자리, 엇셈, 웃어른, 핫옷, 무릇, 사뭇, 얼핏, 자칫하면

㉢ '계, 례, 몌, 폐, 혜'의 'ㅖ'는 'ㅔ'로 소리 나는 경우가 있더라도 'ㅖ'로 적는다.

예 계수(桂樹), 혜택(惠澤), 사례(謝禮), 연몌(連袂), 계집, 핑계

※ 다만, 다음 말은 본음대로 적는다.

예 게송(偈頌), 게시판(揭示板), 휴게실(休憩室)

㉣ '의'나, 자음을 첫소리로 가지고 있는 음절의 'ㅢ'는 'ㅣ'로 소리 나는 경우가 있더라도 'ㅢ'로 적는다.

예 무늬(紋), 보늬, 늴리리, 닁큼, 오늬, 하늬바람

㉤ 어간에 '-이'나 '-음 / -ㅁ'이 붙어서 명사로 된 것과 '-이'나 '-히'가 붙어서 부사로 된 것은 그 어간의 원형을 밝히어 적는다.

예 얼음, 굳이, 더욱이, 일찍이, 익히, 앎, 만듦, 짓궂이, 밝히

- 어간에 '-이'나 '-음'이 붙어서 명사로 바뀐 것이라도 그 어간의 뜻과 멀어진 것은 원형을 밝히어 적지 아니한다.

예 굽도리, 다리(髢), 목거리(목병), 무녀리, 거름(비료), 고름(膿), 노름(도박)

- 어간에 '-이'나 '-음' 이외의 모음으로 시작된 접미사가 붙어서 다른 품사로 바뀐 것은 그 어간의 원형을 밝히어 적지 아니한다.

예 귀머거리, 까마귀, 너머, 마개, 비렁뱅이, 쓰레기, 올가미, 주검, 도로, 뜨덤뜨덤, 바투, 비로소

㉥ 명사 뒤에 '-이'가 붙어서 된 말은 그 명사의 원형을 밝히어 적는다.

예 곳곳이, 낱낱이, 몫몫이, 샅샅이, 집집이, 곰배팔이, 바둑이, 삼발이, 애꾸눈이, 육손이, 절뚝발이 / 절름발이, 딸깍발이

※ '-이' 이외의 모음으로 시작된 접미사가 붙어서 된 말은 그 명사의 원형을 밝히어 적지 아니한다.

예 꼬락서니, 끄트머리, 모가치, 바가지, 사타구니, 싸라기, 이파리, 지붕, 지푸라기, 짜개

㉦ '-하다'가 붙는 어근에 '-히'나 '-이'가 붙어 부사가 되거나, 부사에 '-이'가 붙어서 뜻을 더하는 경우에는, 그 어근이나 부사의 원형을 밝히어 적는다.

예 급히, 꾸준히, 도저히, 딱히, 어렴풋이, 깨끗이, 곰곰이, 더욱이, 생긋이, 오뚝이, 일찍이, 해죽이

※ '-하다'가 붙지 않는 경우에는 소리대로 적는다.

예 갑자기, 반드시(꼭), 슬며시

㉧ 사이시옷은 다음과 같은 경우에 받치어 적는다.

• 순 우리말로 된 합성어로서 앞말이 모음으로 끝난 경우

-뒷말의 첫소리가 된소리로 나는 것

예 귓밥, 나룻배, 나뭇가지, 냇가, 댓가지, 뒷갈망, 맷돌, 머릿기름, 모깃불, 부싯돌, 선짓국, 잇자국, 쳇바퀴, 킷값, 핏대, 혓바늘

-뒷말의 첫소리 'ㄴ, ㅁ' 앞에서 'ㄴ' 소리가 덧나는 것

예 멧나물, 아랫니, 텃마당, 아랫마을, 뒷머리, 잇몸, 깻묵

-뒷말의 첫소리 모음 앞에서 'ㄴㄴ' 소리가 덧나는 것

예 도리깻열, 뒷윷, 두렛일, 뒷일, 뒷입맛, 베갯잇, 욧잇, 깻잎, 나뭇잎, 댓잎

• 순 우리말과 한자어로 된 합성어로서 앞말이 모음으로 끝난 경우

-뒷말의 첫소리가 된소리로 나는 것

예 귓병, 머릿방, 샛강, 아랫방, 자릿세, 전셋집, 찻잔, 콧병, 탯줄, 텃세, 햇수, 횟배

-뒷말의 첫소리 'ㄴ, ㅁ' 앞에서 'ㄴ' 소리가 덧나는 것

예 곗날, 제삿날, 훗날, 툇마루, 양칫물

-뒷말의 첫소리 모음 앞에서 'ㄴㄴ' 소리가 덧나는 것

예 가욋일, 사삿일, 예삿일, 훗일

• 두 음절로 된 다음 한자어

예 곳간(庫間), 셋방(貰房), 숫자(數字), 찻간(車間), 툇간(退間), 횟수(回數)

※ 사이시옷을 붙이지 않는 경우

예 개수(個數), 전세방(傳貰房), 초점(焦點), 대구법(對句法)

㉨ 두 말이 어울릴 적에 'ㅂ' 소리나 'ㅎ' 소리가 덧나는 것은 소리대로 적는다.

예 댑싸리, 멥쌀, 볍씨, 햅쌀, 머리카락, 살코기, 수컷, 수탉, 안팎, 암캐, 암탉

㉩ 어간의 끝음절 '하'의 'ㅏ'가 줄고 'ㅎ'이 다음 음절의 첫소리와 어울려 거센소리로 될 적에는 거센소리로 적는다.

본말	준말	본말	준말
간편하게	간편케	다정하다	다정타
연구하도록	연구토록	정결하다	정결타
가하다	가타	흔하다	흔타

• 어간의 끝음절 '하'가 아주 줄 적에는 준 대로 적는다.

본말	준말	본말	준말
거북하지	거북지	넉넉하지 않다	넉넉지 않다
생각하건대	생각건대	생각하다 못해	생각다 못해
섭섭하지 않다	섭섭지 않다	익숙하지 않다	익숙지 않다

• 다음과 같은 부사는 소리대로 적는다.

예 결단코, 결코, 기필코, 무심코, 아무튼, 요컨대, 정녕코, 필연코, 하마터면, 하여튼, 한사코

㉪ 부사의 끝음절이 분명히 '이'로만 나는 것은 '-이'로 적고, '히'로만 나거나 '이'나 '히'로 나는 것은 '-히'로 적는다.

• '이'로만 나는 것

예 가붓이, 깨끗이, 나붓이, 느긋이, 둥긋이, 따뜻이, 반듯이, 버젓이, 산뜻이, 의젓이, 가까이, 고이, 날카로이, 대수로이, 번거로이, 많이, 적이, 겹겹이, 번번이, 일일이, 틈틈이

• '히'로만 나는 것

예 극히, 급히, 딱히, 속히, 작히, 족히, 특히, 엄격히, 정확히

• '이, 히'로 나는 것

예 솔직히, 가만히, 소홀히, 쓸쓸히, 정결히, 꼼꼼히, 열심히, 급급히, 답답히, 섭섭히, 공평히, 분명히, 조용히, 간소히, 고요히, 도저히

③ 띄어쓰기 … 문장의 각 단어는 띄어 씀을 원칙으로 한다(다만, 조사는 붙여 씀).

㉠ 조사는 그 앞말에 붙여 쓴다.

예 너조차, 꽃마저, 꽃입니다, 꽃처럼, 어디까지나, 거기도, 멀리는, 웃고만

㉡ 의존 명사는 띄어 쓴다.

예 아는 것이 힘이다. 나도 할 수 있다. 먹을 만큼 먹어라. 아는 이를 만났다.

㉢ 단위를 나타내는 명사는 띄어 쓴다.

예 한 개, 차 한 대, 금 서 돈, 조기 한 손, 버선 한 죽

※ 다만, 순서를 나타내는 경우나 숫자와 어울리어 쓰이는 경우에는 붙여 쓸 수 있다.

예 두시 삼십분 오초, 제일과, 삼학년, 1446년 10월 9일, 2대대, 16동 502호, 제1어학 실습실

㉣ 수를 적을 적에는 '만(萬)' 단위로 띄어 쓴다.

예 십이억 삼천사백오십육만 칠천팔백구십팔, 12억 3456만 7898

㉤ 두 말을 이어 주거나 열거할 적에 쓰이는 말들은 띄어 쓴다.

예 국장 겸 과장, 열 내지 스물, 청군 대 백군, 이사장 및 이사들

㉥ 단음절로 된 단어가 연이어 나타날 적에는 붙여 쓸 수 있다.

예 그때 그곳, 좀더 큰것, 이말 저말, 한잎 두잎

ⓢ 보조 용언은 띄어 씀을 원칙으로 하되, 경우에 따라 붙여 씀도 허용한다.

원칙	허용
불이 꺼져 간다.	불이 꺼져간다.
내 힘으로 막아 낸다.	내 힘으로 막아낸다.
어머니를 도와 드린다.	어머니를 도와드린다.
비가 올 성싶다.	비가 올성싶다.
잘 아는 척한다.	잘 아는척한다.

ⓞ 성과 이름, 성과 호 등은 붙여 쓰고, 이에 덧붙는 호칭어, 관직명 등은 띄어 쓴다.

예 서화담(徐花潭), 채영신 씨, 최치원 선생, 박동식 박사, 충무공 이순신 장군

ⓩ 성명 이외의 고유 명사는 단어별로 띄어 씀을 원칙으로 하되, 단위별로 띄어 쓸 수 있다.

예 한국 대학교 사범 대학(원칙), 한국대학교 사범대학(허용)

(2) 표준어 규정

① 제정 원칙 … 표준어는 교양 있는 사람들이 두루 쓰는 현대 서울말로 정함을 원칙으로 한다.

② 주요 표준어

ⓖ 다음 단어들은 거센소리를 가진 형태를 표준어로 삼는다.

예 끄나풀, 빈 칸, 부엌, 살쾡이, 녘

ⓝ 어원에서 멀어진 형태로 굳어져서 널리 쓰이는 것은, 그것을 표준어로 삼는다.

ⓓ 다음 단어들은 의미를 구별함이 없이, 한 가지 형태만을 표준어로 삼는다.

예 돌, 둘째, 셋째, 넷째, 열두째, 빌리다

ⓡ 수컷을 이르는 접두사는 '수-'로 통일한다.

예 수꿩, 수소, 수나사, 수놈, 수사돈, 수은행나무

- 다음 단어에서는 접두사 다음에서 나는 거센소리를 인정한다. 접두사 '암-'이 결합되는 경우에도 이에 준한다.

  예 수캉아지, 수캐, 수컷, 수키와, 수탉, 수탕나귀, 수톨쩌귀, 수퇘지, 수평아리

- 다음 단어의 접두사는 '숫-'으로 한다.

  예 숫양, 숫쥐, 숫염소

ⓜ 양성 모음이 음성 모음으로 바뀌어 굳어진 다음 단어는 음성 모음 형태를 표준어로 삼는다.

예 깡충깡충, -둥이, 발가숭이, 보퉁이, 뻗정다리, 아서, 아서라, 오뚝이, 주추

※ 다만, 어원 의식이 강하게 작용하는 다음 단어에서는 양성 모음 형태를 그대로 표준어로 삼는다.

예 부조(扶助), 사돈(査頓), 삼촌(三寸)

ⓑ 'ㅣ' 역행 동화 현상에 의한 발음은 원칙적으로 표준 발음으로 인정하지 아니하되, 다만 다음 단어들은 그러한 동화가 적용된 형태를 표준어로 삼는다.

예 풋내기, 냄비, 동댕이치다

- 다음 단어는 'ㅣ' 역행 동화가 일어나지 아니한 형태를 표준어로 삼는다.

예 아지랑이

- 기술자에게는 '-장이', 그 외에는 '-쟁이'가 붙는 형태를 표준어로 삼는다.

예 미장이, 유기장이, 멋쟁이, 소금쟁이, 담쟁이덩굴

ⓢ 다음 단어는 모음이 단순화한 형태를 표준어로 삼는다.

예 괴팍하다, 미루나무, 미륵, 여느, 으레, 케케묵다, 허우대

ⓞ 다음 단어에서는 모음의 발음 변화를 인정하여, 발음이 바뀌어 굳어진 형태를 표준어로 삼는다.

예 깍쟁이, 나무라다, 바라다, 상추, 주책, 지루하다, 튀기, 허드레, 호루라기, 시러베아들

ⓙ '웃-' 및 '윗-'은 명사 '위'에 맞추어 '윗-'으로 통일한다.

예 윗도리, 윗니, 윗목, 윗몸, 윗자리, 윗잇몸

- 된소리나 거센소리 앞에서는 '위-'로 한다.

예 위쪽, 위층, 위치마, 위턱

- '아래, 위'의 대립이 없는 단어는 '웃-'으로 발음되는 형태를 표준어로 삼는다.

예 웃국, 웃돈, 웃비, 웃어른, 웃옷

ⓒ 준말이 널리 쓰이고 본말이 잘 쓰이지 않는 경우에는, 준말만을 표준어로 삼는다.

예 귀찮다, 똬리, 무, 뱀, 빔, 샘, 생쥐, 솔개, 온갖, 장사치

ⓚ 준말이 쓰이고 있더라도, 본말이 널리 쓰이고 있으면 본말을 표준어로 삼는다.

예 경황없다, 궁상떨다, 귀이개, 낌새, 낙인찍다, 돗자리, 뒤웅박, 마구잡이, 부스럼, 살얼음판, 수두룩하다, 일구다, 퇴박맞다

ⓣ 어감의 차이를 나타내는 단어 또는 발음이 비슷한 단어들이 다 같이 널리 쓰이는 경우에는, 그 모두를 표준어로 삼는다.

예 거슴츠레하다 / 게슴츠레하다, 고린내 / 코린내, 꺼림하다 / 께름하다, 나부랭이 / 너부렁이

ⓟ 사어(死語)가 되어 쓰이지 않게 된 단어는 고어로 처리하고, 현재 널리 사용되는 단어를 표준어로 삼는다.

예 난봉, 낭떠러지, 설거지하다, 애달프다, 자두

ⓗ 한 가지 의미를 나타내는 형태 몇 가지가 널리 쓰이며 표준어 규정에 맞으면, 그 모두를 표준어로 삼는다(복수 표준어).

예 멍게 / 우렁쉥이, 가엾다 / 가엽다, 넝쿨 / 덩굴, 눈대중 / 눈어림 / 눈짐작, -뜨리다 / -트리다, 부침개질 / 부침질 / 지짐질, 생 / 새앙 / 생강, 여쭈다 / 여쭙다, 우레 / 천둥, 엿가락 / 엿가래, 자물쇠 / 자물통

③ **표준 발음법** … 표준 발음법은 표준어의 실제 발음을 따르되, 국어의 전통성과 합리성을 고려하여 정함을 원칙으로 한다.

㉠ 겹받침 'ㄳ', 'ㄵ', 'ㄼ, ㄽ, ㄾ', 'ㅄ'은 어말 또는 자음 앞에서 각각 [ㄱ, ㄴ, ㄹ, ㅂ]으로 발음한다.

예 넋[넉], 넋과[넉꽈], 앉다[안따], 여덟[여덜], 넓다[널따], 외곬[외골], 핥다[할따], 값[갑], 없다[업 : 따]

㉡ '밟-'은 자음 앞에서 [밥]으로 발음하고, '넓-'은 다음과 같은 경우에 [넙]으로 발음한다.

예 밟다[밥 : 따], 밟는[밤 : 는], 넓죽하다[넙쭈카다], 넓둥글다[넙뚱글다]

㉢ 겹받침 'ㄺ', 'ㄻ', 'ㄿ'은 어말 또는 자음 앞에서 각각 [ㄱ, ㅁ, ㅂ]으로 발음한다.

예 닭[닥], 흙과[흑꽈], 맑다[막따], 늙지[늑찌], 삶[삼 :], 젊다[점 : 따], 읊고[읍꼬], 읊다[읍따]

㉣ 용언의 어간 말음 'ㄺ'은 'ㄱ' 앞에서 [ㄹ]로 발음한다.

예 맑게[말께], 묽고[물꼬], 얽거나[얼꺼나]

㉤ 'ㅎ(ㄶ, ㅀ)' 뒤에 'ㄱ, ㄷ, ㅈ'이 결합되는 경우에는, 뒤음절 첫소리와 합쳐서 [ㅋ, ㅌ, ㅊ]으로 발음한다.

예 놓고[노코], 좋던[조 : 턴], 쌓지[싸치], 많고[만 : 코], 닳지[달치]

㉥ 'ㅎ(ㄶ, ㅀ)' 뒤에 모음으로 시작된 어미나 접미사가 결합되는 경우에는, 'ㅎ'을 발음하지 않는다.

예 낳은[나은], 놓아[노아], 쌓이다[싸이다], 싫어도[시러도]

㉦ 받침 뒤에 모음 'ㅏ, ㅓ, ㅗ, ㅜ, ㅟ'들로 시작되는 실질 형태소가 연결되는 경우에는, 대표음으로 바꾸어서 뒤 음절 첫소리로 옮겨 발음한다.

예 밭 아래[바다래], 늪 앞[느밥], 젖어미[저더미], 맛없다[마덥따], 겉옷[거돋], 헛웃음[허두슴], 꽃 위[꼬뒤]

※ '맛있다, 멋있다'는 [마싣따], [머싣따]로도 발음할 수 있다.

㉧ 받침 'ㄷ, ㅌ(ㄾ)'이 조사나 접미사의 모음 'ㅣ'와 결합되는 경우에는, [ㅈ, ㅊ]으로 바꾸어서 뒤 음절 첫소리로 옮겨 발음한다.

예 곧이듣다[고지듣따], 굳이[구지], 미닫이[미다지], 땀받이[땀바지]

㉨ 받침 'ㄱ(ㄲ, ㅋ, ㄳ, ㄺ), ㄷ(ㅅ, ㅆ, ㅈ, ㅊ, ㅌ, ㅎ), ㅂ(ㅍ, ㄼ, ㄿ, ㅄ)'은 'ㄴ, ㅁ' 앞에서 [ㅇ, ㄴ, ㅁ]으로 발음한다.

예 먹는[멍는], 국물[궁물], 깎는[깡는], 키읔만[키응만], 몫몫이[몽목씨], 긁는[긍는], 흙만[흥만], 짓는[진 : 는], 옷맵시[온맵씨], 맞는[만는], 젖멍울[전멍울], 쫓는[쫀는], 꽃망울[꼰망울], 놓는[논는], 잡는[잠는], 앞마당[암마당], 밟는[밤 : 는], 읊는[음는], 없는[엄 : 는]

㉩ 받침 'ㅁ, ㅇ' 뒤에 연결되는 'ㄹ'은 [ㄴ]으로 발음한다.

예 담력[담 : 녁], 침략[침냑], 강릉[강능], 대통령[대 : 통녕]

㉪ 'ㄴ'은 'ㄹ'의 앞이나 뒤에서 [ㄹ]로 발음한다.

예 난로[날 : 로], 신라[실라], 광한루[광 : 할루], 대관령[대 : 괄령], 칼날[칼랄]

※ 다만, 다음과 같은 단어들은 'ㄹ'을 [ㄴ]으로 발음한다.

예 의견란[의 : 견난], 임진란[임 : 진난], 생산량[생산냥], 결단력[결딴녁], 공권력[공꿘녁], 상견례[상견녜], 횡단로[횡단노], 이원론[이 : 원논], 입원료[이붠뇨]

ⓔ 받침 'ㄱ(ㄲ, ㅋ, ㄳ, ㄺ), ㄷ(ㅅ, ㅆ, ㅈ, ㅊ, ㅌ), ㅂ(ㅍ, ㄼ, ㄿ, ㅄ)' 뒤에 연결되는 'ㄱ, ㄷ, ㅂ, ㅅ, ㅈ'은 된소리로 발음한다.

예 국밥[국빱], 깎다[깍따], 삯돈[삭똔], 닭장[닥짱], 옷고름[옫꼬름], 낯설다[낟썰다], 덮개[덥깨], 넓죽하다[넙쭈카다], 읊조리다[읍쪼리다], 값지다[갑찌다]

ⓕ 어간 받침 'ㄴ(ㄵ), ㅁ(ㄻ)' 뒤에 결합되는 어미의 첫소리 'ㄱ, ㄷ, ㅅ, ㅈ'은 된소리로 발음한다.

예 신고[신 : 꼬], 껴안다[껴안따], 앉고[안꼬], 닮고[담 : 꼬], 젊지[점 : 찌]

※ 다만, 피동, 사동의 접미사 '-기-'는 된소리로 발음하지 않는다.

예 안기다, 감기다, 굶기다, 옮기다

ⓖ 사이시옷이 붙은 단어는 다음과 같이 발음한다.

- 'ㄱ, ㄷ, ㅂ, ㅅ, ㅈ'으로 시작되는 단어 앞에 사이시옷이 올 때에는 이들 자음만을 된소리로 발음하는 것을 원칙으로 하되, 사이시옷을 [ㄷ]으로 발음하는 것도 허용한다.

  예 냇가[내 : 까 / 낻 : 까], 샛길[새 : 낄 / 샏 : 낄], 깃발[기빨 / 긷빨], 뱃전[배쩐 / 밷쩐]

- 사이시옷 뒤에 'ㄴ, ㅁ'이 결합되는 경우에는 [ㄴ]으로 발음한다.

  예 콧날[콛날 → 콘날], 아랫니[아랟니 → 아랜니], 툇마루[퇻 : 마루 → 퇸 : 마루], 뱃머리[밷머리 → 밴머리]

- 사이시옷 뒤에 '이' 음이 결합되는 경우에는 [ㄴㄴ]으로 발음한다.

  예 베갯잇[베갣닏 → 베갠닏], 깻잎[깯닙 → 깬닙], 나뭇잎[나묻닙 → 나문닙], 도리깻열[도리깯녈 → 도리깬녈], 뒷윷[뒫 : 뉻 → 뒨 : 뉻]

(3) 외래어 표기법

① 외래어는 국어의 현용 24자모만으로 적는다.

② 외래어의 1음운은 원칙적으로 1기호로 적는다.

③ 받침에는 'ㄱ, ㄴ, ㄹ, ㅁ, ㅂ, ㅅ, ㅇ'만을 쓴다.

④ 파열음 표기에는 된소리를 쓰지 않는 것을 원칙으로 한다.

⑤ 이미 굳어진 외래어는 관용을 존중하되, 그 범위와 용례는 따로 정한다.

PLUS tip

자주 출제되지만 틀리기 쉬운 외래어 표기

- 초콜렛 → 초콜릿
- 비스켓 → 비스킷
- 앰브란스 → 앰뷸런스
- 스티로폴 → 스티로폼
- 상들리에 → 샹들리에
- 요쿠르트 → 요구르트
- 플랭카드 → 플래카드
- 심포지움 → 심포지엄
- 팜플렛 → 팸플릿
- 앵콜 → 앙코르

(4) 로마자 표기법

① 표기의 기본 원칙

㉠ 국어의 로마자 표기는 국어의 표준 발음법에 따라 적는 것을 원칙으로 한다.

㉡ 로마자 이외의 부호는 되도록 사용하지 않는다.

㉢ 표기 일람

• 모음

–단모음

ㅏ	ㅓ	ㅗ	ㅜ	ㅡ	ㅣ	ㅐ	ㅔ	ㅚ	ㅟ
a	eo	o	u	eu	i	ae	e	oe	wi

–이중모음

ㅑ	ㅕ	ㅛ	ㅠ	ㅒ	ㅖ	ㅘ	ㅙ	ㅝ	ㅞ	ㅢ
ya	yeo	yo	yu	yae	ye	wa	wae	wo	we	ui

• 자음

–파열음

ㄱ	ㄲ	ㅋ	ㄷ	ㄸ	ㅌ	ㅂ	ㅃ	ㅍ
g, k	kk	k	d, t	tt	t	b, p	pp	p

–파찰음

ㅈ	ㅉ	ㅊ
j	jj	ch

–마찰음

ㅅ	ㅆ	ㅎ
s	ss	h

–비음

ㄴ	ㅁ	ㅇ
n	m	ng

–유음

ㄹ
r, l

② 로마자 표기 용례

㉠ 자음 사이에서 동화 작용이 일어나는 경우

예 백마[뱅마] Baengma, 신문로[신문노] Sinmunno, 종로[종노] Jongno, 신라[실라] Silla, 왕십리[왕심니] Wangsimni

㉡ 'ㄴ, ㄹ'이 덧나는 경우

예 학여울[항녀울] Hangnyeoul

㉢ 구개음화가 되는 경우

예 해돋이[해도지] haedoji 같이[가치] gachi

㉣ 체언에서 'ㄱ, ㄷ, ㅂ' 뒤에 'ㅎ'이 따를 때에는 'ㅎ'을 밝혀 적는다.

예 묵호 Mukho 집현전 Jiphyeonjeon

㉤ 된소리되기는 표기에 반영하지 않는다.

예 압구정 Apgujeong, 샛별 saetbyeol, 울산 Ulsan, 낙성대 Nakseongdae, 합정 Hapjeong, 낙동강 Nakdonggang

㉥ 인명은 성과 이름의 순서로 띄어 쓴다. 이름은 붙여 쓰는 것을 원칙으로 하되 음절 사이에 붙임표(-)를 쓰는 것을 허용한다(〈 〉안의 표기를 허용함).

예 민용하 Min Yongha 〈Min Yong-ha〉, 송나리 Song Nari 〈Song Na-ri〉

㉦ '도, 시, 군, 구, 읍, 면, 리, 동'의 행정 구역 단위와 '가'는 각각 'do, si, gun, gu, eup, myeon, ri, dong, ga'로 적고, 그 앞에는 붙임표(-)를 넣는다. 붙임표(-) 앞뒤에서 일어나는 음운 변화는 표기에 반영하지 않는다.

예 양주군 Yangju-gun, 충청북도 Chungcheongbuk-do, 종로 2가 Jongno 2(i)-ga, 도봉구 Dobong-gu, 신창읍 Sinchang-eup, 의정부시 Uijeongbu-si

㉧ 자연 지물명, 문화재명, 인공 축조물명은 붙임표(-) 없이 붙여 쓴다.

예 독도 Dokdo, 경복궁 Gyeongbokgung, 독립문 Dongnimmun, 현충사 Hyeonchungsa, 남산 Namsan, 속리산 Songnisan, 금강 Geumgang, 남한산성 Namhansanseong

(5) 높임 표현

① 주체 높임법 … 용언 어간 + 선어말 어미 '-시-'의 형태로 이루어져 서술어가 나타내는 행위의 주체를 높여 표현하는 문법 기능을 말한다.

예 선생님께서 그 책을 읽으셨(시었)다.

② 객체 높임법 … 말하는 이가 서술의 객체를 높여 표현하는 문법 기능을 말한다(드리다, 여쭙다, 뵙다, 모시다 등).

예 나는 그 책을 선생님께 드렸다.

③ 상대 높임법 … 말하는 이가 말을 듣는 상대를 높여 표현하는 문법 기능을 말한다.

㉠ 격식체

등급	높임 정도	종결 어미	예
해라체	아주 낮춤	-아라	여기에 앉아라.
하게체	예사 낮춤	-게	여기에 앉게.
하오체	예사 높임	-시오	여기에 앉으시오.
합쇼체(하십시오체)	아주 높임	-ㅂ시오	여기에 앉으십시오.

㉡ 비격식체

등급	높임 정도	종결 어미	예
해체	두루 낮춤	-아	여기에 앉아.
해요체	두루 높임	-아요	여기에 앉아요.

※ 공손한 뜻으로 높임을 나타낼 때는 선어말 어미 '-오-', '-사오-' 등을 쓴다.

예 변변치 못하오나 선물을 보내 드리오니 받아 주십시오.

대표유형 4 속담 및 한자성어

(1) 속담

- **가까운 제 눈썹 못 본다** : 멀리 보이는 것은 용케 잘 보면서도 자기 눈앞에 가깝게 보이는 것은 잘 못 본다는 뜻
- **가꿀 나무는 밑동을 높이 자른다** : 어떠한 일이나 장래의 안목을 생각해서 미리부터 준비를 철저하게 해두어야 한다는 뜻
- **가난한 집 제사 돌아오듯 한다** : 힘들고 괴로운 일이 자주 닥쳐옴을 일컫는 말
- **가난할수록 기와집 짓는다** : 가난할수록 업신여김을 당하기 싫어서 허세를 부린다는 뜻
- **가을에는 부지깽이도 덤빈다** : 바쁠 때는 모양이 비슷만 해도 사용된다는 뜻
- **가을 바람에 새털 날 듯 한다** : 가을 바람에 새털이 잘 날듯이 사람의 처신머리가 몹시 가볍다는 뜻
- **가지 따먹고 외수 한다** : 남의 눈을 피하여 나쁜 짓을 하고 시치미를 뗀다는 뜻
- **간다간다 하면서 아이 셋 낳고 간다** : 하던 일을 말로만 그만둔다고 하고서 실제로는 그만두지 못하고 질질 끈다는 말
- **갈치가 갈치 꼬리 문다** : 친근한 사이에 서로 모함한다는 말
- **감투가 크면 어깨를 누른다** : 실력이나 능력도 없이 과분한 지위에서 일을 하게 되면 감당할 수 없게 된다는 뜻
- **강아지 메주 먹듯 한다** : 강아지가 좋아하는 메주를 먹듯이 음식을 매우 맛있게 먹는다는 말
- **같은 값이면 다홍치마** : 같은 조건이라면 좀 더 좋고 편리한 것을 택함
- **개도 얻어맞은 골목에는 가지 않는다** : 한 번 실패한 경험이 있는 사람은 다시는 그 때의 전철을 밟지 않도록 경계한다는 뜻
- **개 못된 것은 들에 나가 짖는다** : 자기의 할 일은 하지 않고 쓸데없는 짓을 하는 사람을 가리키는 말
- **개미가 절구통을 물어 간다** : 개미들도 서로 힘을 합치면 절구통을 운반할 수 있듯이 사람들도 협동하여 일을 하면 불가능한 일이 없다는 뜻
- **개미 나는 곳에 범 난다** : 처음에는 개미만큼 작고 대수롭지 않던 것이 점점 커져서 나중에는 범같이 크고 무서운 것이 된다는 말
- **개살구가 먼저 익는다** : 개살구가 참살구보다 먼저 익듯이 악이 선보다 더 가속도로 발전하게 된다는 뜻(개살구가 지레 터진다)
- **거미줄로 방귀동이 듯 한다** : 일을 함에 있어 건성으로 형용만 하는 체 하는 말
- **게으른 놈 짐 많이 진다** : 게으른 사람이 일을 조금이라도 덜 할까 하고 짐을 한꺼번에 많이 지면 힘에 겨워 움직이지 못하므로 도리어 더 더디다는 말

- 경치고 포도청 간다 : 죽을 고비를 넘겨가면서도 또 제 스스로 고문을 당하려고 포도청을 가듯이 혹독한 형벌을 거듭 당한다는 뜻
- 군자는 입을 아끼고 범은 발톱을 아낀다 : 학식과 덕망이 높은 사람일수록 항상 말을 조심해서 한다는 뜻
- 굴러 온 돌이 박힌 돌 뺀다 : 외부에서 들어온 지 얼마 안 된 사람이나 물건이 원래의 것을 내쫓고 대치함
- 굽은 나무가 선산을 지킨다 : 쓸모없는 것이 도리어 소용이 된다는 뜻
- 굿하고 싶지만 맏며느리 춤추는 것 보기 싫다 : 무엇을 하려고 할 때 자기 마음에 들지 않는 미운 사람이 참여하여 기뻐함이 보기 싫어서 꺼려한다는 말
- 그물이 열 자라도 벼리가 으뜸이다 : 아무리 수가 많더라도 주장되는 것이 없으면 소용이 없다는 뜻
- 급하면 임금 망건 값도 쓴다 : 경제적으로 곤란에 빠지면 아무 돈이라도 있기만 하면 쓰게 된다는 뜻
- 기름 엎지르고 깨 줍는다 : 많은 손해를 보고 조그만 이익을 추구한다는 말
- 나무는 큰 나무 덕을 못 보아도 사람은 큰 사람의 덕을 본다 : 뛰어난 인물에게서는 알게 모르게 가르침이나 영향을 받게 된다는 말
- 내 발등의 불을 꺼야 아비 발등의 불을 끈다 : 급할 때는 남의 일보다 자기 일을 먼저 하기 마련이라는 뜻
- 노름에 미치면 신주도 팔아먹는다 : 노름에 깊이 빠져든 사람은 노름 돈을 마련하기 위해 수단과 방법을 가리지 않고 나쁜 짓까지 해 가면서 노름하게 된다는 뜻
- 놀부 제사지내듯 한다 : 놀부가 제사를 지낼 때 제물 대신 돈을 놓고 제사를 지냈듯이 몹시 인색하고 고약한 짓을 한다는 뜻
- 다리가 위에 붙었다 : 몸체의 아래에 붙어야 할 다리가 위에 가 붙어서 쓸모 없듯이 일이 반대로 되어 아무짝에도 소용이 없다는 뜻
- 다리 아래서 원을 꾸짖는다 : 직접 말을 못하고 안 들리는 곳에서 불평이나 욕을 한다는 말
- 대가리 삶으면 귀까지 익는다 : 제일 중요한 것만 처리하면 다른 것은 자연히 해결된다는 뜻
- 도깨비도 수풀이 있어야 모인다 : 의지할 곳이 있어야 무슨 일이나 이루어진다는 뜻
- 도둑놈 개 꾸짖듯 한다 : 남에게 들리지 않게 입 속으로 중얼거림
- 도둑은 뒤로 잡으랬다 : 도둑을 섣불리 앞에서 잡으려 하다가는 직접적으로 해를 당할 수 있기 때문에 뒤로 잡아야 한다는 뜻
- 도둑의 때는 벗어도 자식의 때는 못 벗는다 : 도둑의 누명은 범인이 잡히면 벗을 수 있으나 자식의 잘못을 그 부모가 지지 않을 수 없다는 뜻
- 독을 보아 쥐를 못 잡는다 : 독 사이에 숨은 쥐를 독 깰까봐 못 잡듯이 감정 나는 일이 있어도 곁에 있는 사람 체면을 생각해서 자신이 참는다는 뜻
- 들은 풍월 얻는 문자다 : 자기가 직접 공부해서 배운 것이 아니라 보고 들어서 알게 된 글이라는 뜻
- 등잔불에 콩 볶아 먹는 놈 : 어리석고 옹졸하며 하는 짓마다 보기에 답답한 일만 하는 사람을 두고 이름
- 디딜방아질 삼 년에 엉덩이춤만 배웠다 : 디딜방아질을 오랫동안 하다보면 엉덩이춤도 절로 추게 된다는 뜻

- 떠들기는 천안(天安) 삼거리 같다 : 늘 끊이지 않고 떠들썩한 것
- 똥 싼 주제에 애화타령 한다 : 잘못하고도 뉘우치지 못하고 비위 좋게 행동하는 사람을 비웃는 말
- 마디가 있어야 새순이 난다 : 어떤 일이든 특정한 계기가 있어야 참신한 일이 생긴다
- 망건 쓰자 파장된다 : 준비를 하다가 시와 때를 놓쳐 목적한 바를 달성하지 못함
- 망신살이 무지갯 살 뻗치듯 한다 : 많은 사람으로부터 심한 원망과 욕을 먹게 되었을 때 쓰는 말
- 망치로 얻어맞고 홍두깨로 친다 : 복수란 언제나 제가 받은 피해보다 더 무섭게 한다는 뜻
- 명태 한 마리 놓고 딴전 본다 : 곁에 벌여 놓고 있는 일보다는 딴 벌이하는 일이 있다는 뜻
- 문전 낙래 흔연 대접 : 어떤 신분의 사람이라도 자기를 찾아온 사람은 친절히 대하라는 말
- 물방아 물도 서면 언다 : 물방아가 정지하고 있으면 그 물도 얼듯이 사람도 운동을 하지 않고 있으면 건강이 나빠진다는 뜻
- 백일 장마에도 하루만 더 왔으면 한다 : 자기 이익 때문에 자기 본위로 이야기하는 것을 말함
- 뱁새는 작아도 알만 잘 낳는다 : 작아도 제 구실 못하는 법이 없다는 뜻
- 버들가지가 바람에 꺾일까 : 부드러워서 곧 바람에 꺾일 것 같은 버들가지가 끝까지 꺾이지 않듯이 부드러운 것이 단단한 것보다 더 강하다는 뜻
- 벌거벗고 환도 찬다 : 그것이 그 격에 어울리지 않음을 두고 이르는 말
- 벙어리 재판 : 아주 곤란한 일을 두고 하는 말
- 벼룩의 간에 육간 대청을 짓겠다 : 도량이 좁고 하는 일이 이치에 어긋남
- 변죽을 치면 복판이 울린다 : 슬며시 귀띔만 해 주어도 눈치가 빠른 사람은 곧 알아듣는다는 뜻
- 보리 주면 오이 안 주랴 : 제 것은 아끼면서 남만 인색하다고 여기는 사람에게 하는 말
- 분다 분다 하니 하루 아침에 왕겨 석 섬 분다 : 잘한다고 추어주니까 무작정 자꾸 한다는 뜻
- 빛 좋은 개살구 : 겉만 그럴듯하고 실속이 없음
- 뺨을 맞아도 은가락지 낀 손에 맞는 것이 좋다 : 이왕 욕을 당하거나 복종할 바에야 지위가 높고 덕망이 있는 사람에게 당하는 것이 낫다는 말
- 사람과 쪽박은 있는 대로 쓴다 : 살림살이를 하는 데 있어 쪽박이 있는 대로 다 쓰이고 사람도 다 제각기 쓸모가 있다는 말
- 사람 살 곳은 골골이 있다 : 이 세상은 어디에 가나 서로 도와주는 풍습이 있어 살아갈 수 있다는 말
- 사자 어금니 같다 : 사자의 어금니는 가장 요긴한 것이니 반드시 있어야만 하는 것을 말함
- 사주 팔자에 없는 관을 쓰면 이마가 벗어진다 : 제 분수에 넘치는 일을 하게 되면 도리어 괴롭다는 뜻
- 산 개가 죽은 정승보다 낫다 : 아무리 구차하고 천한 신세라도 죽는 것보다는 사는 것이 낫다는 말
- 산 밑 집에 방앗공이가 논다 : 그 고장 산물이 오히려 그 곳에서 희귀하다는 말
- 산에 들어가 호랑이를 피하랴 : 이미 앞에 닥친 위험은 도저히 못 피한다는 말
- 산이 높아야 골이 깊다 : 원인이나 조건이 갖추어져야 일이 이루어진다는 뜻

- 산 호랑이 눈썹 : 도저히 얻을 수 없는 것을 얻으려 하는 것
- 삼수갑산을 가도 님 따라 가랬다 : 부부 간에는 아무리 큰 고생이 닥치더라도 같이 해야 한다는 뜻
- 삼촌 못난 것이 조카 짐만 지고 다닌다 : 체구는 크면서 못난 짓만 하는 사람을 비웃는 말
- 새도 날려면 움츠린다 : 어떤 일이든지 사전에 만반의 준비가 있어야 한다는 뜻
- 새 옷도 두드리면 먼지 난다 : 아무리 청백한 사람이라도 속속들이 파헤쳐 보면 부정이 드러난다는 뜻
- 생나무에 좀이 날까 : 생나무에는 좀이 나지 않듯이 건실하고 튼튼하면 내부가 부패되지 않는다는 뜻
- 생 감도 떨어지고 익은 감도 떨어진다 : 늙은 사람만 죽는 것이 아니라 젊은 사람도 죽는다는 뜻
- 섣달 그믐날 개밥 퍼주듯 한다 : 시집을 가지 못하고 해를 넘기게 된 처녀가 홧김에 개밥을 퍽퍽 퍼주듯, 무엇을 푹푹 퍼 주는 모양을 나타내는 말
- 섶을 지고 불로 들어가려 한다 : 짐짓 그릇된 짓을 하여 화를 더 당하려 한다는 뜻
- 소매 긴 김에 춤춘다 : 별로 생각이 없던 일이라도 그 일을 할 조건이 갖추어졌기 때문에 하게 될 때 쓰는 말
- 쇠가 쇠를 먹고 살이 살을 먹는다 : 동족끼리 서로 싸우는 것
- 쇠가죽을 무릅쓰다 : 체면을 생각하지 아니한다는 말
- 숙수가 많으면 국수가 수제비 된다 : 일을 하는 데 참견하는 사람이 많으면 오히려 일을 그르치게 된다는 뜻
- 시루에 물 퍼붓기 : 아무리 비용을 들이고 애를 써도 효과가 나타나지 않음
- 신 신고 발바닥 긁기다 : 일하기는 해도 시원치 않다는 말
- 씻어놓은 흰 죽사발 같다 : 생김새가 허여멀건 한 사람을 가리키는 말
- 안방에 가면 시어머니 말이 옳고 부엌에 가면 며느리 말이 옳다 : 각각 일리가 있어 그 시비를 가리기 어렵다는 말
- 언 발에 오줌 누기 : 눈앞에 급한 일을 피하기 위해서 하는 임시변통이 결과적으로 더 나쁘게 되었을 때 하는 말
- 얻은 떡이 두레 반이다 : 여기저기서 조금씩 얻은 것이 남이 애써 만든 것보다 많다는 말
- 염불 못하는 중이 아궁이에 불 땐다 : 무능한 사람은 같은 계열이라도 가장 천한 일을 하게 된다는 뜻
- 오소리 감투가 둘이다 : 한 가지 일에 책임질 사람이 두 명이 있어서 서로 다툰다는 뜻
- 오동나무 보고 춤춘다 : 성미가 급하여 빨리 서둔다는 뜻
- 우박 맞은 호박잎이다 : 우박 맞아 잎이 다 찢어져 보기가 흉한 호박잎처럼 모양이 매우 흉측하다는 뜻
- 윷짝 가르듯 한다 : 윷짝의 앞뒤가 분명하듯이 무슨 일에 대한 판단을 분명히 한다는 말
- 이사가는 놈이 계집 버리고 간다 : 자신이 하는 일 중에서 가장 중요한 것을 잊어버렸거나 잃었다는 말
- 우선 먹기는 곶감이 달다 : 당장은 실속 있고 이득이 되는 것 같지만 뒤에는 손해를 본다는 말
- 자는 범 침주기 : 그대로 가만 두었으면 아무 일도 없었을 것을 공연히 건드려서 일을 저질러 위태롭게 된다는 말
- 자라 알 지켜보듯 한다 : 어떻게 일을 처리하려고 노력하지는 않고 그저 묵묵히 들여다 보고만 있다는 뜻

- 자루 속 송곳은 빠져나오기 마련이다 : 남들이 알지 못하도록 아무리 은폐하려 해도 탄로날 것은 저절로 탄로가 난다는 뜻
- 잔고기가 가시는 세다 : 몸집이 자그마한 사람이 속은 꽉 차고 야무지며 단단할 때 이르는 말
- 장구치는 놈 따로 있고 고개 까딱이는 놈 따로 있나? : 저 혼자서 할 수 있는 일을 남에게 나누어 하자고 할 때 핀잔주는 말
- 적게 먹으면 명주요 많이 먹으면 망주라 : 모든 일은 정도에 맞게 하여야 한다는 말
- 접시 밥도 담을 탓이다 : 좋지 아니한 조건에서도 솜씨나 마음가짐에 따라서 좋은 성과를 이룰 수 있다는 말
- 정성이 있으면 한식에도 세배 간다 : 마음에만 있으면 언제라도 제 성의는 표시할 수 있다는 말
- 주린 개 뒷간 넘겨다보듯 한다 : 누구나 배가 몹시 고플 때는 무엇이고 먹을 것을 찾기 위해 여기저기를 기웃거린다는 말
- 주인 많은 나그네 밥 굶는다 : 해 준다는 사람이 너무 많으면 서로 미루다가 결국 안 된다는 뜻
- 주인 모르는 공사 없다 : 무슨 일이든지 주장하는 사람이 모르거나 참여하지 않으면 안 된다는 뜻
- 죽 푸다 흘려도 솥 안에 떨어진다 : 일이 제대로 안 되어 막상 손해를 본 것 같지만 따지고 보면 결코 손해는 없다는 뜻
- 쥐 잡으려다가 장독 깬다 : 조그만 일을 하려다가 큰일을 그르친다는 말
- 지붕 호박도 못 따는 주제에 하늘의 천도 따겠단다 : 아주 쉬운 일도 못하면서 당치도 않은 어려운 일을 하겠다고 덤빈다는 뜻
- 참새가 허수아비 무서워 나락 못 먹을까 : 반드시 큰일을 하려면 다소의 위험 정도는 감수해야 한다는 뜻
- 참외 장수는 사촌이 지나가도 못 본 척 한다 : 장사하는 사람은 인색하다는 뜻
- 책망은 몰래하고 칭찬은 알게 하랬다 : 남을 책망할 때에는 다른 사람이 없는 데에서 하고 칭찬할 때에는 다른 사람 보는 앞에서 하여 자신감을 심어주라는 뜻
- 처갓집에 송곳 차고 간다 : 처갓집 밥은 눌러 담았기 때문에 송곳으로 파야 먹을 수 있다는 말로, 처갓집에서는 사위 대접을 극진히 한다는 뜻
- 천둥에 개 놀라듯 한다 : 몹시도 놀라서 허둥대며 정신을 못 차리고 날뛴다는 뜻
- 천만 재산이 서투른 기술만 못하다 : 자기가 지닌 돈은 있다가도 없어질 수 있지만 한 번 배운 기술은 죽을 때까지 지니고 있기 때문에 생활의 안정을 기할 수 있다는 뜻
- 초사흘 달은 부지런한 며느리만 본다 : 부지런한 사람이 아니고서는 사소한 일까지 모두 헤아려서 살필 수 없다는 뜻
- 초상 술에 권주가 부른다 : 때와 장소를 분별하지 못하고 행동한다는 말
- 촌놈은 밥그릇 큰 것만 찾는다 : 무식한 사람은 어떠한 물건의 질은 무시하고 그저 양이 많은 것만 요구한다는 뜻

- 칠 년 가뭄에 하루 쓸 날 없다 : 오랫동안 날씨가 개고 좋다가도 모처럼 무슨 일을 하려고 하면 비가 온다는 말
- 콩 볶아 먹다가 가마솥 터뜨린다 : 작은 이익을 탐내다가 도리어 큰 해를 입는다는 말
- 콩 심은 데 콩 나고 팥 심은 데 팥 난다 : 원인에 따라서 결과가 생긴다는 말
- 콩으로 메주를 쑨다 하여도 곧이 듣지 않는다 : 거짓말을 잘하여 신용할 수 없다는 말
- 태산 명동에 서일필(泰山 鳴動에 鼠一匹) : 무엇을 크게 떠벌였는데 실제의 결과는 작다는 뜻
- 태산을 넘으면 평지를 본다 : 고생을 하게 되면 그 다음에는 즐거움이 온다는 말
- 털을 뽑아 신을 삼는다 : 자신의 온 정성을 다하여 은혜를 꼭 갚겠다는 말
- 토끼를 다 잡으면 사냥개를 삶는다 : 필요할 때에는 소중히 여기다가도 필요없게 되면 천대하고 없애 버림을 비유하는 말
- 평생 신수가 편하려면 두 집을 거느리지 말랬다 : 두 집 살림을 차리게 되면 대부분 집안이 항상 편하지 못하다는 뜻
- 포도청 문고리도 빼겠다 : 겁이 없고 대담한 사람을 두고 하는 말
- 풍년 거지 더 섧다 : 다른 사람들은 모두 잘 살아가는데, 자신만 고달프고 서러운 신세를 이르는 말
- 핑계 없는 무덤 없다 : 무슨 일이라도 반드시 핑계거리는 있다는 말
- 함박 시키면 바가지 시키고, 바가지 시키면 쪽박 시킨다 : 어떤 일을 윗사람이 아랫사람에게 시키면 그는 또 제 아랫사람에게 다시 시킨다는 말
- 항우도 댕댕이 덩굴에 넘어진다 : 항우와 같은 장사라도 보잘 것 없는 덩굴에 걸려 낙상할 때가 있다는 말로 아무리 작은 일도 무시하면 실패하기 쉽다는 뜻
- 허허해도 빚이 열닷냥이다 : 겉으로는 호기 있게 보이나 속으로는 근심이 가득하다는 뜻
- 호랑이에게 개 꾸어 주기 : 빌려주면 다시 받을 가망이 없다는 말
- 황금 천냥이 자식 교육만 못 하다 : 막대한 유산을 남겨 주는 것보다는 자녀 교육이 더 중요한 것이라는 뜻

(2) 한자성어

- 家給人足(가급인족) : 집집마다 살림이 넉넉하고, 사람마다 의식에 부족함이 없음
- 街談巷說(가담항설) : 길거리나 항간에 떠도는 소문
- 苛斂誅求(가렴주구) : 조세 따위를 가혹하게 거두어들여, 백성을 못살게 들볶음
- 家無擔石(가무담석) : 담(擔)은 두 항아리, 석(石)은 한 항아리라는 뜻으로 집에 저축이 조금도 없음을 이르는 말
- 可東可西(가동가서) : 동쪽이라도 좋고 서쪽이라도 좋다. 이러나 저러나 상관없다.
- 佳人薄命(가인박명) : 여자의 용모가 아름다우면 운명이 기박하다는 말
- 刻骨難忘(각골난망) : 입은 은혜에 대한 고마움을 뼛속 깊이 새기어 잊지 않음
- 刻舟求劍(각주구검) : 판단력이 둔하여 세상일에 어둡고 어리석다는 말
- 竿頭之勢(간두지세) : 댓가지 꼭대기에 서게 된 현상으로 어려움이 극도에 달하여 아주 위태로운 형세를 이르는 말
- 敢不生心(감불생심) : 힘이 부치어 감히 마음을 먹지 못함
- 感之德之(감지덕지) : 몹시 고맙게 여김
- 甘呑苦吐(감탄고토) : 달면 삼키고 쓰면 뱉는다는 뜻으로 신의(信義)를 돌보지 않고 사리(私利)를 꾀한다는 말
- 甲男乙女(갑남을녀) : 보통의 평범한 사람들
- 康衢煙月(강구연월) : 태평한 시대의 평화스러운 길거리의 모습
- 强近之親(강근지친) : 도와줄 만한 가까운 친척
- 江湖煙波(강호연파) : 강이나 호수 위에 안개처럼 보얗게 이는 잔물결. 대자연의 풍경을 뜻함
- 改過遷善(개과천선) : 지나간 허물을 고치고 착하게 됨
- 去頭截尾(거두절미) : 앞뒤의 잔 사설을 빼놓고 요점만을 말함
- 車載斗量(거재두량) : 차에 싣고 말에 실을 만큼 많다는 뜻으로 물건이나 인재 따위가 아주 흔하여 귀하지 않음을 이르는 말
- 乾坤一擲(건곤일척) : 흥망, 승패를 걸고 단판 승부를 겨룸
- 隔靴搔癢(격화소양) : 신을 신은 채 가려운 발바닥을 긁음과 같이 일의 효과를 나타내지 못함을 이르는 말
- 牽强附會(견강부회) : 이치에 맞지 않는 말을 억지로 끌어 붙여 자기의 주장하는 조건에 맞도록 함
- 犬馬之勞(견마지로) : 임금이나 나라를 위하여 바치는 자기의 노력을 낮추어 이르는 말
- 見物生心(견물생심) : 물건을 보면 욕심이 생긴다는 말
- 見危致命(견위치명) : 나라의 위태로움을 보고는 목숨을 아끼지 않고 나라를 위하여 싸움
- 堅忍不拔(견인불발) : 굳게 참고 견디어 마음이 흔들리지 않음
- 結草報恩(결초보은) : 죽어 혼령이 되어도 은혜를 잊지 않고 갚음

• 經國濟世(경국제세) : 나라 일을 경륜하고 세상을 구함
• 傾國之色(경국지색) : 임금이 혹하여 국정을 게을리함으로써 나라를 위태롭게 할 정도의 미인(美人)을 일컫는 말
• 輕佻浮薄(경조부박) : 마음이 침착하지 못하고 행동이 신중하지 못함
• 驚天動地(경천동지) : 하늘이 놀라고 땅이 흔들린다는 뜻으로 세상을 몹시 놀라게 함
• 鏡花水月(경화수월) : 거울에 비친 꽃과 물에 비친 달처럼 볼 수만 있고 가질 수 없는 것
• 鷄卵有骨(계란유골) : 달걀 속에도 뼈가 있다는 뜻으로 뜻밖에 장애물이 생김을 이르는 말
• 鷄鳴狗盜(계명구도) : '닭의 울음소리를 잘 내는 사람과 개의 흉내를 잘 내는 좀도둑'이라는 뜻으로, 천한 재주를 가진 사람도 때로는 요긴하게 쓸모가 있음을 비유하여 이르는 말(학문이 깊지 않으면서 잔재주만 지닌 사람을 가리킬 때는 부정적 의미로 쓰임)
• 股肱之臣(고굉지신) : 자신의 팔, 다리와 같이 믿고 중하게 여기는 신하
• 孤掌難鳴(고장난명) : 손바닥 하나로는 소리가 나지 않는다는 뜻으로 상대가 없이 혼자 힘으로 일하기 어렵다는 말
• 苦盡甘來(고진감래) : 고생 끝에 낙이 온다는 말
• 曲學阿世(곡학아세) : 그릇된 학문을 하여 세속에 아부함
• 骨肉相殘(골육상잔) : 같은 혈족끼리 서로 다투고 해하는 것[骨肉相爭(골육상쟁)]
• 空手來空手去(공수래공수거) : 세상에 빈 손으로 왔다가 빈 손으로 간다는 뜻으로 재물에 대한 욕심을 부릴 필요가 없음을 이르는 말
• 誇大妄想(과대망상) : 자기의 능력, 용모, 지위 등을 과대하게 평가하여 사실인 것처럼 믿는 일 또는 그런 생각
• 過猶不及(과유불급) : 지나친 것은 미치지 못한 것과 같다는 말
• 管鮑之交(관포지교) : 제(齊)나라 관중(管仲)과 포숙(鮑叔)의 사귐이 매우 친밀했다는 고사에서 유래한 말로, 친구끼리의 매우 두터운 사귐을 이르는 말
• 刮目相對(괄목상대) : 눈을 비비고 다시 본다는 말로, 다른 사람의 학문이나 덕행이 크게 진보한 것을 말함
• 矯角殺牛(교각살우) : 뿔을 고치려다 소를 죽인다는 뜻으로, 작은 일에 힘쓰다가 큰 일을 망친다는 말
• 巧言令色(교언영색) : 교묘한 말과 보기 좋게 꾸민 얼굴 빛
• 膠柱鼓瑟(교주고슬) : 고지식하여 융통성이 없는 사람을 이르는 말
• 敎學相長(교학상장) : 가르쳐 주거나 배우거나 다 나의 학업을 증진시킨다는 뜻
• 九十春光(구십춘광) : 노인의 마음이 청년같이 젊음을 이르는 말. 봄의 석달 구십일 동안 화창한 날씨
• 九折羊腸(구절양장) : 아홉 번 꼬부라진 양의 창자라는 뜻으로 산길 따위가 몹시 험하게 꼬불꼬불한 것을 이르는 말

- 群鷄一鶴(군계일학) : 닭의 무리 속에 끼어 있는 한 마리의 학이란 뜻으로 평범한 사람 가운데서 뛰어난 사람을 일컫는 말
- 權謀術數(권모술수) : 목적 달성을 위해서는 인정이나 도덕을 가리지 않고 권세와 모략, 중상 등 갖은 방법과 수단을 쓰는 술책
- 勸善懲惡(권선징악) : 착한 행실을 권장하고 악한 행실을 징계함
- 捲土重來(권토중래) : 한번 실패에 굴하지 않고 몇 번이고 다시 일어남. 한 번 패하였다가 세력을 회복하여 다시 쳐들어옴
- 近墨者黑(근묵자흑) : 먹을 가까이 하면 검어진다는 뜻으로 나쁜 사람과 사귀면 그 버릇에 물들기 쉽다는 말
- 金科玉條(금과옥조) : 금이나 옥같이 귀중한 법칙이나 규정
- 錦上添花(금상첨화) : 좋고 아름다운 것 위에 더 좋은 것을 더함
- 金石盟約(금석맹약) : 쇠와 돌같이 굳게 맹세하여 맺은 약속
- 錦衣還鄕(금의환향) : 비단 옷을 입고 고향으로 돌아온다는 뜻으로 타향에서 크게 성공하여 자기 집으로 돌아감을 이르는 말
- 金枝玉葉(금지옥엽) : 임금의 자손이나 집안을 높여 이르거나 귀여운 자손을 일컫는 말
- 氣高萬丈(기고만장) : 씩씩한 기운이 크게 떨침. 일이 뜻대로 잘 되어 기세가 대단함
- 落井下石(낙정하석) : 우물 아래에 돌을 떨어뜨린다는 뜻으로, 다른 사람이 재앙을 당하면 도와주기는커녕 오히려 더 큰 재앙이 닥치도록 한다는 말
- 爛商公論(난상공론) : 여러 사람들이 잘 의논함
- 難兄難弟(난형난제) : 누구를 형이라 하고 누구를 동생이라 해야 할지 분간하기 어렵다는 뜻으로 사물의 우열이 없다는 말
- 南柯一夢(남가일몽) : 꿈과 같이 헛된 한때의 부귀영화
- 男負女戴(남부여대) : 남자는 짐을 등에 지고 여자는 짐을 머리에 인다는 뜻으로 가난에 시달린 사람들이 살 곳을 찾아 떠돌아 다님
- 南船北馬(남선북마) : 바쁘게 여기저기를 돌아다님
- 囊中之錐(낭중지추) : 주머니 속에 든 송곳이라는 뜻으로 재주가 뛰어난 사람은 숨어 있어도 저절로 사람들이 알게 됨을 이르는 말
- 囊中取物(낭중취물) : 주머니 속의 물건을 꺼내는 것과 같이 매우 용이한 일
- 勞心焦思(노심초사) : 몹시 마음을 졸이는 것
- 綠衣紅裳(녹의홍상) : 연두저고리에 다홍치마라는 뜻으로 곱게 차려 입은 젊은 아가씨의 복색을 이르는 말
- 論功行賞(논공행상) : 공로를 논하여 그에 맞는 상을 줌
- 弄璋之慶(농장지경) : 아들을 낳은 기쁨
- 累卵之危(누란지위) : 달걀을 쌓아 놓은 것과 같이 매우 위태함

• 多岐亡羊(다기망양) : 길이 여러 갈래여서 양을 잃다는 뜻으로 학문의 길이 다방면이어서 진리를 깨치기 어려움을 이르는 말
• 多多益善(다다익선) : 많으면 많을수록 좋음
• 斷機之戒(단기지계) : 학문을 중도에 그만둔다는 것은 짜던 베를 끊음과 같다는 맹자 어머니의 교훈
• 簞食瓢飮(단사표음) : 한 소쿠리 밥과 표주박 물, 즉 변변치 못한 살림을 가리키는 말로 청빈한 생활을 이름
• 丹脣皓齒(단순호치) : 붉은 입술과 흰 이, 즉 미인의 얼굴
• 螳螂拒轍(당랑거철) : 제 분수도 모르고 강적에게 대항함
• 大器晩成(대기만성) : 큰 그릇은 이루어짐이 더디다는 뜻으로 크게 될 사람은 성공이 늦다는 말
• 道聽塗說(도청도설) : 거리에서 들은 것을 곧 남에게 아는 체하며 말함. 깊이 생각하지 않고 예사로 듣고 예사로 말함. 떠돌아다니는 뜬소문
• 塗炭之苦(도탄지고) : 진흙탕이나 숯불에 빠졌다는 뜻으로 몹시 고생스러움을 일컬음
• 東家食西家宿(동가식서가숙) : 먹을 곳, 잘 곳이 없이 떠도는 사람 또는 그런 짓
• 棟樑之材(동량지재) : 기둥이나 들보가 될 만한 훌륭한 인재, 즉 한 집이나 한 나라의 요한 일을 맡을 만한 사람
• 同病相憐(동병상련) : 처지가 서로 비슷한 사람끼리 서로 동정하고 도움
• 東奔西走(동분서주) : 사방으로 이리저리 부산하게 돌아다님
• 同床異夢(동상이몽) : 같은 처지와 입장에서 저마다 딴 생각을 함
• 杜門不出(두문불출) : 세상과 인연을 끊고 출입을 하지 않음
• 得隴望蜀(득롱망촉) : 인간의 욕심은 한이 없음
• 登高自卑(등고자비) : 높은 곳에 오르려면 낮은 곳에서부터 오른다는 뜻으로, 일을 순서대로 하여야 함을 이르는 말
• 燈下不明(등하불명) : 등잔 밑이 어둡다는 뜻으로 가까이 있는 것이 오히려 알아내기 어려움을 이르는 말
• 磨斧爲針(마부위침) : 아무리 이루기 힘든 일이라도 끊임없는 노력과 끈기 있는 인내가 있으면 성공하고야 만다는 뜻
• 馬耳東風(마이동풍) : 남의 말을 귀담아 듣지 않고 흘려버림
• 萬頃蒼波(만경창파) : 한없이 넓고 푸른 바다
• 面從腹背(면종복배) : 겉으로는 순종하는 척하고 속으로 딴 마음을 먹음
• 明若觀火(명약관화) : 불을 보는 듯이 환하게 분명히 알 수 있음
• 命在頃刻(명재경각) : 곧 숨이 끊어질 지경에 이름
• 矛盾撞着(모순당착) : 같은 사람의 문장이나 언행이 앞뒤가 서로 어그러져서 모순됨
• 目不忍見(목불인견) : 차마 눈 뜨고 볼 수 없는 참상이나 꼴불견

- 無不通知(무불통지) : 무슨 일이든 모르는 것이 없음
- 門前成市(문전성시) : 권세를 드날리거나 부자가 되어 집문 앞이 찾아오는 손님들로 가득 차서 시장을 이룬 것 같음
- 門前沃畓(문전옥답) : 집 앞 가까이에 있는 좋은 논, 즉 많은 재산을 일컫는 말
- 拍掌大笑(박장대소) : 손바닥을 치면서 크게 웃음
- 拔本塞源(발본색원) : 폐단의 근원을 아주 뽑아서 없애 버림
- 傍若無人(방약무인) : 언행이 방자하고 제멋대로 행동하는 사람
- 背恩忘德(배은망덕) : 은혜를 잊고 도리어 배반함
- 白骨難忘(백골난망) : 죽어서도 잊지 못할 큰 은혜를 입음
- 百年河淸(백년하청) : 아무리 세월이 가도 일을 해결할 희망이 없음
- 伯樂一顧(백락일고) : 남이 자기 재능을 알고 잘 대우함
- 白面書生(백면서생) : 한갓 글만 읽고 세상 일에 어두운 사람
- 百折不屈(백절불굴) : 아무리 꺾으려 해도 굽히지 않음
- 辟邪進慶(벽사진경) : 간사한 귀신을 물리치고 경사스러운 일로 나아감
- 夫唱婦隨(부창부수) : 남편이 창을 하면 아내가 따른다는 뜻으로 부부 간의 정이 깊고 화목함을 일컫는 말
- 附和雷同(부화뇌동) : 제 주견이 없이 남이 하는 대로 그저 무턱대고 따라함
- 粉骨碎身(분골쇄신) : 뼈가 가루가 되고 몸이 부서지도록 힘을 다하고 고생하며 일함
- 不共戴天之讐(불공대천지수) : 세상을 같이 살 수 없는 원수, 즉 어버이의 원수
- 不問可知(불문가지) : 묻지 않아도 가히 알 수 있음
- 不問曲直(불문곡직) : 옳고 그름을 가리지 않고 함부로 일을 처리함
- 非夢似夢(비몽사몽) : 꿈인지 생시인지 알 수 없는 어렴풋함
- 氷炭之間(빙탄지간) : 얼음과 숯불처럼 서로 화합될 수 없음
- 四顧無親(사고무친) : 친척이 없어 의지할 곳 없이 외로움[四顧無人(사고무인)]
- 四面楚歌(사면초가) : 한 사람도 도우려는 자가 없이 고립되어 곤경에 처해 있음
- 四面春風(사면춘풍) : 항상 좋은 얼굴로 남을 대하여 누구에게나 호감을 삼
- 事必歸正(사필귀정) : 무슨 일이든지 결국은 옳은 대로 돌아간다는 뜻
- 死後藥方文(사후약방문) : 이미 때가 늦음
- 山海珍味(산해진미) : 산과 바다의 산물(産物)을 다 갖추어 썩 잘 차린 귀한 음식
- 殺身成人(살신성인) : 자기의 몸을 희생하여 옳은 도리를 행함
- 三顧草廬(삼고초려) : 유비가 제갈량을 세 번이나 찾아가 군사로 초빙한 데에서 유래한 말로 인재를 얻기 위해 끈기 있게 노력한다는 말

• 三遷之敎(삼천지교) : 맹자의 어머니가 아들의 교육을 위하여 세 번 거처를 옮겼다는 고사에서 유래하는 말로 생활환경이 교육에 있어 큰 구실을 한다는 말
• 桑田碧海(상전벽해) : 뽕나무밭이 변하여 바다가 된다는 뜻으로 세상일의 변천이 심하여 사물이 바뀜을 비유하는 말
• 塞翁之馬(새옹지마) : 세상일은 복이 될지 화가 될지 예측할 수 없다는 말
• 黍離之歎(서리지탄) : 세상의 영고성쇠가 무상함
• 仙姿玉質(선자옥질) : 용모가 아름답고 재질도 뛰어남
• 雪膚花容(설부화용) : 눈처럼 흰 살결과 꽃같이 예쁜 얼굴이라는 뜻으로 아름다운 여인의 모습을 이르는 말
• 雪上加霜(설상가상) : 눈 위에 또 서리가 덮인다는 뜻으로 불행이 엎친 데 덮친 격으로 거듭 생김을 이르는 말
• 說往說來(설왕설래) : 서로 변론(辯論)을 주고 받으며 옥신각신함
• 小隙沈舟(소극침주) : 작은 일을 게을리하면 큰 재앙이 닥치게 됨을 비유하는 말
• 首丘初心(수구초심) : 고향을 그리워하는 마음을 일컫는 말
• 壽福康寧(수복강녕) : 오래 살고 복되며 건강하고 편안함
• 袖手傍觀(수수방관) : 팔짱을 끼고 보고만 있다는 뜻으로 마땅히 해야 할 일에 그저 옆에서 보고만 있는 것을 이르는 말
• 水深可知 人心難知(수심가지 인심난지) : 물의 깊이는 알 수 있으나 사람의 속마음은 헤아리기가 어렵다는 뜻
• 水魚之交(수어지교) : 교분이 매우 깊은 것을 말함[君臣水魚(군신수어)]
• 誰怨誰咎(수원수구) : 남을 원망하거나 책망할 것이 없음
• 脣亡齒寒(순망치한) : 입술이 없으면 이가 시린 것처럼 서로 돕던 이가 망하면 다른 한쪽 사람도 함께 위험하다는 말
• 是是非非(시시비비) : 옳고 그름을 가림
• 識字憂患(식자우환) : 아는 것이 탈이라는 말로 학식이 있는 것이 도리어 근심을 사게 됨을 이름
• 身言書判(신언서판) : 사람됨을 판단하는 네 가지 기준, 즉 신수(身手)와 말씨와 문필과 판단력을 일컬음
• 心心相人(심심상인) : 마음에서 마음을 전한다는 뜻으로, 묵묵한 가운데 서로 마음이 통함.
• 十匙一飯(십시일반) : 열 사람이 한 술씩 보태면 한 사람 먹을 분량이 된다는 뜻으로 여러 사람이 힘을 합하면 한 사람을 쉽게 도울 수 있다는 말
• 阿叫喚(아비규환) : 지옥 같은 고통에 못 견디어 구원을 부르짖는 소리라는 뜻으로 참혹한 고통 가운데에서 살려 달라고 울부짖는 상태를 이르는 말
• 我田引水(아전인수) : 제 논에 물대기. 자기에게 유리하도록 행동하는 것
• 安貧樂道(안빈낙도) : 빈궁한 가운데 편안하게 생활하여 도(道)를 즐김

- 眼下無人(안하무인) : 태도가 몹시 거만하여 모든 사람을 업신여김
- 暗中摸索(암중모색) : 물건을 어둠 속에서 더듬어 찾는다는 뜻으로, 확실한 방법을 모르는 채 이리저리 시도해 본다는 말
- 羊頭狗肉(양두구육) : 양의 머리를 내걸고 개고기를 판다는 뜻으로 겉모양은 훌륭하나 속은 변변치 않음을 이르는 말
- 梁上君子(양상군자) : 들보 위에 있는 군자라는 뜻으로 도둑을 미화(美化)한 말
- 漁父之利(어부지리) : 도요새가 조개를 쪼아 먹으려다가 둘 다 물리어 서로 다투고 있을 때 어부가 와서 둘을 잡아갔다는 고사에서 나온 말로 둘이 다투는 사이에 제3자가 이득을 보는 것
- 言中有骨(언중유골) : 예사로운 말 속에 깊은 뜻이 있음
- 如履薄氷(여리박빙) : 살얼음을 밟는 듯 아슬아슬하고 불안한 지경을 비유하여 이르는 말
- 如反掌(여반장) : 손바닥을 뒤집는 것과 같이 매우 쉬움
- 緣木求魚(연목구어) : 나무에 올라가 물고기를 구하듯 불가능한 일을 하고자 할 때를 비유하는 말
- 寤寐不忘(오매불망) : 자나깨나 잊지 못함
- 烏飛梨落(오비이락) : 까마귀 날자 배 떨어진다는 뜻으로 공교롭게도 어떤 일이 같은 때에 일어나 남의 의심을 받게 됨을 이르는 말
- 傲霜孤節(오상고절) : 서릿발 속에서도 굴하지 않고 외로이 지키는 절개라는 뜻으로 충신 또는 국화를 두고 하는 말
- 五十步百步(오십보백보) : 양자 간에 차이는 있으나 본질적으로는 같다는 뜻
- 吳越同舟(오월동주) : 사이가 좋지 못한 사람끼리도 자기의 이익을 위해서는 행동을 같이 한다는 말
- 溫故知新(온고지신) : 옛 것을 익히고 나아가 새 것을 앎
- 臥薪嘗膽(와신상담) : 섶에 누워 자고 쓴 쓸개를 씹는다는 뜻으로 원수를 갚고자 고생을 참고 견딤을 이르는 말
- 樂山樂水(요산요수) : '智者樂水 仁者樂山(지자요수 인자요산)'의 준말로 지혜 있는 자는 사리에 통달하여 물과 같이 막힘이 없으므로 물을 좋아하고, 어진 자는 의리에 밝고 산과 같이 중후하여 변하지 않으므로 산을 좋아한다는 말
- 窈窕淑女(요조숙녀) : 마음씨가 얌전하고 자태가 아름다운 여자
- 欲速不達(욕속부달) : 일을 속히 하려고 하면 도리어 이루지 못한다는 말
- 龍頭蛇尾(용두사미) : 처음엔 그럴 듯하다가 끝이 흐지부지되는 것
- 雲泥之差(운니지차) : 구름과 진흙의 차이란 뜻으로 주로 사정이 크게 다를 경우나 서로의 차이가 클 때 사용한다.
- 有備無患(유비무환) : 어떤 일에 미리 준비가 있으면 걱정이 없다는 말
- 唯我獨尊(유아독존) : 이 세상에는 나보다 더 잘난 사람이 없다고 뽐냄

- 流言蜚語(유언비어) : 근거 없는 좋지 못한 말
- 泣斬馬謖(읍참마속) : 큰 목적을 위해 아끼는 사람을 버림
- 以心傳心(이심전심) : 마음과 마음이 서로 통함
- 二律背反(이율배반) : 서로 모순되는 명제(命題), 즉 정립(定立)과 반립(反立)이 동등한 권리를 가지고 주장되는 일
- 李下不整冠(이하부정관) : 자두나무 아래에서는 갓을 고쳐 쓰지 말라는 뜻으로 남에게 의심받을 일을 하지 않도록 주의하라는 말
- 耳懸令 鼻懸令(이현령 비현령) : 귀에 걸면 귀걸이, 코에 걸면 코걸이라는 뜻으로 이렇게도 저렇게도 될 수 있음을 비유하는 말
- 益者三友(익자삼우) : 사귀어 이롭고 보탬이 되는 세 벗으로 정직한 사람, 신의 있는 사람, 학식 있는 사람을 가리킴
- 因果應報(인과응보) : 좋은 일에는 좋은 결과가, 나쁜 일에는 나쁜 결과가 따름
- 一擧兩得(일거양득) : 하나의 행동으로 두 가지의 성과를 거두는 것
- 一網打盡(일망타진) : 한꺼번에 모조리 다 잡음
- 一魚濁水(일어탁수) : 물고기 한 마리가 큰 물을 흐리게 하듯 한 사람의 악행으로 인하여 여러 사람이 그 해를 입게 되는 것을 뜻함
- 一場春夢(일장춘몽) : 인생의 영화(榮華)는 한바탕의 봄꿈과 같이 헛됨
- 日就月將(일취월장) : 나날이 다달이 진보함
- 一筆揮之(일필휘지) : 단숨에 글씨나 그림을 줄기차게 쓰거나 그림
- 自家撞着(자가당착) : 자기의 언행이 전후 모순되어 들어맞지 않음
- 自繩自縛(자승자박) : 자기의 줄로 자기를 묶는다는 뜻으로 자신이 한 말이나 행동 때문에 자기가 얽매이게 된다는 말
- 張三李四(장삼이사) : 장씨(張氏)의 삼남(三男)과 이씨(李氏)의 사남(四男)이라는 뜻으로 평범한 사람을 가리키는 말
- 賊反荷杖(적반하장) : 도둑이 도리어 매를 든다는 뜻으로 잘못한 사람이 도리어 잘한 사람을 나무라는 경우에 쓰는 말
- 戰戰兢兢(전전긍긍) : 몹시 두려워 벌벌 떨면서 조심한다는 말
- 轉禍爲福(전화위복) : 화를 바꾸어 복이 되게 한다는 뜻으로 궂은 일을 당하였을 때 그것을 잘 처리하여 좋은 일이 되게 하는 것
- 切磋琢磨(절차탁마) : 학문과 덕행을 갈고 닦음을 가리키는 말
- 漸入佳境(점입가경) : 점점 더 재미있는 경지로 들어감
- 頂門一鍼(정문일침) : 정수리에 침을 놓는다는 뜻으로 따끔한 비판이나 충고를 뜻함

- 井底之蛙(정저지와) : 우물 안 개구리. 견문이 좁고 세상 형편을 모름
- 糟糠之妻(조강지처) : 가난을 참고 고생을 같이 하며 남편을 섬긴 아내
- 朝令暮改(조령모개) : 법령을 자꾸 바꾸어서 종잡을 수 없음을 비유하는 말
- 朝三暮四(조삼모사) : 간사한 꾀로 사람을 속여 희롱함. 눈앞에 당장 나타나는 차별만 알고 그 결과가 같음을 모름
- 鳥足之血(조족지혈) : 새 발의 피. 양이 아주 적음
- 左顧右眄(좌고우면) : 좌우를 자주 둘러본다는 뜻으로 무슨 일에 얼른 결정을 짓지 못함을 이르는 말[左右顧眄(좌우고면)]
- 坐不安席(좌불안석) : 마음에 불안이나 근심 등이 있어 한 자리에 오래 앉아 있지 못함
- 晝耕夜讀(주경야독) : 낮에 일하고 밤에 공부함. 바쁜 틈을 타서 어렵게 공부를 함
- 主客顚倒(주객전도) : 주인과 손님이 뒤바뀌다라는 뜻으로 주되는 것과 종속되는 것의 위치가 뒤바뀜을 말함
- 走馬加鞭(주마가편) : 달리는 말에 채찍을 더한다는 뜻으로 잘하는 사람에게 더 잘하도록 하는 것을 일컬음
- 走馬看山(주마간산) : 말을 달리면서 산을 본다는 말로 바빠서 자세히 보지 못하고 지나침을 뜻함
- 竹馬故友(죽마고우) : 죽마를 타고 놀던 벗, 즉 어릴 때 같이 놀던 친한 친구
- 竹杖芒鞋(죽장망혜) : 대지팡이와 짚신. 먼 길을 떠날 때의 간편한 차림
- 衆寡不敵(중과부적) : 적은 수효로는 많은 수효를 대적하지 못한다는 뜻
- 衆口難防(중구난방) : 여러 사람의 입을 막기 어렵다는 뜻으로, 막기 어려울 정도(程度)로 여럿이 마구 지껄임을 이르는 말
- 重言復言(중언부언) : 한 말을 자꾸 되풀이 함
- 指鹿爲馬(지록위마) : 중국 진나라의 조고(趙高)가 이세 황제(二世皇帝)의 권력을 농락하려고 일부러 사슴을 말이라고 속여 바쳤다는 고사에서 유래한 것으로 윗사람을 농락하여 권세를 마음대로 함을 가리킴
- 支離滅裂(지리멸렬) : 갈갈이 흩어지고 찢기어 갈피를 잡을 수 없음
- 知足不辱(지족불욕) : 모든 일에 분수를 알고 만족하게 생각하면 모욕을 받지 않는다는 말
- 盡人事待天命(진인사대천명) : 노력을 다한 후에 천명을 기다림
- 進退維谷(진퇴유곡) : 앞으로 나아갈 수도 뒤로 물러설 수도 없이 꼼짝할 수 없는 궁지에 빠짐[進退兩難(진퇴양난)]
- 嫉逐排斥(질축배척) : 시기하고 미워하여 물리침
- 創業易守成難(창업이수성난) : 어떤 일을 시작하기는 쉬우나, 이룬 것을 지키기는 어렵다는 말
- 滄海桑田(창해상전) : 푸른 바다가 변하여 뽕밭으로 된다는 뜻으로 세상일이 덧없이 바뀜을 이르는 말[桑田碧海(상전벽해)]
- 滄海一粟(창해일속) : 넓은 바다에 떠 있는 한 알의 좁쌀이라는 뜻으로 아주 큰 물건 속에 있는 아주 작은 물건을 이르는 말

- 天高馬肥(천고마비) : 하늘이 높고 말이 살찐다는 뜻으로 가을철을 일컫는 말
- 千慮一得(천려일득) : 천 번을 생각하면 한 번 얻는 것이 있다는 뜻으로, 많이 생각할수록 좋은 것을 얻음을 비유하는 말
- 千慮一失(천려일실) : 여러 번 생각하여 신중하고 조심스럽게 한 일에도 때로는 한 가지 실수가 있음을 이르는 말
- 天方地軸(천방지축) : 너무 바빠서 두서를 잡지 못하고 허둥대는 모습. 어리석은 사람이 갈 바를 몰라 두리번거리는 모습
- 泉石膏肓(천석고황) : 고질병이 되다시피 산수 풍경을 좋아함
- 天衣無縫(천의무봉) : 천사의 옷은 기울 데가 없다는 뜻으로 문장이 훌륭하여 손댈 곳이 없을 만큼 잘 되었음을 일컫는 말
- 千仞斷崖(천인단애) : 천 길이나 되는 깎아지른 듯한 벼랑
- 千紫萬紅(천자만홍) : 여러 가지 빛깔의 꽃이 만발함
- 千載一遇(천재일우) : 천 년에나 한번 만날 수 있는 기회, 즉 좀처럼 얻기 어려운 기회
- 徹頭徹尾(철두철미) : 머리에서 꼬리까지 투철함, 즉 처음부터 끝까지 투철함
- 靑天霹靂(청천벽력) : 맑게 갠 하늘에서 치는 벼락, 즉 뜻밖에 생긴 변을 일컫는 말
- 靑出於藍(청출어람) : 쪽에서 우러난 푸른 빛이 쪽보다 낫다는 뜻으로 제자가 스승보다 더 뛰어남을 이르는 말
- 草綠同色(초록동색) : 풀과 녹색은 같은 빛임. 같은 처지나 같은 유의 사람들은 그들끼리 함께 행동함
- 寸鐵殺人(촌철살인) : 조그만 쇠붙이로 사람을 죽인다는 뜻으로 간단한 말이나 문장으로 사물의 가장 요긴한 데를 찔러 듣는 사람을 감동하게 하는 것
- 春秋筆法(춘추필법) : 5경의 하나인 춘추와 같이 비판의 태도가 썩 엄정함을 이르는 말. 대의명분을 밝히어 세우는 사실의 논법
- 醉生夢死(취생몽사) : 아무 뜻과 이룬 일도 없이 한평생을 흐리멍텅하게 살아감
- 七顚八起(칠전팔기) : 여러 번 실패해도 굽히지 않고 분투함을 일컫는 말
- 七縱七擒(칠종칠금) : 제갈량의 전술로 일곱 번 놓아 주고 일곱 번 잡는다는 뜻으로 자유자재로운 전술을 일컬음
- 針小棒大(침소봉대) : 바늘을 몽둥이라고 말하듯 과장해서 말하는 것
- 他山之石(타산지석) : 다른 산에서 나는 하찮은 돌도 자기의 옥(玉)을 가는 데에 도움이 된다는 뜻으로 다른 사람의 하찮은 언행일지라도 자기의 지덕을 연마하는 데에 도움이 된다는 말
- 卓上空論(탁상공론) : 실현성이 없는 허황된 이론
- 泰山北斗(태산북두) : 태산과 북두칠성을 여러 사람이 우러러 보는 것처럼 남에게 존경받는 뛰어난 존재
- 吐盡肝膽(토진간담) : 솔직한 심정을 숨김없이 모두 말함
- 波瀾重疊(파란중첩) : 일의 진행에 있어서 온갖 변화나 난관이 많음

• 破竹之勢(파죽지세) : 대를 쪼개는 것처럼 거침없이 나아가는 세력
• 弊袍破笠(폐포파립) : 해진 옷과 부서진 갓, 즉 너절하고 구차한 차림새를 말함
• 抱腹絶倒(포복절도) : 배를 안고 몸을 가누지 못할 정도로 몹시 웃음
• 風樹之嘆(풍수지탄) : 부모가 이미 세상을 떠나 효도할 수 없음을 한탄함
• 風前燈火(풍전등화) : 바람 앞의 등불처럼 매우 위급한 경우에 놓여 있음을 일컫는 말
• 風餐露宿(풍찬노숙) : 바람과 이슬을 무릅쓰고 한 데에서 먹고 잠, 즉 큰 일을 이루려는 사람이 고초를 겪는 모양
• 下石上臺(하석상대) : 아랫돌을 빼서 윗돌을 괴고 윗돌을 빼서 아랫돌을 괸다는 뜻으로 임시변통으로 이리저리 둘러 맞춤을 말함
• 鶴首苦待(학수고대) : 학의 목처럼 목을 길게 늘여 몹시 기다린다는 뜻
• 漢江投石(한강투석) : 한강에 돌 던지기라는 뜻으로 지나치게 미미하여 전혀 효과가 없음을 이르는 말
• 緘口無言(함구무언) : 입을 다물고 아무런 말이 없음
• 含哺鼓腹(함포고복) : 배불리 먹고 즐겁게 지냄
• 咸興差使(함흥차사) : 심부름을 시킨 뒤 아무 소식이 없거나 회답이 더디 올 때 쓰는 말
• 孑孑單身(혈혈단신) : 의지할 곳 없는 외로운 홀몸
• 螢雪之功(형설지공) : 중국 진나라의 차윤(車胤)이 반딧불로 글을 읽고 손강(孫康)은 눈(雪)의 빛으로 글을 읽었다는 고사에서 유래된 말로 고생하면서도 꾸준히 학문을 닦은 보람을 이르는 말
• 糊口之策(호구지책) : 살아갈 방법. 그저 먹고 살아가는 방책
• 好事多魔(호사다마) : 좋은 일에는 방해가 되는 일이 많다는 뜻
• 虎死留皮(호사유피) : 범이 죽으면 가죽을 남김과 같이 사람도 죽은 뒤 이름을 남겨야 한다는 말[豹死留皮(표사유피)]
• 浩然之氣(호연지기) : 잡다한 일에서 해방된 자유로운 마음. 하늘과 땅 사이에 넘치게 가득 찬 넓고도 큰 원기. 공명정대하여 조금도 부끄러울 바 없는 도덕적 용기
• 魂飛魄散(혼비백산) : 몹시 놀라 넋을 잃음
• 和而不同(화이부동) : 남과 화목하게 지내지만 자신의 중심과 원칙을 잃지 않음
• 畵龍點睛(화룡점정) : 용을 그려 놓고 마지막으로 눈을 그려 넣음, 즉 가장 긴요한 부분을 완성시킴
• 換骨奪胎(환골탈태) : 얼굴이 이전보다 더 아름다워짐. 선인의 시나 문장을 살리되, 자기 나름의 새로움을 보태어 자기 작품으로 삼는 일
• 會者定離(회자정리) : 만나면 반드시 헤어짐
• 後生可畏(후생가외) : 후진들이 젊고 기력이 있어 두렵게 여겨짐
• 橫說竪說(횡설수설) : 조리가 없는 말을 함부로 지껄임 또는 그 말
• 興盡悲來(흥진비래) : 즐거운 일이 다하면 슬픔이 옴, 즉 흥망과 성쇠가 엇바뀜을 일컫는 말

대표유형 5 문장배열

(1) 글의 구성 요소

단어 → 문장 → 문단 → 글

① 단어 … 분리하여 자립적으로 쓸 수 있는 말이나 이에 준하는 말이나 그 말의 뒤에 붙어서 문법적 기능을 나타내는 말이다.

② 문장 … 생각이나 감정을 말로 표현할 때 완결된 내용을 나타내는 최소의 단위로, 주어와 서술어를 갖추고 있는 것이 원칙이나 생략될 수도 있다.

③ 문단 … 글에서 하나로 묶을 수 있는 짤막한 단위로, 한 편의 글은 여러 개의 문단으로 구성된다.

④ 글 … 어떤 생각이나 일 따위의 내용을 문자로 나타낸 기록이다.

(2) 문단의 짜임

① 중심 문장 … 하나의 문단에서 나타내고자 하는 중심 내용이 담긴 문장

② 뒷받침 문장 … 중심 문장의 내용을 효과적으로 전달하기 위해 보조적으로 쓰인 문장

(3) 접속어

관계	내용	접속어의 예
순접	앞의 내용을 이어받아 연결시킴	그리고, 그리하여, 이리하여
역접	앞의 내용과 상반되는 내용을 연결시킴	그러나, 하지만, 그렇지만, 그래도
인과	앞뒤의 문장을 원인과 결과로 또는 결과와 원인으로 연결시킴	그래서, 따라서, 그러므로, 왜냐하면
전환	뒤의 내용이 앞의 내용과는 다른 새로운 생각이나 사실을 서술하여 화제를 바꾸며 이어줌	그런데, 그러면, 다음으로, 한편, 아무튼
예시	앞의 내용에 대해 구체적인 예를 들어 설명함	예컨대, 이를테면, 예를 들면
첨가 · 보충	앞의 내용에 새로운 내용을 덧붙이거나 보충함	그리고, 더구나, 게다가, 뿐만 아니라
대등 · 병렬	앞뒤의 내용을 같은 자격으로 나열하면서 이어줌	그리고, 또는, 및, 혹은, 이와 함께
확언 · 요약	앞의 내용을 바꾸어 말하거나 간추려 짧게 요약함	요컨대, 즉, 결국, 말하자면

대표유형 6 주제 및 중심내용 찾기

(1) 핵심어

① 설명문의 내용 또는 제목 내의 중요한 내용을 요약한 핵심적인 단어 또는 문구를 핵심어라고 한다.

② 글의 처음이나 마지막 부분의 문장이 열쇠가 되는 경우가 많다.

③ 핵심어는 반복 사용되는 경향이 있다.

(2) 주제 파악하기의 과정

① 형식 문단의 내용을 요약한다.

② 내용 문단으로 묶어 중심 내용을 파악한다.

③ 각 내용 문단의 중심 내용 간의 관계를 이해한다.

④ 전체적인 주제를 파악한다.

(3) 주제를 찾는 방법

① 주제가 겉으로 드러난 글(설명문, 논설문 등)

㉠ 글의 주제 문단을 찾는다. 주제 문단의 요지가 주제이다.
㉡ 대개 3단 구성이므로 끝 부분의 중심 문단에서 주제를 찾는다.
㉢ 중심 소재(제재)에 대한 글쓴이의 입장이 나타난 문장이 주제문이다.
㉣ 제목과 밀접한 관련이 있음에 유의한다.

② 주제가 겉으로 드러나지 않는 글(문학적인 글)

㉠ 글의 제재를 찾아 그에 대한 글쓴이의 의견이나 생각을 연결시키면 바로 주제를 찾을 수 있다.
㉡ 제목이 상징하는 바가 주제가 될 수 있다.
㉢ 인물이 주고받는 대화의 화제나 화제에 대한 의견이 주제일 수도 있다.
㉣ 글에 나타난 사상이나 내세우는 주장이 주제가 될 수도 있다.
㉤ 시대적 · 사회적 배경에서 글쓴이가 추구하는 바를 찾을 수 있다.

대표유형 7 진위판별 및 내용추론

(1) 세부 내용 파악하기

① 제목을 확인한다.

② 주요 내용이나 핵심어를 확인한다.

③ 지시어나 접속어에 유의하며 읽는다.

④ 중심 내용과 세부 내용을 구분한다.

⑤ 내용 전개 방법을 파악한다.

⑥ 사실과 의견을 구분하여 내용의 객관성과 주관성 파악한다.

(2) 추론하며 읽기

① **추론하며 읽기의 뜻** … 글 속에 명시적으로 드러나 있지 않은 내용, 과정, 구조에 관한 정보를 논리적 비약 없이 추측하거나 상상하며 읽는 것을 말한다.

② **추론하며 읽기의 방법**

㉠ 문장의 연결 관계를 통하여 생략된 정보를 추측한다.

㉡ 뜻이 분명하지 않은 문장의 의미를 자신의 배경 지식을 활용하여 정확하게 파악한다.

㉢ 글에 제시되어 있는 내용을 바탕으로 글 속에 분명히 드러나 있지 않은 중심 내용이나 주제를 파악한다.

㉣ 문맥의 흐름을 기준으로 문단의 연결 관계를 정확하게 파악한다.

㉤ 글의 조직 및 전개 방식을 기준으로 글 전체의 계층적 구조를 정확하게 파악한다.

출제예상문제

Ⅰ1~4Ⅰ 다음 ( ) 안에 공통으로 들어가는 단어를 고르시오.

1

- 집 안에는 사람이 없어서 ( )하다.
- 집 주변이 ( )하게 가라앉아서 독서를 했다.

① 교류(交流) ② 교란(攪亂)
③ 교묘(巧妙) ④ 교교(皎皎)

해설 ④ 매우 조용한 느낌
① 문화나 사상 따위가 서로 통함
② 마음이나 상황 따위를 뒤흔들어서 어지럽고 혼란하게 함
③ 솜씨나 재주 따위가 재치 있게 약삭빠르고 묘하다.

2

- 현행 헌법에서는 대통령의 ( )을 금지하고 있다.
- 임기를 마친 후에 거듭하여 ( )을 하면서 사원들의 분노가 들끓었다.

① 일임(一任) ② 선임(先任)
③ 연임(連任) ④ 초임(初任)

해설 ③ 원래 정해진 임기를 다 마친 뒤에 다시 계속하여 그 직위에 머무름
① 모두 다 맡김
② 어떤 임무나 직무 따위를 먼저 맡음
④ 처음으로 어떤 직(職)에 임명되거나 취임함

3

> • 10일은 고정적으로 거래처에 (　　)대금이 나가는 날이다.
> • 인터넷 쇼핑몰에서 온라인 (　　)시스템을 이용할 수 있다.

① 결제(決濟)　　② 결재(決裁)
③ 결진(結陣)　　④ 결전(決戰)

해설 ① 증권 또는 대금을 주고받아 매매 당사자 사이의 거래 관계를 끝맺는 일
② 결정할 권한이 있는 상관이 부하가 제출한 안건을 검토하여 허가하거나 승인함
③ 많은 사람이 모여 기세를 올리면서 단체 행동을 함
④ 승부를 결정짓는 싸움

4

> • 석탄 (　　)이/가 부진하여 거의 모든 탄광이 적자에 시달리고 있다.
> • 김 사장은 광고를 하고 매장을 호화롭게 꾸며야 (　　)이/가 증가한다고 주장한다.

① 구매(購買)　　② 영업(營業)
③ 생산(生産)　　④ 판매(販賣)

해설 ④ 상품 따위를 팖
① 물건 따위를 사들임
② 영리를 목적으로 하는 사업. 또는 그런 행위
③ 인간이 생활하는 데 필요한 각종 물건을 만들어 냄

Answer 1.④ 2.③ 3.① 4.④

❙ 5~9 ❙ 다음 제시된 단어와 의미가 유사한 단어를 고르시오.

5

검토

① 방랑 ② 멸시
③ 감사 ④ 검사

해설 검토 … 어떤 사실이나 내용을 분석하여 따짐
④ 사실이나 일의 상태 또는 물질의 구성 성분 따위를 조사하여 옳고 그름과 낫고 못함을 판단하는 일
① 정한 곳 없이 이리저리 떠돌아다님
② 업신여기거나 하찮게 여겨 깔봄
③ 고마움을 나타내는 인사

6

쾌유

① 불치 ② 전유
③ 연명 ④ 근심

해설 쾌유 … 병이나 상처가 깨끗이 나음
② 병이 완전히 나음
① 병이 잘 낫지 아니함 또는 고치지 못함
③ 목숨을 겨우 이어 살아감
④ 해결되지 않은 일 때문에 속을 태우거나 우울해함

7

장성

① 발전 ② 이화
③ 증식 ④ 형상

해설 장성 … 자라서 어른이 됨 또는 발전하여 커짐
① 더 낫고 좋은 상태나 더 높은 단계로 나아감
② 성질, 양식, 사상 따위가 서로 달라짐
③ 늘어서 많아짐
④ 사람이나 동식물 따위가 자라서 점점 커짐 또는 규모나 세력 따위가 점점 커짐

8

계발

① 공사　　② 대성
③ 망단　　④ 발몽

해설 계발 … 슬기나 재능, 사상 따위를 일깨워 줌
④ 지식수준이 낮거나 인습에 젖은 사람을 가르쳐서 깨우침
① 토목이나 건축 따위의 일
② 크게 이룸. 또는 그런 성과
③ 어떤 바라던 일이 실패함

9

곤욕

① 허발　　② 는개
③ 드레　　④ 영금

해설 곤욕 … 심한 모욕 또는 참기 힘든 일
④ 따끔하게 당하는 곤욕
① 몹시 굶주려 있거나 궁하여 체면 없이 함부로 먹거나 덤빔
② 안개비보다는 조금 굵고 이슬비보다는 가는 비
③ 인격적으로 점잖은 무게

Answer 5.④ 6.② 7.① 8.④ 9.④

▌10~14▐ 다음 제시된 단어와 의미가 상반된 단어를 고르시오.

10

조화

① 상충 ② 화합

③ 협동 ④ 해화

✔ 해설 조화 … 서로 잘 어울림
① 맞지 아니하고 서로 어긋남
② 화목하게 어울림
③ 서로 마음과 힘을 하나로 합함
④ 서로 잘 어울림

11

연결

① 연계 ② 단절

③ 관련 ④ 연합

✔ 해설 연결 … 사물과 사물을 서로 잇거나 현상과 현상이 관계를 맺게 함
② 유대나 연관 관계를 끊음
① 어떤 일이나 사람과 관련하여 관계를 맺음 또는 그 관계
③ 둘 이상의 사람, 사물, 현상 따위가 서로 관계를 맺어 매여 있음 또는 그 관계
④ 두 가지 이상의 사물이 서로 합동하여 하나의 조직체를 만듦 또는 그렇게 만든 조직체

12

번망하다

① 어수선하다 ② 혁신적이다

③ 한산하다 ④ 발생하다

✔ 해설 번망하다 … 번거롭고 어수선하여 매우 바쁘다.

13

각축하다

① 굴종하다　　② 이전하다
③ 쟁론하다　　④ 화유하다

해설 각축하다 … 서로 이기려고 다투며 덤벼들다.
① 제 뜻을 굽혀 남에게 복족하다.
② 권리 따위를 남에게 넘겨주거나 넘겨받다.
③ 서로 다투며 토론하다.
④ 부드럽고 온화하다.

14

왕세(往世)

① 미래　　② 소통
③ 친밀　　④ 자유

해설 왕세(往世) … 옛날, 지난 지 꽤 오래된 시기를 막연히 이르는 말

Answer 10.① 11.② 12.③ 13.① 14.①

▌15~17▌ 다음 제시된 단어의 의미로 옳은 것을 고르시오.

15

거풀거리다

① 멈추어 있던 자세나 자리가 바뀌다.
② 몸은 작아도 힘차고 다부지다.
③ 물체의 한 부분이 바람에 떠들려 자꾸 크게 흔들리다.
④ 고쳐서 확장하다.

해설 ① 움직이다
② 암팡지다
④ 경장하다

16

지싯거리다

① 입술을 힘없이 터뜨리며 싱겁게 자꾸 웃다.
② 감정 따위가 밖으로 드러내나 해소되거나 분위기 따위가 한껏 드러나다.
③ 흩어져 널리 퍼지다.
④ 남이 싫어하는지는 아랑곳하지 아니하고 제가 좋아하는 것만 짓궂게 자꾸 요구하다.

해설 ① 피식거리다
② 발산하다
③ 확산하다

17

당지다

① 바싹 붙어서 붙임성 있게 굴다.
② 포근하고 폭신하다.
③ 잘 눌리어 단단하게 굳어지다.
④ 나이나 몸집에 비하여 마음가짐이나 하는 짓이 야무지고 올차다.

해설 ① 다부닐다, ② 담숙하다, ④ 당차다

Ⅰ18~20Ⅰ 다음 제시된 어구 풀이의 의미와 가장 잘 부합하는 어휘를 고르시오.

18

마음이나 분위기가 안정되지 못하여 불안하고 산란하다

① 어수선하다 ② 기쁘다
③ 찬란하다 ④ 따뜻하다

✔해설 ② 욕구가 충족되어 마음이 흐뭇하고 흡족하다.
③ 빛깔이나 모양 따위가 매우 화려하고 아름답다.
④ 덥지 않을 정도로 온도가 알맞게 높다.

19

성품이 너그럽지 못하고 생각이 좁다

① 관대하다 ② 여유롭다
③ 포근하다 ④ 옹졸하다

✔해설 ① 마음이 너그럽고 크다.
② 여유가 있다.
③ 도톰한 물건이나 자리 따위가 보드랍고 따뜻하다.

20

아름다움이나 매력 같은 것에 홀려서 정신을 못 차림

① 절망 ② 책망
③ 고취 ④ 고혹

✔해설 ① 바라볼 것이 없게 되어 모든 희망을 끊어 버림
② 잘못을 꾸짖거나 나무라며 못마땅하게 여김
③ 힘을 내도록 격려하여 용기를 북돋움

Answer 15.③ 16.④ 17.③ 18.① 19.④ 20.④

▌21~24▐ 다음 중 제시된 문장의 밑줄 친 어휘와 같은 의미로 사용된 것을 고르시오.

21

오늘 했던 이야기는 가슴에 묻고 지나가자.

① 화단에 거름을 묻어 주다.

② 동생은 예전에 자신이 행한 일들을 과거 속으로 묻어 두고 싶어 했다.

③ 소파에 몸을 묻다.

④ 지나가는 사람에게 길을 묻다.

✔ 해설 ② 일을 드러내지 아니하고 속 깊이 숨기어 감추다.
① 물건을 흙이나 다른 물건 속에 넣어 보이지 않게 쌓아 덮다.
③ 의자나 이불 같은 데에 몸을 깊이 기대다.
④ 무엇을 밝히거나 알아내기 위하여 상대편의 대답이나 설명을 요구하는 내용으로 말하다.

22

그렇게 강조해서 시험 문제를 짚어 주었는데도 성적이 그 모양이냐.

① 이마를 짚어 보니 열이 있었다.

② 목발을 짚는 것만으로도 그는 감사한 마음으로 쾌유를 기다려야한다.

③ 그거야말로 땅 짚고 헤엄치기 아닌가.

④ 손가락으로 글자를 짚어 가며 가르쳐주었다.

✔ 해설 ④ 여럿 중 하나를 꼭 집어 가리키다.
① 손으로 이마나 머리 따위를 가볍게 눌러 대다.
②③ 바닥이나 벽, 지팡이 따위에 몸을 의지하다.

23

그녀는 해를 입을까 두려워한다.

① 약을 과다복용하면 몸에 해가 된다.
② 해가 거듭될수록 일이 쉬워짐을 느낀다.
③ 이번 해는 반드시 소원이 이루어졌으면 좋겠다.
④ 정오에는 해가 머리 위에 있다.

✔ 해설 ① 이롭지 아니하거나 손상을 입는 것
②③ 지구가 태양을 한 바퀴 도는 열두 달
④ 태양을 일상적으로 이르는 말

24

A 씨는 아버지 같았던 선생님과 연락이 끊긴 이유를 묻자 "어린 나이에 아이를 갖게 됐다. 그 사실을 온 국민에게 기자회견으로 말하고 방송에 나오다 보니까..."라고 운을 뗐다.

① 잡지에 내 친구가 찍은 사진이 나왔다.
② 이번에 새로 나온 자동차가 불티나게 팔리고 있다.
③ 이런 촌구석에서 그런 위대한 인물이 나왔다니 믿어지지 않는다.
④ 범수는 사장과 싸운 뒤 그 회사에서 나왔다.

✔ 해설 ① 책이나 신문 따위에 글이나 사진 따위가 나게 되다. '신문에 나오다', '방송에 나오다'와 유사한 의미가 된다.
② 상품 따위가 새로 만들어져 나타나다.
③ 어떤 지역에서 주목 받는 인물이 자라나 배출되다.
④ 직장이나 소속 단체 따위에서 하던 일을 그만두고 사직하거나 관계를 끊고 탈퇴하다.

Answer 21.② 22.④ 23.① 24.①

| 25~29 | 다음 (　　) 안에 들어갈 어휘로 바른 것을 고르시오.

25

그는 올림픽에서 남자 100m 달리기 세계 신기록을 (　　)하며 금메달을 목에 걸었다.

① 갱신(更新)　　② 경신(更新)
③ 갱생(更生)　　④ 갱선(更選)

해설 경신(更新) … 기록경기 따위에서 종전의 기록을 깨뜨림
① 법률관계의 존속기간이 끝났을 때, 그 기간을 연장하는 일
③ 거의 죽을 지경에서 다시 살아남
④ 다시 선출하거나 선거함

26

• 전국 어디에서나 예금과 (　　)이 가능하다. • 아이가 학교에 들어가면서 (　　)이 늘었다. • 수출할 물품을 (　　)했다.

① 인출(引出) – 지출(支出) – 반출(搬出)　　② 반출(搬出) – 인출(引出) – 지출(支出)
③ 인출(引出) – 반출(搬出) – 지출(支出)　　④ 지출(支出) – 인출(引出) – 반출(搬出)

해설 인출(引出) : 예금 따위를 찾음.
지출(支出) : 어떤 목적을 위하여 돈을 지급하는 일.
반출(搬出) : 운반하여 냄.

27

• 정시를 통해 대학에 (　　)하다. • 다른 학교로 (　　)을/를 가다. • 다니던 학교에서 (　　)을 맞았다.

① 퇴학(退學) – 전학(典學) – 입학(入學)　　② 전학(典學) – 입학(入學) – 퇴학(退學)
③ 입학(入學) – 전학(典學) – 퇴학(退學)　　④ 퇴학(退學) – 전학(典學) – 입학(入學)

해설 입학(入學) : 학생이 되어 공부하기 위해 학교에 들어감.
전학(典學) : 다니던 학교에서 다른 학교로 학적을 옮겨 가서 배움.
퇴학(退學) : 다니던 학교를 그만둠.

28

우리의 조상들은 심성이 달의 속성과 일치한다고 믿었기 때문에 달을 풍년을 주재하는 신으로 숭배하였다. 그리고 천체의 운행 시간과 변화에 매우 지혜로웠다. 천체 가운데에서도 가장 잘 (　　) 할 수 있는 달의 모양이 뚜렷했기 때문에 음력 역법을 쓰는 문화권에서는 달이 이지러져서 완전히 차오르는 상태가 시간을 측정하는 기준이 된다는 중요한 의미를 알게 되었다. 농경사회가 아닌 현대 산업사회인 요즘도 음력으로 결혼과 이삿날을 잡고 또 설을 지내는 풍습은 물론 모든 생활 자체가 달의 순환 리듬에 따르고 있다.

① 성찰(省察)　② 고찰(考察)
③ 간과(看過)　④ 첨삭(添削)

해설 ② 어떤 것을 깊이 생각하고 연구함을 이르는 말이다.
① 자기 마음을 반성하여 살핀다는 뜻이다.
③ 큰 관심 없이 대강 보아 넘기는 것을 뜻한다.
④ 내용 일부를 보태거나 삭제하여 고치는 것을 이르는 말이다.

29

텔레비전은 어른이나 아이 모두 함께 보는 매체이다. 더구나 텔레비전을 보고 이해하는 데는 인쇄문화처럼 어려운 문제 해득력이나 추상력이 필요 없다. 그래서 아이들은 어른에게서보다 텔레비전이나 컴퓨터에서 더 많은 것을 배운다. 이 때문에 오늘날의 어린이나 젊은이들에게서 어른에 대한 외포나 존경을 찾는 것은 쉽지 않은 일이다. 전통적인 역할과 행동을 기대하는 어른들이 어린이나 젊은이의 불손, 거만, 경망, 무분별한 (　　) 행동에 대해 불평하게 되는 것도 이런 이유 때문일 것이다.

① 개방적　② 소극적
③ 반사회적　④ 적대적

해설 어른에 대한 외포나 존경도 없으며 불손, 거만, 경망을 나타내고 있으므로 '사회의 규범이나 질서 또는 이익에 반대되는'을 의미하는 '반사회적(反社會的)'이라는 말이 빈칸에 적합하다.
① 개방적(開放的) : 태도나 생각 따위가 거리낌 없고 열려 있는
② 소극적(消極的) : 스스로 앞으로 나아가거나 상황을 개선하려는 기백이 부족하고 비활동적인
④ 적대적(敵對的) : 적으로 대하거나 적과 같이 대하는

Answer 25.② 26.① 27.③ 28.② 29.③

┃30~31┃ 다음 빈칸에 들어갈 어휘로 가장 적절한 것을 고르시오.

30

민수는 _____ 멋을 부리고 여자친구를 만나러 갔다.

① 겨우 ② 조금

③ 한껏 ④ 지긋이

해설 ③ 할 수 있는 데까지
① 어렵게 힘들여
② 정도나 분량이 적게
④ 나이가 비교적 많아 듬직하게

31

나비가 꽃잎에 ______ 내려앉았다.

① 결코 ② 사뿐히

③ 아주 ④ 가장

해설 ② 소리가 나지 아니할 정도로 가볍게 발을 내디디는 모양
① 어떤 경우에도 절대로
③ 보통 정도보다 훨씬 더 넘어선 상태로
④ 여럿 가운데 어느 것보다 정도가 높거나 세게

| 32~33 | 다음 제시어 중 서로 관련 있는 세 개의 단어를 찾아 연상되는 것을 고르시오.

32

명절, 물레방아, 비행기, 떡국, 섬, 떡볶이, 세뱃돈, 풍차, 충치

① 평일 ② 크리스마스
③ 설날 ④ 일요일

✔ 해설 제시된 단어 중 명절, 떡국, 세뱃돈을 통해 '설날'을 유추해볼 수 있다.

33

휴게소, 베토벤, 기차, 고등어, 모차르트, 국자, 인절미, 쇼팽, 강아지

① 음악가 ② 동물병원
③ 화가 ④ 의사

✔ 해설 제시된 단어 중 베토벤, 모차르트, 쇼팽을 통해 '음악가'를 유추해볼 수 있다.

Answer 30.③ 31.② 32.③ 33.①

| 34~35 | **단어의 상관관계를 파악하고 (   ) 안에 알맞은 단어를 넣으시오.**

34

부족 : 결핍 = 불운 : (   )

① 행운　　② 비운
③ 속박　　④ 실종

해설 부족과 결핍은 모두 어떠한 것이 없거나 모자란 것을 이르는 말로 서로 유의어 관계에 있다. 따라서 괄호 안에 알맞은 단어는 불운과 유의어 관계에 있는 비운이다.

35

백골난망(白骨難忘) : 결초보은(結草報恩) = 인과응보(因果應報) : (   )

① 군계일학(群鷄一鶴)　　② 어부지리(漁父之利)
③ 자승자박(自繩自縛)　　④ 각주구검(刻舟求劍)

해설 백골난망과 결초보은은 '죽어서도 은혜를 잊을 수 없음'을 이르는 의미를 담는 유의 관계에 있다. 따라서 '지은 죄가 있으면 반드시 벌을 받고 착한 일을 하면 좋은 보답을 받게 됨'을 의미하는 인과응보와 유사한 의미를 가진 한자 성어인 자승자박이 괄호 안에 들어가는 것이 적절하다.
① 많은 사람 가운데서 뛰어난 인물
② 두 사람이 싸우는 사이에 엉뚱한 사람이 애쓰지 않고 이익을 가로챔
④ 판단력이 둔하여 융통성이 없고 세상일에 어둡고 어리석음

36 **다음 중 밑줄 친 단어의 맞춤법이 옳은 것은?**

① 그의 무례한 행동은 저절로 눈쌀을 찌푸리게 했다.
② 손님은 종업원에게 당장 주인을 불러오라고 닥달하였다.
③ 멸치와 고추를 간장에 졸였다.
④ 걱정으로 밤새 마음을 졸였다.

해설 ① 눈쌀 → 눈살
② 닥달하였다 → 닦달하였다
③ 졸였다 → 조렸다
※ '졸이다'와 '조리다'
㉠ 졸이다 : 찌개, 국, 한약 따위의 물이 증발하여 분량이 적어지다. 또는 속을 태우다시피 초조해하다.
㉡ 조리다 : 양념을 한 고기나 생선, 채소 따위를 국물에 넣고 바짝 끓여서 양념이 배어들게 하다.

37 **어문 규정에 모두 맞게 표기된 문장은?**

① 그녀는 개의치 않고 길을 걸어갔다.
② 영수는 문방구에서 연필 한자루를 구매하였다.
③ 멀지않아 그는 계획을 실행할 예정이다.
④ 얼마만에 외식하는지 알 수 없다.

해설 ② 한자루 → 한 자루, 단위를 나타내는 명사와 수관형사는 서로 띄어 쓴다.
③ 멀지않아 → 머지않아, 시간적으로 떨어져 있음을 의미할 때는 '머지'를 사용한다.
④ 얼마만에 → 얼마 만에, '만'은 의존명사이므로 띄어 쓴다.

38 **다음 밑줄 친 부분의 띄어쓰기가 바른 문장은?**

① 마을 사람들은 어느 말을 정말로 믿어야 옳은 지 몰라서 멀거니 두 사람의 입을 쳐다보고만 있었다.
② 강아지가 집을 나간 지 사흘만에 돌아왔다.
③ 그냥 모르는 척 살만도 한데 말이야.
④ 자네, 도대체 이게 얼마 만인가.

해설 ① 옳은 지 → 옳은지, 막연한 추측이나 짐작을 나타내는 어미이므로 붙여서 쓴다.
② 사흘만에 → 사흘 만에, '시간의 경과'를 의미하는 의존명사이므로 띄어서 사용한다.
③ 살만도 → 살 만도, 붙여 쓰는 것을 허용하기도 하나(살 만하다) 중간에 조사가 사용된 경우 반드시 띄어 써야 한다(살 만도 하다).

39 **어문 규정에 어긋난 것으로만 묶인 것은?**

① 기여하고저, 빼드렁니, 돌('첫 생일')
② 퍼붇다, 쳐부수다, 수퇘지
③ 안성마춤, 삵괭이, 더우기
④ 고샅, 일찍이, 굼주리다

해설 ③ 안성마춤 → 안성맞춤, 삵괭이 → 살쾡이, 더우기 → 더욱이
① 기여하고저 → 기여하고자
② 퍼붇다 → 퍼붓다
④ 굼주리다 → 굶주리다

Answer 34.② 35.③ 36.④ 37.① 38.④ 39.③

40 다음 중 밑줄 친 부분의 맞춤법 표기가 바른 것은?

① 벌레 한 마리 때문에 학생들이 법썩을 떨었다.
② 실낱같은 희망을 버리지 않고 있다.
③ 오뚜기 정신으로 위기를 헤쳐 나가야지.
④ 더우기 몹시 무더운 초여름 날씨를 예상한다.

해설 ① 법썩 → 법석
③ 오뚜기 → 오뚝이
④ 더우기 → 더욱이

41 띄어쓰기와 맞춤법이 모두 옳은 것은?

① 너와 함께 하는 일분 일초 모든 흔적은 내 삶의 증거다.
② 안개가 금방 걷힐테니 곧 길을 찾을 수 있을 것이다.
③ 먼 길을 돌아서 왔지만 우리는 결국 다시 만날 운명이었다.
④ 달려 보아도 미로를 벗어나지 못하고 제자리를 멤돌고 있다.

해설 ① 일분 일초 → 일분일초
② 걷힐테니 → 걷힐 테니
④ 달려 보아도 → 달려보아도, 멤돌고 → 맴돌고

42 밑줄 친 단어 중 우리말의 어문 규정에 따라 맞게 쓴 것은?

① 윗층에 가 보니 전망이 정말 좋다.
② 뒷편에 정말 오래된 감나무가 서 있다.
③ 그 일에 익숙지 못하면 그만 두자.
④ 생각컨대, 그 대답은 옳지 않을 듯하다.

해설 어간의 끝음절 '하'가 아주 줄 적에는 준 대로 적는다〈한글맞춤법 제40항 붙임2〉.
① 윗층 → 위층
② 뒷편 → 뒤편
④ 생각컨대 → 생각건대

43 다음 보기 중 어법에 맞는 문장은?

① 시간 내에 역에 도착하려면 가능한 빨리 달려야 합니다.
② 그다지 효과적이지 않는 비판이 계속 이어지면서 회의 분위기는 급격히 안 좋아졌다.
③ 그는 그들에 뒤지지 않기 위해 끊임없는 노력을 계속하였다.
④ 부서원 대부분은 주말 근무 시간을 늘리는 것에 매우 부정적입니다.

✔ 해설 ④ '수나 분량, 시간 따위를 본디보다 많아지게 하다'라는 뜻의 '늘리다'가 적절하게 쓰였다.
① '가능한'은 그 뒤에 명사 '한'을 수식하여 '가능한 조건하에서'라는 의미로 사용한다. '가능한 빨리'와 같이 부사가 이어지는 것은 적절하지 않다.
② '아니하다(않다)'는 앞 용언의 품사를 따라가므로 '효과적이지 않은'으로 적는다.
③ '~에/에게 뒤지다'와 같이 쓰는데, '그들'이 사람이므로 '그들에게'로 쓴다.

44 외래어 표기가 바르지 않은 것은?

① 글라스에 물 대신 포도를 담았다.
② 이번 강의는 제출해야 할 레포트가 많다.
③ 내일 회사 워크숍이 있어서 일찍 자야한다.
④ 나는 쉬림프 파스타를 점심으로 먹었다.

✔ 해설 ② 레포트 → 리포트

Answer 40.② 41.③ 42.③ 43.④ 44.②

┃45~48┃ 제시된 글을 고쳐 쓰기 위한 방안으로 적절하지 않은 것을 고르시오.

45

> 카페창업에 실패한 29살의 영식은 생존을 위해 한 기업에 면접시험을 보러 가게 되었다. ㉠영식은 아메리카노를 좋아한다.
> 면접관 : 자네는 좋아하는 스포츠가 있는가?
> 영식 : 예, 있습니다. 저는 축구를 ㉡결코 좋아합니다.
> 면접관 : 그럼 좋아하는 축구선수가 누구입니까?
> 영식 : 예전에는 홍명보 선수를 좋아했으나 최근에는 손흥민 선수를 좋아합니다.
> 면접관 : 그럼 좋아하는 위인은 누구인가?
> 영식 : 제가 좋아하는 위인은 우리나라를 왜군의 세력으로부터 지켜주신 이순신 장군 ㉢입니까.
> 면접관 : 마케팅부를 지원했는데 우리 회사에 들어온다면 어떤 일을 하고 싶은가?
> 영식 : 저의 톡톡 튀는 아이디어를 ㉣바탕으로 다양한 기획을 제안해 회사 매출 신장에 기여하고 싶습니다.

① ㉠은 글의 통일성을 해치므로 삭제하는 것이 좋다.
② ㉡은 부사의 쓰임이 적절하지 않으므로 '아주'로 수정한다.
③ ㉢은 주어와 서술어의 호응관계를 고려하여 '입니다'로 고친다.
④ ㉣은 조사의 쓰임이 적절하지 않으므로 '바탕에서'로 바꾼다.

해설 ④ ㉣은 조사의 쓰임이 적절하므로 고칠 필요가 없다.

46

(대문을 쿵 하고 닫으며 철수가 마당으로 들어선다.)
아빠 : 친구와 ㉠ 싸왔니?
철수 : 경식이는 생일 선물로 멋진 모형 비행기를 ㉡ 받았데요.
아빠 : 네 바람대로 내년 생일에는 비행기를 선물해 주마.
철수 : 내년까지 ㉢ 어떡해 기다려요?
아빠 : 시월도 ㉣ 넘어는 갔으니까 두 달만 참아봐.
철수 : 난 당장 갖고 싶단 말이에요.
아빠 : 그럼 좋은 수가 있지. (방패연을 가지고 나오면서) 비행기가 별거냐? 하늘만 날면 되지.

① ㉠ : '싸우다'가 기본형이기 때문에 '싸웠니'로 고쳐야 한다.
② ㉡ : '받았다고 해요'가 원말이기 때문에 '받았대요'로 고쳐야 한다.
③ ㉢ : '어떻다'의 부사형은 '어떻게'이므로 '어떻게'로 다듬어야 한다.
④ ㉣ : 보조사 '-는' 앞에는 체언이 와야 하므로 '너머는'으로 바꿔야 한다.

✔ 해설 보조사는 대개 체언 뒤에 붙지만 동사나 형용사, 부사, 문장 뒤에 붙기도 한다. 또한 '너머'는 '높이나 경계로 가로막은 사물의 저쪽. 또는 그 공간.'이라는 뜻이므로 '일정한 시기에서 벗어나 지나다.'라는 의미로 쓰일 수 없다. 따라서 ㉣의 '넘어는'은 고칠 필요가 없다.

Answer 45.④ 46.④

47

사막이 확대되고 있다. 사막화의 가장 큰 원인은 인간의 자연 파괴이다. ㉠ 인간은 식량 생산을 위해 삼림 개간을 확대한 결과를 들 수 있다. 지금도 아마존이나 아프리카에서는 농경지와 초지를 만들기 위해 삼림에 불을 지르고 있다. 삼림이 훼손되면 생태계가 파괴되고 토양의 생산력은 저하된다. 농경지와 초지는 삼림과 같은 수준의 물 저장 능력을 갖고 있지 않으므로, 나무나 풀이 자라기가 어려운 황무지로 변하기 쉽다. 이러한 상황에 가뭄이라도 닥치면 황무지는 ㉡ 금세 사막으로 변한다. ㉢ 사막의 오아시스는 그나마 물이 남아 있는 곳이다.

사막으로 변한 곳은 경작과 목축에 이용할 수 없다. 인간은 다시 삼림에 불을 질러 농경지와 초지를 만든다. 그렇게 만든 농경지나 초지는 다시 황폐화되고 사막으로 변하는 악순환이 거듭된다.

아마존의 삼림은 지구의 허파로 불린다. 이런 아마존의 숲이 사라지면 지구의 탄소 순환 과정에 문제가 생긴다. ㉣ 그리고 대기 중 이산화탄소량이 증가하고 그에 따라 지구온난화가 심화되어 사막화는 한층 가속화된다.

삼림을 개간하여 농경지를 늘리고 초지에 많은 가축을 풀면 당장의 이익은 증가할지 모른다. 그러나 현재처럼 사막화가 급속하게 진행된다면 인간의 생존조차 장담할 수 없는 날이 올 수도 있다. 더 늦기 전에 사막화를 막아야 한다, 호미로 막을 것을 가래로 막는 우를 범하지 않으려면.

① ㉠ : 문장의 호응이 어색하므로, '확대한 결과를 들 수 있다'를 '확대해 왔다'로 고친다.
② ㉡ : 맞춤법에 어긋나므로 '금세'를 '금새'로 고친다.
③ ㉢ : 논지의 흐름에 비추어 보아 불필요한 문장이므로 삭제한다.
④ ㉣ : 접속어의 사용이 적절하지 않으므로 '그리고'를 '그러면'으로 바꾼다.

✔ 해설 ② '금세'는 '금시에'가 줄어든 말로 '지금 바로'의 의미를 갖는 부사이다.

48

㉠	〈한 학생이 같은 반 친구에게〉 선생님 아까 수업 마치시고 일찍 퇴근하시는 것 같던데.
㉡	〈가게 점원이 손님에게〉 손님, 주문하신 커피 나오셨습니다.
㉢	〈손자가 할아버지에게〉 할아버지, 고모가 진지 잡수시라고 하였습니다.
㉣	〈장모가 사위에게〉 잘 가게. 특히 고속도로에서 운전 조심하게.

① ㉠ : 선어말 어미 '-시-'를 통해 주체인 선생님을 높여 말하고 있다.

② ㉡ : '나오셨습니다'는 '커피'를 손님과 밀접한 관계를 맺고 있는 대상으로 생각하여 간접 높임 표현을 과도하게 사용한 것이므로 '나왔습니다'로 고쳐 말해야 한다.

③ ㉢ : 할아버지에 대해서는 특수 어휘 '잡수시다'를 통해 높여 말하지만, 할아버지보다 낮은 사람인 고모에 대해서는 '하였습니다'와 같이 말하여 주체를 높이지 않고 있다.

④ ㉣ : 화자인 장모는 사위를 높여 말해야 할 필요가 없으나, 직접적으로 낮춰 말하기가 어색하므로 두루 높임의 하게체 명령형 어미를 통해 사위를 높여 말하고 있다.

✔ 해설 '하게체'는 보통으로 낮추면서 약간 대우하여 주는 예사 낮춤의 종결형으로, 어느 정도 나이가 든 화자가 나이가 든 손아랫사람이나 같은 연배의 친숙한 사이에 쓴다.

Answer 47.② 48.④

49 문맥으로 보아 다음 글의 (　　) 안에 알맞은 사자성어는?

이순신 동상이 광화문 광장에 (　　)하게 서있다.

① 파죽지세(破竹之勢)　　② 위풍당당(威風堂堂)
③ 진퇴유곡(進退維谷)　　④ 진퇴양란(進退兩難)

✔ 해설 ② 위풍당당(威風堂堂) : 풍채나 기세가 위엄 있고 떳떳함.
① 파죽지세(破竹之勢) : 대를 쪼개는 기세라는 뜻으로, 적을 거침없이 물리치고 쳐들어가는 기세를 이르는 말.
③ 진퇴유곡(進退維谷) : 이러지도 저러지도 못하고 꼼짝할 수 없는 궁지.
④ 진퇴양난(進退兩難) : 이러지도 저러지도 못하는 어려운 처지.

50 다음에서 설명하고 있는 한자성어는?

대기업으로 경력이직을 성공한 K 씨는 직장상사로부터 직장내 괴롭힘을 당하였다. K 씨의 탁월한 업무수행능력을 시기했던 그의 상사는 K 씨를 업무에서 배제하기도 하고, 무리한 요구를 하며 괴롭히기도 하였다. 상사의 행태에 참고 넘어가던 K 씨는 결국 참지 못하고 인사팀에 이를 알렸고 K 씨의 직장상사는 직장에서 해고처리를 당하게 되었다.

① 마고파양(麻姑爬痒)　　② 가가대소(呵呵大笑)
③ 사필귀정(事必歸正)　　④ 구곡간장(九曲肝腸)

✔ 해설 ① 마고라는 손톱이 긴 선녀가 가려운 데를 긁는다는 뜻으로, 일이 뜻대로 됨을 비유해 이르는 말
② 너무 우스워서 한바탕 껄껄 웃음
④ 「아홉 번 구부러진 간과 창자」라는 뜻으로, 굽이굽이 사무친 마음속 또는 깊은 마음속

51 다음 한자 중 잘못 읽은 것은?

① 司掃 – 사소　　② 書式 – 서식
③ 脆弱 – 위약　　④ 破綻 – 파탄

✔ 해설 ③ 취약이라고 읽어야 한다.
※ 脆弱(취약) … 무르고 약함 또는 가냘픔

52 밑줄 친 부분의 한자표기가 다른 하나는?

① 일취월장
② 일석이조
③ 일자무식
④ 일거양득

해설 ① 일취월장(日就月將) : 나날이 자라거나 발전함을 의미한다.
② 일석이조(一石二鳥) : 돌 한 개를 던져 새 두 마리를 잡는다는 뜻으로, 동시에 두 가지 이득을 봄을 이르는 말이다.
③ 일자무식(一字無識) : 글자를 한 자도 모를 정도로 무식함. 또는 그런 사람을 뜻한다.
④ 일거양득(一擧兩得) : 한 가지 일을 하여 두 가지 이익을 얻음을 뜻한다.

53 한자어를 우리말로 순화시킨 것 중 바르지 않은 것은?

① 조미료(調味料) — 양념
② 혈흔(血痕) — 핏줄
③ 하자(瑕疵) — 흠
④ 기일(忌日) — 제삿날

해설 ② 혈흔 → 핏자국

54 의미가 비슷한 한자성어끼리 연결되지 않은 것은?

① 진퇴양난(進退兩難) — 사면초가(四面楚歌)
② 아전인수(我田引水) — 견강부회(牽强附會)
③ 단순호치(丹脣皓齒) — 순망치한(脣亡齒寒)
④ 풍전등화(風前燈火) — 위기일발(危機一髮)

해설 ㉠ 단순호치 : 붉은 입술과 하얀 치아라는 뜻으로, 아름다운 여자를 일컫는다.
㉡ 순망치한 : 입술이 없으면 이가 시리다는 뜻으로, 어느 한쪽이 어려우면 덩달아 어려워진다는 말이다.

Answer 49.② 50.③ 51.③ 52.① 53.② 54.③

55 다음 속담의 쓰임이 바르지 않은 것은?

① '금강산도 식후경'이라고 밥 먹고 난 후에 잔치를 즐겨야겠다.
② '뛰는 놈 위에 나는 놈 있다'더디 역시 재주 있는 사람이 가장 뛰어나구나.
③ '값싼 것이 비지떡'이라더니 역시 싼 가방이 잘 망가지는구나.
④ '가재는 게 편'이라더니 친구와 다른 사람의 싸움에서 친구의 말을 들어주는구나.

해설 ② 아무리 재주가 있다 하더라도 그보다 나은 사람이 있다는 뜻이다.

56 한자어를 우리말로 잘못 풀이한 것은?

① 노견주행(路肩走行) – 갓길로 달리다.
② 전량회수(全量回收) – 모두 거두어들이다.
③ 촉수엄금(觸手嚴禁) – 손 씻지 마시오.
④ 명찰패용(名札佩用) – 이름표를 달다.

해설 ③ 촉수엄금은 우리말로 '사물에 손을 대지 마시오'라는 뜻이다.

▌57~60▐ 다음에 제시된 글을 흐름이 자연스럽도록 순서대로 배열하시오.

57

> (가) 앞서 조선은 태종 때 이미 군선이 속력이 느릴 뿐만 아니라 구조도 견실하지 못하다는 것이 거론되어 그 해결책으로 쾌선을 써보려 하였고 귀화왜인으로 하여금 일본식 배를 만들게 하여 시험해 보기도 하였다. 또한 귀선 같은 특수군선의 활용방안도 모색하였다.
>
> (나) 갑조선은 조선 초기 새로운 조선법에 따라 만든 배를 말하는데 1430년(세종 12) 무렵 당시 중국 · 유구 · 일본 등 주변 여러 나라의 배들은 모두 쇠못을 써서 시일을 두고 건조시켜 견고하고 경쾌하며 오랫동안 물에 떠 있어도 물이 새지 않았고 큰 바람을 만나도 손상됨이 없이 오래도록 쓸 수 있었지만 우리나라의 군선은 그렇지 못하였다.
>
> (다) 그리고 세종 때에는 거도선을 활용하게 하는 한편 「병선수호법」을 만드는 등 군선의 구조개선이 여러 방면으로 모색되다가 드디어 1434년에 중국식 갑조선을 채택하기에 이른 것이다. 이 채택에 앞서 조선을 관장하는 경강사수색에서는 갑조선 건조법에 따른 시험선을 건조하였다.
>
> (라) 하지만 이렇게 채택된 갑조선 건조법도 문종 때에는 그것이 우리나라 실정에 적합하지 않다는 점이 거론되어 우리나라의 전통적인 단조선으로 복귀하게 되었고 이로 인해 조선시대의 배는 평저선구조로 일관하여 첨저형선박은 발달하지 못하게 되었다.
>
> (마) 이에 중국식 조선법을 본떠 배를 시조해 본 결과 그것이 좋다는 것이 판명되어 1434년부터 한때 쇠못을 쓰고 외판을 이중으로 하는 중국식 조선법을 채택하기로 하였는데 이를 갑선 · 갑조선 또는 복조선이라 하고 재래의 전통적인 우리나라 조선법에 따라 만든 배를 단조선이라 했다.

① (가) – (나) – (다) – (라) – (마)

② (나) – (마) – (가) – (다) – (라)

③ (가) – (라) – (다) – (나) – (마)

④ (나) – (다) – (가) – (마) – (라)

✔ 해설 (나) : 갑조선의 정의와 1430년대 당시 주변국과 우리나라 군선의 차이
(마) : 중국식 조선법을 채택하게 된 계기
(가) : 태종 때 군선 개량의 노력
(다) : 세종 때 군선 개량의 노력
(라) : 단조선으로 복귀하게 된 계기와 조선시대 배가 평저선구조로 일관된 이유

Answer 55.② 56.③ 57.②

58

> (가) 화석이 되기 위해서는 우선 지질시대를 통해 고생물이 진화·발전하여 개체수가 충분히 많아야 한다. 다시 말하면, 화석이 되어 남는 고생물은 그 당시 매우 번성했던 생물인 것이다. 진화론에서 생물이 한 종에서 다른 종으로 진화할 때 중간 단계의 전이형태가 나타나지 않음은 오랫동안 문제시되어 왔다. 이러한 '잃어버린 고리'에 대한 합리적 해석으로 엘드리지와 굴드가 주장한 단속 평형설이 있다.
>
> (나) 이에 따르면 새로운 종은 모집단에서 변이가 누적되어 서서히 나타나는 것이 아니라 모집단에서 이탈, 새로운 환경에 도전하는 소수의 개체 중에서 비교적 이른 시간에 급속하게 출현한다. 따라서 자연히 화석으로 남을 기회가 상대적으로 적다는 것이다.
>
> (다) 그러나 이들 딱딱한 조직도 지표와 해저 등에서 지하수와 박테리아의 분해작용을 받으면 화석이 되지 않는다. 따라서 딱딱한 조직을 가진 생물은 전혀 그렇지 않은 생물보다 화석이 될 가능성이 크지만, 그것은 어디까지나 이차적인 조건이다.
>
> (라) 고생물의 사체가 화석으로 남기 위해서는 분해작용을 받지 않아야 하고 이를 위해 가능한 한 급속히 퇴적물 속에 매몰될 필요가 있다. 대개의 경우 이러한 급속 매몰은 바람, 파도, 해류의 작용에 의한 마멸, 파괴 등의 기계적인 힘으로부터 고생물의 사체를 보호한다거나, 공기와 수중의 산소와 탄소에 의한 화학적인 분해 및 박테리아에 의한 분해, 포식동물에 의한 생물학적인 파괴를 막아 줄 가능성이 높기 때문이다. 퇴적물 속에 급속히 매몰되면 딱딱한 조직을 가지지 않은 해파리와 같은 생물도 화석으로 보존될 수 있으므로 급속 매몰이 중요한 의의를 가진다.
>
> (마) 고생물의 골격, 이빨, 패각 등의 단단한 조직은 부패와 속성작용에 대한 내성을 가지고 있기 때문에 화석으로 남기 쉽다. 여기서 속성작용이란 퇴적물이 퇴적분지에 운반·퇴적된 후 단단한 암석으로 굳어지기까지의 물리·화학적 변화를 포함하는 일련의 과정을 일컫는다.

① (나) – (다) – (가) – (마) – (라)

② (나) – (다) – (라) – (마) – (가)

③ (마) – (가) – (나) – (라) – (다)

④ (마) – (다) – (가) – (나) – (라)

✔ 해설 (마) : 골격, 이빨, 패각 등이 화석으로 남기 쉬운 이유와 속성작용의 개념
(다) : 딱딱한 조직도 분해작용을 받으면 화석이 될 수 없으므로 이는 이차적인 조건임
(가) : 화석이 되기 위한 개체수 조건과 '잃어버린 고리'에 대한 근거로 단속 평행설 제시
(나) : 단속 평행설에 따른 '잃어버린 고리'에 대한 설명
(라) : 화석으로 남는 데 있어 급속 매몰의 중요성

59

> ㈎ 파시즘 체제와 권위주의 체제를 확연히 구별 짓는 것은 쉽지 않은데, 사실상 권위주의 체제였던 정권들이 당시 큰 성공을 거두고 있던 파시즘의 외양을 일부 빌려오는 경우가 많았던 1930년대는 특히 그렇다. 파시즘과 달리 권위주의 정권은 사적 영역을 완전히 없애려 하지는 않는다. 이 정권은 지역 유지, 기업 연합체, 장교단 가족, 교회와 같은 전통적 '중개 조직'을 위한 사적 영역을 허용한다. 권위주의 체제에서 사회 통제 기능을 주로 담당하는 것은 공식적 단일정당이 아니라 바로 이 같은 전통적인 사적 영역이다.
>
> ㈏ 파시즘은 흔히 군사 독재와 혼동되기도 하는데, 모두 군사주의를 고취하고 정복 전쟁을 중심 목표로 삼았기 때문이다. 그러나 모든 파시즘이 군사주의 성격을 띤다고 해서 모든 군사 독재가 파시즘적인 것은 아니다. 군사 독재자들은 단순히 폭군 노릇을 했을 뿐, 파시스트처럼 대중의 열광을 끌어낼 엄두를 내지 못했다. 군사 독재는 반드시 민주주의의 실패와 연관된 것도 아닐 뿐더러, 인류 역사상 전사(戰士)들이 출현한 이래 줄곧 존재해온 통치 형태다.
>
> ㈐ 파시즘과 유사한 정치 형태들과 진정한 파시즘 사이의 경계를 명확하게 긋지 않고는 파시즘을 제대로 이해할 수 없다. 고전적 독재가 시민들을 단순히 억압해 침묵시킨 것과 달리, 파시즘은 대중의 열정을 끌어모아 내적 정화와 외적 팽창이라는 목표를 향해 국민적 단결을 강화하는 기술을 찾아냈다. 이 점에서 파시즘은 민주주의가 실패함으로써 나타난 아주 새로운 현상이다. 따라서 민주주의 성립 이전의 독재에는 '파시즘'이라는 용어를 사용하면 안 된다. 고전적 독재는 파시즘과 달리 대중적 열광을 이용하지 않으며 자유주의 제도를 제거하고자 하지 않는다.
>
> ㈑ 권위주의 통치자들은 국민들을 동원하지 않고 수동적 상태로 놓아두는 편을 선호하지만, 파시스트들은 대중을 흥분시켜 끌어들이고자 한다. 권위주의 통치자들은 강력하지만 제한된 국가를 선호한다. 그들은 파시스트와 달리 경제 부문 개입이나 사회복지정책 실행을 망설인다. 이 권위주의자들은 새로운 길을 제시하기보다는 현 상태를 유지하는 쪽에 집착한다.

① ㈏ – ㈎ – ㈐ – ㈑

② ㈏ – ㈑ – ㈐ – ㈎

③ ㈐ – ㈎ – ㈑ – ㈏

④ ㈐ – ㈏ – ㈎ – ㈑

해설 ㈐ : 파시즘을 이해하기 위한 유사 정치 형태들과의 구분 1 – 고전적 독재와의 차이
㈏ : 유사 정치 형태들과의 구분 2 – 군사 독재와의 차이
㈎ : 유사 정치 형태들과의 구분 3 – 권위주의 체제와의 차이
㈑ : ㈎에 대한 부연

Answer 58.④ 59.④

60

(가) 물론 평화의 규칙은 관용을 함의하는 규칙이어야 한다. 이 경우의 관용은 표현의 자유나 사상의 자유를 무제한의 권리로 인정하는 차원과는 다르다. 표현의 자유가 다른 자유, 혹은 공공의 이익과 충돌할 경우 이를 제한하는 것이 무조건 나쁘다고 볼 수는 없다. 예컨대 누군가 인종차별주의를 조장하고자 한다면 그의 표현의 자유를 제한하는 것은 정당하다.

(나) 평화와 공존의 원칙에 따르는 모두스 비벤디의 정치는 이웃들에게 어떻게 살아야만 하는가를 권위적으로 가르치고자 하는 욕구를 절제하고 상대방을 최대한 존중하는 정치라 할 수 있다. 사람들은 정의의 가치를 소중히 여기고 정의감도 가지고 있지만 정의의 내용에 대한 생각은 각양각색이다. 이런 상황에서 정의와 같은 가치에 대해 사회적 합의가 있어야 한다고 주장한다면 어떻게 될까? 정의의 가치는 특정한 요구나 불만을 가진 사람들 모두에게 오용될 수 있기 때문에 정의에 관한 합의를 요구하는 것은 공동체의 파국이나 시민사회의 붕괴로 이어질 수 있다.

(다) 물론, 모두스 비벤디를 주장한다고 해서 정의나 양심에 주의를 기울일 필요가 없다는 뜻은 아니다. 하지만 정의는 평화에 의해서 보호되어야 하는 가치라고 생각할 수는 없는 것일까? 모두스 비벤디의 정치가 중시하는 규칙이 있다면, 서로가 존중하며 평화롭게 공존하면서 살아갈 수 있도록 하는 것이다. 그러므로 이 규칙은 합의의 규칙이나 정의의 규칙이 아닌 평화의 규칙일 뿐이다. 이 규칙의 정당성은 평화로운 공존이 이루어지지 못할 경우 서로가 서로의 죽음을 야기할 수 있다는 데 있다.

(라) 차이가 인정되고 상대방에게 수용되기도 하지만 차이로 인해 갈등과 폭력이 발생하는 경우도 종종 있다. 삶의 방식이 너무 달라서 어느 쪽이 우월한지 판단할 수 없거나 그것을 쉽게 용인할 수 없을 때 우리는 어떻게 해야 할까? 상대편을 비난하거나 공격하지 않고 평화가 유지되도록, 이른바 '모두스 비벤디(modus vivendi)'가 구축되도록 노력하는 것이 바람직하다.

① (나) — (라) — (가) — (다)
② (다) — (가) — (라) — (나)
③ (라) — (나) — (가) — (다)
④ (라) — (나) — (다) — (가)

✔ 해설 (라) : 평화 유지를 위한 '모두스 비벤디' 구축의 노력
(나) : '모두스 비벤디'의 정치에 대한 정의
(다) : '모두스 비벤디'의 정치가 중시하는 평화의 규칙
(가) : 평화의 규칙에 대한 부연

| 61~64 | 다음 중 주어진 글의 빈칸에 들어갈 문장으로 가장 적절한 것을 고르시오.

61

> 언어와 사고의 관계를 연구한 사피어(Sapir)에 의하면 우리는 객관적인 세계에 살고 있는 것이 아니다. 우리는 언어를 매개로 하여 살고 있으며, 언어가 노출시키고 분절시켜 놓은 세계를 보고 듣고 경험한다. 워프(Whorf) 역시 사피어와 같은 관점에서 언어가 우리의 행동과 사고의 양식을 주조(鑄造)한다고 주장한다. 예를 들어 어떤 언어에 색깔을 나타내는 용어가 다섯 가지밖에 없다면, 그 언어를 사용하는 사람들은 수많은 색깔을 결국 다섯 가지 색 중의 하나로 인식하게 된다는 것이다. 이는 결국 ____________________는 주장과 일맥상통한다.

① 언어와 사고는 서로 영향을 주고받는다.
② 언어가 우리의 사고를 결정한다.
③ 인간의 사고는 보편적이며 언어도 그러한 속성을 띤다.
④ 사용언어의 속성이 인간의 사고에 영향을 줄 수는 없다.

✔ 해설 '워프(Whorf) 역시 사피어와 같은 관점에서 언어가 우리의 행동과 사고의 양식을 주조(鑄造)한다고 주장한다'라는 문장을 통해 빈칸에도 워프가 사피어와 같은 주장을 하는 내용이 나와야 자연스럽다.

62

> 욕설이나 비속어는 아니지만 사회적 · 문화적 차별 의식을 담고 있는 표현들이 있다. 몇몇 직업에 대한 호칭이 바뀐 이유는 ____________________. 예컨대 옛날의 '식모'는 요즈음 '가정부', 나아가 '가사 도우미'로 불린다. '우체부'는 '집배원', '청소부'는 '환경미화원', '간호원'은 '간호사'로 바뀌었다. 직업에 따른 차별을 없애고 좀 더 격(格)을 높여 직업적 자부심을 부추기는 방향으로 변한 것이다.

① 간편함을 위해서이다.
② 남을 차별하기 위함이다.
③ 그러한 차별을 없애기 위해서이다.
④ 사람의 자존심을 깎아내리기 위해서이다.

✔ 해설 지문 말미에 보면 직업에 따른 차별을 없애고 직업적 자부심을 부추기는 방향으로 단어가 변했다고 나와 있으므로 빈칸에 가장 적절한 문장은 ③이다.

Answer 60.④ 61.② 62.③

63

> 이처럼 엄청난 존재가 개미이다. 도대체 어떻게 개미가 이토록 생존에 성공할 수 있었을까? ______________________________. 하나 예를 들겠다. 열대에 가면 수많은 나무들이 조금이라도 더 햇볕을 받으려고 서로 얽히고설켜 빽빽하게 서 있다. 이 나무들 중에 개미가 집을 짓고 사는 아카시아 나무가 있는데 자그마치 6천만 년 동안이나 개미와 공생을 해 왔다. 아카시아 나무는 개미에게 필요한 집은 물론 탄수화물과 단백질 등 영양분도 골고루 제공하는 대신, 개미는 반경 5미터 내에 있는 다른 식물들을 모두 제거해준다. 이처럼 개미는 많은 동식물과 서로 밀접한 공생 관계를 맺으며 오랜 세월을 살아온 것이다.

① 개미가 인간처럼 협동할 수 있는 존재라서 그렇다.
② 개미가 이기적이기 때문이다.
③ 개미는 공격적이기 때문이다.
④ 개미는 먹이를 많이 모아두기 때문이다.

해설 지문에서는 개미가 생존할 수 있었던 이유를 예시를 들어가며 설명하고 있다. 그 예시를 살펴보면 개미는 아카시아 나무와 공생해왔기 때문에 오랜 세월을 살아올 수 있었다. 그러므로 빈칸에 가장 적절한 문장은 ①이다.

64

> ______________________________. 이것이 몸속으로 스며들어 여러 가지 질병을 일으키기도 한다. 또한 피부에 맞지 않는 화장품을 사용하게 될 경우 피부 트러블 등의 반작용이 발생할 수도 있다. 화장품의 부패를 막기 위해 사용하는 파라벤은 피부의 알레르기 반응을 유발하는 것으로 알려져 있고, 그 외에도 일부 화학 물질은 내분비계 장애를 일으키는 것으로 의심되어 사용이 금지되기도 하였다.

① 화장품은 피부를 보호해준다.
② 화장품 향기는 오래 지속된다.
③ 화장품의 화학 성분 중에는 유해 물질이 포함된 것도 있다.
④ 화장품으로 건강을 지킬 수 있다.

해설 빈칸 다음 문장을 보면 화장품으로 인해 질병이 생길 수도 있다는 내용을 나오므로 빈칸에 가장 적절한 문장은 ③이다.

65 ㉠~㉣ 중 다음 글이 들어가야 할 위치로 알맞은 것은?

> 세 번째 작업은 임시 가로줄을 치는 것이다. 이 가로줄은 거미가 돌아다닐 때 발판으로 쓰기 위한 것이기 때문에 점성이 없어 달라붙지 않고 튼튼하다. 나중에 거미줄을 완성하고 쓸모가 없어지면 다니면서 먹어 치웠다가 필요할 때 다시 뽑아내 재활용한다.

> 가장 흔히 볼 수 있는 거미줄의 형태는 중심으로부터 방사형으로 뻗어 나가는 둥근 그물로, 짜임이 어찌나 완벽한지 곤충의 입장에서는 마치 빽빽하게 쳐 놓은 튼튼한 고기잡이 그물과 다름없다. ㉠ 이 둥근 그물을 짜기 위해 거미는 먼저 두 물체 사이를 팽팽하게 이어주는 '다리실'을 만든다. 그 다음 몇 가닥의 실을 뽑아내 별 모양으로 주변 사물들과 중심부를 연결한다. ㉡ 두 번째 작업으로, 거미는 맨 위에 설치한 다리실에서부터 실을 뽑아내 거미줄의 가장자리 틀을 완성한다. 그런 후 중심과 가장자리 사이를 왔다갔다 하며 세로줄을 친다. ㉢ 마지막으로 영구적이고 끈끈한 가로줄을 친다. ㉣ 중심을 향해 가로줄을 친 후 다시 바깥쪽으로 꼼꼼히 치기도 하면서 끈끈하고 탄력 있는 사냥용 거미줄을 짠다. 거미는 돌아다닐 때 이 가로줄을 밟지 않으려고 각별히 조심한다고 한다.

① ㉠ ② ㉡
③ ㉢ ④ ㉣

✔ 해설 제시된 문장에 '세 번째 작업' 이라고 나와 있으므로 두 번째 작업 뒤편인 ㉢에 제시된 문장이 들어가야 함을 알 수 있다.

Answer 63.① 64.③ 65.③

66 다음 글을 통해 추론할 수 있는 내용으로 가장 적절한 것은?

카발리는 윌슨이 모계 유전자인 mtDNA 연구를 통해 발표한 인류 진화 가설을 설득력 있게 확인시켜 줄 수 있는 실험을 제안했다. 만약 mtDNA와는 서로 다른 독립적인 유전자 가계도를 통해서도 같은 결론에 도달할 수 있다면 윌슨의 인류 진화에 대한 가설을 강화할 수 있다는 것이다.

이에 언더힐은 Y염색체를 인류 진화 연구에 이용하였다. 그가 Y염색체를 연구에 이용한 이유가 있다. 그것은 Y염색체가 하나씩 존재하는 특성이 있어 재조합을 일으키지 않고, 그 점은 연구 진행을 수월하게 하기 때문이다. 그는 Y염색체를 사용한 부계 연구를 통해 윌슨이 밝힌 연구결과와 매우 유사한 결과를 도출했다. 언더힐의 가계도도 윌슨의 가계도와 마찬가지로 아프리카 지역의 인류 원조 조상에 뿌리를 두고 갈라져 나오는 수형도였다. 또 그 수형도는 인류학자들이 상상한 장엄한 떡갈나무가 아니라 윌슨이 분석해 놓은 약 15만 년밖에 안 된 키 작은 나무와 매우 유사하였다.

별개의 독립적인 연구로 얻은 두 자료가 인류의 과거를 똑같은 모습으로 그려낸다면 그것은 대단한 설득력을 지닌다. mtDNA와 같은 하나의 영역만이 연구된 상태에서는 그 결과가 시사적이기는 해도 결정적이지는 않다. 그 결과의 양상은 단지 DNA의 특정 영역에 일어난 특수한 역사만을 반영하는 것일 수도 있기 때문이다. 하지만 언더힐을 Y염색체에서 유사한 양상을 발견함으로써 그 불완전성은 크게 줄어들었다. 15만 년 전에 아마도 전염병이나 기후 변화로 인해 유전자 다양성이 급격하게 줄어드는 현상이 일어났을 것이다.

① 윌슨의 mtDNA 연구결과는 인류 진화 가설에 대한 결정적인 증거였다.
② 부계 유전자 연구와 모계 유전자 연구를 통해 얻은 각각의 인류 진화 수형도는 매우 비슷하다.
③ 윌슨과 언더힐의 연구결과는 현대 인류 조상의 기원에 대한 인류학자들의 견해를 뒷받침한다.
④ 언더힐은 우리가 갖고 있는 Y염색체 연구를 통해 인류가 아프리카에서 유래했다는 것을 부정했다.

✔ 해설 ① mtDNA와 같은 하나의 영역만이 연구된 상태에서는 그 결과가 시사적이기는 해도 결정적이지는 않다.
③ 그 수형도는 인류학자들이 상상한 장엄한 떡갈나무가 아니라 윌슨이 분석해 놓은 약 15만 년밖에 안 된 키 작은 나무와 매우 유사하였다.
④ 언더힐의 가계도도 윌슨의 가계도와 마찬가지로 아프리카 지역의 인류 원조 조상에 뿌리를 두고 갈라져 나오는 수형도였다.

67 **다음의 자료를 활용하여 글을 쓰기 위해 구상한 내용으로 적절하지 않은 것은?**

> 우리나라 중학교 여학생의 0.9%, 고등학교 여학생의 7.3%, 남학생의 경우는 중학생의 3.5%, 고등학생의 23.6%가 흡연을 하고 있으며 매년 청소년 흡연율은 증가하는 추세이다. 청소년보호법에 따르면 미성년자에게 담배를 팔 경우 2년 이하의 징역이나 1천만 원 이하의 벌금, 100만 원 이하의 과징금을 내도록 되어 있다. 그러나 담배 판매상의 잘못된 의식, 시민들의 고발정신 부족 등으로 인해 청소년에게 담배를 판매하는 행위가 제대로 시정되지 않고 있다.
>
> 또한 현재 담배 자동판매기의 대부분(96%)이 국민건강증진법에 허용된 장소에 설치되어 있다고는 하나, 그 장소가 주로 공공건물 내의 식당이나 상가 내 매점 등에 몰려 있다. 이런 장소들은 청소년들의 출입이 용이하기 때문에 그들이 성인의 주민등록증을 도용하여 담배를 사더라도 이를 단속하기가 어려운 실정이다.

① 시사점 : 시민의 관심이 소홀하며 시설 관리 체계가 허술하다.

② 원인 분석 : 법규의 실효성이 미흡하고 상업주의가 만연하고 있다.

③ 대책 : 국민건강증진법에 맞는 담배 자동판매기를 설치한다.

④ 결론 : 현실적으로 실효성이 있는 금연 관련법으로 개정한다.

✔ 해설 ③ 담배 자동판매기가 국민건강증진법에 허용된 장소에 설치되어 있다고 자료에서 이미 밝히고 있으므로 대책에 대한 구상으로 적절하지 않다.

Answer 66.② 67.③

68 다음 제시된 지문으로 유추할 수 있는 것 중 옳은 것은?

> 다이아몬드(J. Diamond)는 인류 역사를 인간의 진화와 생태학의 맥락에서 설명하려고 했다. 그는 인간 사회의 운명이 우연적 요인이나 인종적 요인에서 비롯되는 것이 아니라 다른 사람들의 혁신적이고 창의적인 성과물을 채택하려는 인간의 충동에서 나오는 것이며, 이 충동은 지리 및 생태계의 변화와 결합되어 있다는 가설을 제시하였다.
>
> 다이아몬드에 따르면, 1500년 경 유럽에서 발달된 과학 기술과 정치 조직이 현대 세계의 불평등을 낳았지만, 좀 더 거슬러 올라가면 이 불평등은 각 대륙의 발전 속도가 다른 것에서 유래했다. 그리고 각 대륙의 발전 속도의 이러한 차이를 가져온 것은 궁극적으로 지리 및 생태적 환경이었다. 더 나아가 그는 지리 및 생태적 요인이 인간 사회에 어떻게 영향을 미치는지를 비교적 자세히 설명하였다.
>
> 다이아몬드는 세계 최대의 대륙인 유라시아가 각 지역의 혁신적 성과물이 모이는 최대의 집결지라는 사실을 지적하였다. 상인, 체류자, 정복자들은 그것을 수집해 널리 전파시켰고, 교통 요충지에는 인구가 집중됨으로써 도시가 건설되어 다양하고 창의적인 아이디어의 발명과 확산을 가져왔다. 또한 유라시아는 남북으로 뻗은 아프리카나 남북 아메리카와 달리 동서로 뻗어 있어서, 한 지역에서 이용하는 작물과 가축이 비슷한 위도, 비슷한 기후의 다른 지역으로 쉽게 전파될 수 있었다.

① 1500년 경 유럽에서 발달된 과학 기술과 정치 조직이 현대사회의 상하계층구조를 완화시켰다.
② 다이아몬드에 따르면 인간 사회의 운명은 지리 및 생태계의 변화와 무관하다.
③ 남북으로 뻗은 아프리카나 남북 아메리카는 작물을 비슷한 기후의 다른 지역으로 전파시킬 수 있다.
④ 유라시아는 지리 및 생태적 요인으로 인해 빠르게 발전할 수 있었다.

해설 ④ 지리 및 생태적 요인이 대륙의 발전을 가져오며, 이것은 대륙의 발전 속도에도 차이를 준다고 하였다. 유라시아는 지리적 요인 덕분에 빨리 발전할 수 있다는 것을 유추할 수 있다.

69 ㉠~㉣ 중 글의 흐름으로 볼 때 삭제해도 되는 문장은?

> ㉠ <u>영어 공부를 오랜만에 하는 분이나 회화를 체계적으로 연습한 적이 없는 분들을 위한 기초 영어 회화 교재가 나왔습니다.</u> ㉡ <u>이제 이 책으로 두루두루 사용할 수 있는 기본 문형을 반복 훈련하십시오.</u> ㉢ <u>이 책은 우선 머뭇거리지 않고 첫 단어를 말할 수 있게 입을 터줄 것입니다.</u> ㉣ <u>저자는 수년간 언어 장애인을 치료, 연구하고 있는 권위 있는 의사입니다.</u> 테이프만 들어서도 웬만한 내용은 소화할 수 있게 이 책은 구성되었습니다.

① ㉠　　② ㉡
③ ㉢　　④ ㉣

해설 이 글은 새로 나온 영어 학습 교재를 독자에게 소개하면서, 책의 용도, 구성, 학습 효과 등을 설명한다. ④ 언어 장애인을 치료하는 전문가였다는 내용은 이 책의 소개 내용과 아무 관계가 없다.

▌70~72▌ 다음 글을 읽고 물음에 답하시오.

(가) 나는 평강공주와 함께 온달산성을 걷는 동안 내내 '능력 있고 편하게 해줄 사람'을 찾는 당신이 생각났습니다. '신데렐라의 꿈'을 버리지 못하고 있는 당신이 안타까웠습니다. 현대사회에서 평가되는 능력이란 인간적 품성이 도외시된 ㉠'경쟁적 능력'입니다. 그것은 다른 사람들의 낙오와 좌절 이후에 얻을 수 있는 것으로 한마디로 숨겨진 칼처럼 매우 ㉡비정한 것입니다. 그러한 능력의 품속에 안주하려는 우리의 소망이 과연 어떤 실상을 갖는 것인 지 고민해야 할 것입니다. – 중략 –

'편안함' 그것도 경계해야 할 대상이기는 마찬가지입니다. 편안함은 흐르지 않는 강물이기 때문입니다. '불편함'은 ⓐ흐르는 강물입니다. 흐르는 강물은 수많은 소리와 풍경을 그 속에 담고 있는 추억의 물이며 어딘가를 희망하는 잠들지 않는 물입니다.

당신은 평강공주의 삶이 남편의 입신(立身)이라는 가부장적 한계를 뛰어넘지 못한 것이라고 하였습니다만 산다는 것은 살리는 것입니다. 살림(生)입니다. 그리고 당신은 자신이 공주가 아니기 때문에 평강공주가 될 수 없다고 하지만 살림이란 '뜻의 살림'입니다. ㉢세속적 성취와는 상관없는 것이기도 합니다. 그런 점에서 나는 평강공주의 이야기는 한 여인의 사랑의 메시지가 아니라 그것을 뛰어넘은 '삶의 메시지'라고 생각합니다.

(나) 왕십리의 배추, 살곶이다리의 무, 석교의 가지, 오이, 수박, 호박, 연희궁의 고추, 마늘, 부추, 파, 염교 청파의 물미나리, 이태원의 토란 따위를 심는 밭들은 그 중 상의 상을 골라 심는다고 하더라도, 그들이 모두 엄씨의 똥거름을 가져다가 걸찍하게 가꿔야만, 해마다 육천 냥이나 되는 돈을 번다는 거야. 그렇지만 엄 행수는 아침에 밥 한 그릇만 먹고도 기분이 만족해지고, 저녁에도 밥 한 그릇뿐이지. 누가 고기를 좀 먹으라고 권하면 고기반찬이나 나물 반찬이나 목구멍 아래로 내려가서 배부르기는 마찬가지인데 입맛에 당기는 것을 찾아 먹어서는 무얼 하느냐고 하네. 또, 옷과 갓을 차리라고 권하면 넓은 소매를 휘두르기에 익숙지도 못하거니와, 새 옷을 입고서는 짐을 지고 다닐 수가 없다고 대답하네.

해마다 정원 초하룻날이 되면 비로소 갓을 쓰고 띠를 띠며, 새 옷에다 새 신을 신고, 이웃 동네 어른들에게 두루 돌아다니며 세배를 올린다네. 그리고 돌아와서는 옛 옷을 찾아 다시 입고 다시금 흙 삼태기를 메고는 동네 한복판으로 들어가는 거지. 엄 행수야말로 자기의 모든 덕행을 저 더러운 똥거름 속에다 커다랗게 파묻고, 이 세상에 참된 은사 노릇을 하는 자가 아니겠는가?

엄 행수는 똥과 거름을 져 날라서 스스로 먹을 것을 장만하기 때문에, 그를 '지극히 조촐하지는 않다'고 말할는지는 모르겠네. 그러나 그가 먹을거리를 장만하는 방법은 지극히 향기로웠으며, 그의 몸가짐은 지극히 더러웠지만 그가 정의를 지킨 자세는 지극히 고항했으니, 그의 뜻을 따져 본다면 비록 만종의 녹을 준다고 하더라도 바꾸지 않을 걸세. 이런 것들로 살펴본다면 세상에는 조촐하다면서 조촐하지 못한 자도 있거니와, 더럽다면서 ㉣더럽지 않은 자도 있다네.

누구든지 그 마음에 도둑질할 뜻이 없다면 엄 행수를 갸륵하게 여기지 않을 사람이 없을 거야. 그리고 그의 마음을 미루어 확대시킨다면 성인의 경지에라도 이를 수 있을 거야. 대체 선비가 좀 궁하다고 궁기를 떨어도 수치스런 노릇이요, 출세한 다음 제 몸만 받들기에 급급해도 수치스러운 노릇일세. 아마

Answer 68.④ 69.④

엄 행수를 보기에 부끄럽지 않을 사람이 거의 드물 것이네. 그러니 내가 엄 행수더러 스승이라고 부를지언정 어찌 감히 벗이라고 부르겠는가? 그러기에 내가 엄 행수의 이름을 감히 부르지 못하고 '예덕 선생'이란 호를 지어 일컫는 것이라네.

70 (가)와 (나)에 대한 설명으로 적절한 것은?

① (가)는 대립되는 의미를 나열하여 주제를 부각하고, (나)는 인물의 행위와 그에 따른 의견을 중심으로 전개한다.
② (가)는 함축적인 언어로 대상을 상징화하고, (나)는 사실적인 진술로 판단을 독자에게 맡기고 있다.
③ (가)는 간결한 문장을 사용하여 단정적인 느낌을 준다.
④ (나)는 나의 대화를 통해 주인공의 부정적 성격을 풍자한다.

해설 ① (가)는 '당신'의 편안함과, 평강공주의 '불편함'을 대립시켜 현대사회의 바람직한 인간형을 제시하고, (나)는 예덕선생의 구체적인 행동과 그 의미를 서술자가 평가하여 주제를 전달하고 있다.
② (가)는 산문이므로 함축이 없고, (나)는 글쓴이의 판단이 나타난다.
③ (가) 문장의 길이가 긴 만연체이다.
④ (나) 주인공의 긍정적 성격을 그린다.

71 ㉠~㉣ 중에서 (가)의 ⓐ와 그 의미가 가장 가까운 것은?

① ㉠ 경쟁적 능력　　② ㉡ 비정
③ ㉢ 세속적 성취　　④ ㉣ 더럽지 않은 자

해설 ④ 편안함은 경계해야 할 대상이지만, 흐르는 강물은 불편함이며, 추억과 희망의 긍정적 의미를 가진다.

72 (가)의 글쓴이와 (나)의 글쓴이가 대화를 나눈다고 할 때 적절하지 않은 것은?

① (가) : 저는 세속적 편안함을 거부한 한 여인의 삶을 통해 현대인들에게 깨달음을 주려 했습니다.
② (나) : 그 깨달음은 자신의 자리에서 묵묵히 일하는 '엄 행수'의 삶과도 연결될 수 있겠군요.
③ (가) : 하지만, 현대인들의 무모한 욕심이 인간의 생명을 경시하는 풍조를 만들게 되었습니다.
④ (나) : 맞습니다. 그렇기에 노동과 땀의 가치가 더욱 중요한 것이겠지요.

해설 ③ 인간의 무모한 욕심이 생명경시를 만들어 낸 것은 아니다. 본문에서 언급된 것은 능력으로 인한 비정과, 편안함에 안주하려는 태도이다.

73 다음 글의 요지를 가장 잘 정리한 것은?

> 신문에 실려 있는 사진은 기사의 사실성을 더해 주는 보조 수단으로 활용된다. 어떤 사실을 사진 없이 글로만 전할 때와 사진을 곁들여 전하는 경우에 독자에 대한 기사의 설득력에는 큰 차이가 있다. 이 경우 사진은 분명 좋은 의미에서의 영향력을 발휘한 경우에 해당할 것이다. 그러나 사진은 대상을 찍기 이전과 이후에 대해서 알려주지 않는다. 어떤 과정을 거쳐 그 사진이 있게 됐는지, 그 사진 속에 어떤 속사정이 숨어 있는지에 대해서도 침묵한다. 분명히 한 장의 사진에는 어떤 인과 관계가 있음에도 그것에 관해 자세히 설명해 주지 못한다. 이러한 서술성의 부족으로 인해 사진은 사람을 속이는 증거로 쓰이는 경우도 있다. 사기꾼들이 권력자나 얼굴이 잘 알려진 사람과 함께 사진을 찍어서, 자신이 그 사람과 특별한 관계가 있는 것처럼 보이게 하는 경우가 그 예이다.

① 사진은 서술성이 부족하기 때문에 사기꾼들에 의해 악용되는 경우가 많다.

② 사진은 사실성의 강화라는 장점을 지니지만 서술성의 부족이라는 단점도 지닌다.

③ 사진은 신문 기사의 사실성을 강화시켜 주며 어떤 사실의 객관적 증거로도 쓰인다.

④ 사진은 신문 기사의 사실성을 더해 주는 보조 수단으로서의 영향력이 상당하다.

✔ 해설 앞에서는 사진의 장점으로 '사실성의 강화'를 들고 있고 뒤에서는 그 단점으로 '서술성의 부족'을 지적하고 있다. 따라서 ②가 중심 내용을 바르게 파악 · 요약한 것에 해당한다.

Answer 70.① 71.④ 72.③ 73.②

74 **다음 글에서 주장하는 바를 가장 함축적으로 요약한 것은 어느 것인가?**

> 새로운 지식의 발견은 한 학문 분과 안에서만 영향을 끼치지 않는다. 가령 뇌 과학의 발전은 버츄얼 리얼리티라는 새로운 현상을 가능하게 하고 이것은 다시 영상공학의 발전으로 이어진다. 이것은 새로운 인지론의 발전을 촉발시키는 한편 다른 쪽에서는 신경경제학, 새로운 마케팅 기법의 발견 등으로 이어진다. 이것은 다시 새로운 윤리적 관심사를 촉발하며 이에 따라 법학적 논의도 이루어지게 된다. 다른 쪽에서는 이러한 새로운 현상을 관찰하며 새로운 문학, 예술 형식이 발견되고 콘텐츠가 생성된다. 이와 같이 한 분야에서의 지식의 발견과 축적은 계속적으로 마치 도미노 현상처럼 인접 분야에 영향을 끼칠 뿐 아니라 예측하기 어려운 방식으로 환류한다. 이질적 학문에서 창출된 지식들이 융합을 통해 기존 학문은 변혁되고 새로운 학문이 출현하며 또다시 이것은 기존 학문의 발전을 이끌어내고 있는 것이다.

① 학문의 복잡성
② 이질적 학문의 상관관계
③ 지식의 상호 의존성
④ 신지식 창출의 형태와 변화 과정

✔ 해설 주어진 글에서는 하나의 지식이 탄생하여 다른 분야에 연쇄적인 영향을 미치게 되는 것을 뇌 과학 분야의 사례를 통해 조명하고 있다. 이러한 모습은 학문이 그만큼 복잡하다거나, 서로 다른 학문들이 어떻게 상호 연관을 맺는지를 규명하는 것이 아니며, 지식이나 학문의 발전은 독립적인 것이 아닌 상호 의존성을 가지고 있다는 점을 강조하는 것이 글의 핵심내용으로 가장 적절할 것이다.

75 **다음 빈칸에 들어갈 말로 가장 적절한 것은?**

> 서구에서는 오랜 기간 동안 동물을 이성적 영혼이 없는 존재로 여기는 철학적 관념이 우세했다. 근세에 이르기까지도 동물 복지와 같은 것은 사실상 없었다고 할 수 있다. 17세기 철학자인 르네 데카르트는 동물을 마치 시계와 같이 어떤 것도 전혀 느끼지 못하는 기계처럼 여겼다. 그래서 그 시대에는 완전히 의식이 있는 상태의 동물들을 마취나 진통제 처치도 하지 않고 생체 해부를 하는 일도 있었다. 그러한 경향이 오늘날까지 영향을 미쳐 동물을 마치 기계인 양 취급하는 __________________고 할 수 있다.

① 자연 농장의 출현을 가져왔다
② 공장식 농장의 출현을 가져왔다
③ 자연 친화적 사상을 가져왔다
④ 동물 복지 사상을 가져왔다

✔ 해설 지문을 보면 서구에서는 오랜 기간 동물을 기계처럼 여겨온 것을 알 수 있다. 그러므로 기계에 부합하는 ②가 빈칸에 가장 적절한 문장이다.

76 다음 글의 내용과 부합하는 것은?

> '청렴(淸廉)'은 현대 사회에서 좁게는 반부패와 동의어로 사용되며 넓게는 투명성과 책임성 등을 포괄하는 통합적 개념으로 사용되고 있다. 유학자들은 청렴을 효제와 같은 인륜의 덕목보다는 하위에 두었지만 군자라면 마땅히 지켜야 할 일상의 덕목으로 중시하였다. 조선의 대표적 유학자였던 이황과 이이는 청렴을 사회 규율이자 개인 처세의 지침으로 강조하였다. 특히 공적 업무에 종사하는 사람이라면 사회 규율로서의 청렴이 개인의 처세와 직결된다는 점에 유념해야 한다고 보았다.
>
> 청렴에 대한 논의는 정약용의 「목민심서」에서 본격적으로 나타난다. 정약용은 청렴이야말로 목민관이 지켜야 할 근본적인 덕목이며 목민관의 직무는 청렴이 없이는 불가능하다고 강조하였다. 정약용은 청렴을 당위의 차원에서 주장하는 기존의 학자들과 달리 행위자 자신에게 실질적 이익이 된다는 점을 들어 설득하고자 한다. 그는 청렴은 큰 이득이 남는 장사라고 말하면서, 지혜롭고 욕심이 큰 사람은 청렴을 택하지만 지혜가 짧고 욕심이 작은 사람은 탐욕을 택한다고 설명한다. 정약용은 "지자(知者)는 인(仁)을 이롭게 여긴다."라는 공자의 말을 빌려 "지혜로운 자는 청렴함을 이롭게 여긴다."라고 하였다. 비록 재물을 얻는 데 뜻이 있더라도 청렴함을 택하는 것이 결과적으로는 지혜로운 선택이라고 정약용은 말한다. 목민관의 작은 탐욕은 단기적으로 보면 눈앞의 재물을 취하여 이익을 얻을 수 있겠지만 궁극에는 개인의 몰락과 가문의 불명예를 가져올 수 있기 때문이다.
>
> 정약용은 청렴을 지키는 것은 두 가지 효과가 있다고 보았다. 첫째, 청렴은 다른 사람에게 긍정적 효과를 미친다. 목민관이 청렴할 경우 백성을 비롯한 공동체 구성원에게 좋은 혜택이 돌아갈 것이다. 둘째, 청렴한 행위를 하는 것은 목민관 자신에게도 좋은 결과를 가져다준다. 청렴은 그 자신의 덕을 높이는 것일 뿐 아니라 자신의 가문에 빛나는 명성과 영광을 가져다줄 것이다.

① 정약용은 청렴이 목민관이 반드시 지켜야 할 덕목임을 당위론 차원에서 정당화하였다.

② 정약용은 탐욕을 택하는 것보다 청렴을 택하는 것이 이롭다는 공자의 뜻을 계승하였다.

③ 정약용은 청렴이 백성에게 이로움을 줄 뿐 아니라 목민관 자신에게도 이로운 행위라고 보았다.

④ 이황과 이이는 청렴을 개인의 처세에 있어 주요 지침으로 여겼으나 사회 규율로는 보지 않았다.

✔해설 ① 정약용은 청렴을 당위의 차원에서 주장하는 기존의 학자들과 달리 행위자 자신에게 실질적 이익이 된다는 점을 들어 설득하고자 하였다.

② 정약용은 "지자(知者)는 인(仁)을 이롭게 여긴다."라는 공자의 말을 빌려 "지혜로운 자는 청렴함을 이롭게 여긴다."라고 하였다.

④ 이황과 이이는 청렴을 사회 규율이자 개인 처세의 지침으로 강조하였다.

Answer 74.③ 75.② 76.③

77 **다음 제시된 글의 주제로 가장 적합한 것은?**

> 만약 영화관에서 영화가 재미없다면 중간에 나오는 것이 경제적일까, 아니면 끝까지 보는 것이 경제적일까? 아마 지불한 영화 관람료가 아깝다고 생각한 사람은 영화가 재미없어도 끝까지 보고 나올 것이다. 과연 그러한 행동이 합리적일까? 영화관에 남아서 영화를 계속 보는 것은 영화관에 남아 있으면서 기회비용을 포기하는 것이다. 이 기회비용은 영화관에서 나온다면 할 수 있는 일들의 가치와 동일하다. 영화관에서 나온다면 할 수 있는 유용하고 즐거운 일들은 얼마든지 있으므로, 영화를 계속 보면서 치르는 기회비용은 매우 크다고 할 수 있다. 결국 영화관에 남아서 재미없는 영화를 계속 보는 행위는 더 큰 기회와 잠재적인 이익을 포기하는 것이므로 합리적인 경제 행위라고 할 수 없다.
>
> 경제 행위의 의사 결정에서 중요한 것은 과거의 매몰비용이 아니라 현재와 미래의 선택기회를 반영하는 기회비용이다. 매몰비용이 발생하지 않도록 신중해야 한다는 교훈은 의미가 잇지만 이미 발생한 매몰비용, 곧 돌이킬 수 없는 과거의 일에 얽매이는 것은 어리석은 짓이다. 과거는 과거일 뿐이다. 지금 얼마나 손해 보았는지가 중요한 것이 아니라, 지금 또는 앞으로 얼마나 이익을 또는 손해를 보게 될지가 중요한 것이다. 매몰비용은 과감하게 잊어버리고, 현재와 미래를 위한 삶을 살 필요가 있다. 경제적인 삶이란, 실패한 과거에 연연하지 않고 현재를 합리적으로 사는 것이기 때문이다.

① 돌이킬 수 없는 과거의 매몰비용에 얽매이는 것은 어리석은 짓이다.
② 경제 행위의 의사 결정에서 중요한 것은 미래의 선택기회를 반영하는 기회비용이다.
③ 매몰비용은 과감하게 잊어버리고, 기회비용을 고려할 필요가 있다.
④ 실패한 과거에 연연하지 않고 현재를 합리적으로 사는 경제적인 삶을 살아가는 것이 중요하다.

✔ 해설 ④ 기회비용과 매몰비용이라는 경제용어와 에피소드를 통해 경제적인 삶의 방식에 대해서 말하고 있다.

78 다음 글을 통해 추론할 수 있는 것은?

> '핸드오버'란 이동단말기가 이동함에 따라 기존 기지국에서 이탈하여 새로운 기지국으로 넘어갈 때 통화가 끊기지 않도록 통화 신호를 새로운 기지국으로 넘겨주는 것을 말한다. 이런 핸드오버는 이동단말기, 기지국, 이동전화교환국 사이의 유무선 연결을 바탕으로 실행된다. 이동단말기가 기지국에 가까워지면 그 둘 사이의 신호가 점점 강해지는데 반해, 이동단말기와 기지국이 멀어지면 그 둘 사이의 신호는 점점 약해진다. 이 신호의 세기가 특정값 이하로 떨어지게 되면 핸드오버가 명령되어 이동단말기와 새로운 기지국 간의 통화 채널이 형성된다. 이 과정에서 이동전화교환국과 기지국 간 연결에 문제가 발생하면 핸드오버가 실패하게 된다.
>
> 핸드오버는 이동단말기와 기지국 간 통화 채널 형성 순서에 따라 '형성 전 단절 방식'과 '단절 전 형성 방식'으로 구분될 수 있다. FDMA와 TDMA에서는 형성 전 단절 방식을, CDMA에서는 단절 전 형성 방식을 사용한다. 형성 전 단절 방식은 이동단말기와 새로운 기지국 간의 통화 채널이 형성되기 전에 기존 기지국과의 통화 채널을 단절하는 것을 말한다. 이와 반대로 단절 전 형성 방식은 이동단말기와 기존 기지국 간의 통화 채널이 단절되기 전에 새로운 기지국과의 통화 채널을 형성하는 방식이다. 이런 핸드오버 방식의 차이는 각 기지국이 사용하는 주파수 간 차이에서 비롯된다. 만약 각 기지국이 다른 주파수를 사용하고 있다면, 이동단말기는 기존 기지국과의 통화 채널을 미리 단절한 뒤 새로운 기지국에 맞는 주파수를 할당 받은 후 통화 채널을 형성해야 한다. 그러나 각 기지국이 같은 주파수를 사용하고 있다면, 그런 주파수 조정이 필요 없으며 새로운 통화 채널을 형성하고 나서 기존 통화 채널을 단절할 수 있다.

① 단절 전 형성 방식의 각 기지국은 서로 다른 주파수를 사용한다.
② 형성 전 단절 방식은 단절 전 형성 방식보다 더 빨리 핸드오버를 명령할 수 있다.
③ 이동단말기와 기존 기지국 간의 통화 채널이 단절되면 핸드오버가 성공한다.
④ CDMA에서는 하나의 이동단말기가 두 기지국과 동시에 통화 채널을 형성할 수 있지만 FDMA에서는 그렇지 않다.

해설 ① 단절 전 형성 방식은 이동단말기와 기존 기지국 간의 통화 채널이 단절되기 전에 새로운 기지국과의 통화 채널을 형성하는 방식이다.
각 기지국이 같은 주파수를 사용하고 있다면, 그런 주파수 조정이 필요 없으며 새로운 통화 채널을 형성하고 나서 기존 통화 채널을 단절할 수 있다.
② 신호의 세기가 특정값 이하로 떨어지게 되면 핸드오버가 명령되어 이동단말기와 새로운 기지국 간의 통화 채널이 형성된다. 형성 전 단절 방식과 단절 전 형성 방식의 차이와는 상관 없다.
③ 새로운 기지국 간의 통화 채널이 형성되어야 하는 것도 포함되어야 한다.

Answer 77.④ 78.④

79 다음 글에서 알 수 있는 것은?

> 국내에서 벤처버블이 발생한 1999~2000년 동안 한국뿐 아니라 미국, 유럽 등 전 세계 주요 국가에서 벤처버블이 나타났다. 미국 나스닥의 경우 1999년 초 이후에 주가가 급상승하여 2000년 3월을 전후해서 정점에 이르렀는데, 이는 한국의 주가 흐름과 거의 일치한다. 또한 한국에서는 1989년 5월부터 외국인의 종목별 투자한도를 완전 자유화하였는데, 외환위기 이후 해외투자를 유치하기 위한 이런 주식시장의 개방은 주가 상승에 영향을 미쳤다. 외국인 투자자들은 벤처버블이 정점에 이르렀던 1999년 12월에 벤처기업으로 구성되어 있는 코스닥 시장에서 투자금액을 이전 달의 1조 4천억 원에서 8조원으로 늘렸으며, 투자비중도 늘렸다.
>
> 또한 벤처버블 당시 국내에서는 인터넷이 급속히 확산되고 있었다. 초고속 인터넷 서비스는 1998년 첫 해에 1만 3천 가구에 보급되었지만 1999년에는 34만 가구로 확대되었다. 또한 1997년 163만 명이던 인터넷 이용자는 1999년에 천만 명으로 폭발적으로 증가하였다. 이처럼 초고속 인터넷의 보급과 인터넷 사용인구의 급증은 뚜렷한 수익모델이 없는 업체라 할지라도 인터넷을 활용한 비즈니스를 내세우면 투자자들 사이에서 높은 잠재력을 가진 기업으로 인식되는 효과를 낳았다.
>
> 한편 1997년 8월에 시행된 벤처기업 육성에 관한 특별 조치법은 다음과 같은 상황으로 인해 제정되었다. 법 제정 당시 우리 경제는 혁신적 기술이나 비즈니스 모델에 의한 성장보다는 설비확장에 토대한 외형성장에 주력해 왔다. 그러나 급격한 임금상승, 공장용지와 물류 및 금융 관련 비용 부담 증가, 후발국가의 추격 등은 우리 경제가 하루 빨리 기술과 지식을 경쟁력의 기반으로 하는 구조로 변화해야 할 필요성을 높였다. 게다가 1997년 말 외환위기로 30대 재벌의 절반이 부도 또는 법정관리에 들어가게 되면서 재벌을 중심으로 하는 경제성장 방식의 한계가 지적되었고, 이에 따라 우리 경제는 고용창출과 경제성장을 주도할 새로운 기업군을 필요로 하게 되었다. 이로 인해 시행된 벤처기업 육성 정책은 벤처기업에 세제 혜택은 물론, 기술 개발, 인력공급, 입지공급까지 다양한 지원을 제공하면서 벤처기업의 급증에 많은 영향을 주게 되었다.

① 해외 주식시장의 주가 상승은 국내 벤처버블 발생의 주요 원인이 되었다.
② 벤처버블은 한국뿐 아니라 전 세계 모든 국가에서 거의 비슷한 시기에 발생했다.
③ 국내의 벤처기업 육성책 실행은 한국 경제구조 변화의 필요성과 관련을 맺고 있다.
④ 국내 초고속 인터넷 서비스 확대는 벤처기업을 활성화 시켰으나 대기업 침체의 요인이 되었다.

해설 ③ 세 번째 문단 중후반부에서 알 수 있는 내용이다.

80 다음 글에서 추론할 수 있는 것은?

> 나균은 1600개의 제 기능을 하는 정상 유전자와 1100개의 제 기능을 하지 못하는 화석화된 유전자를 가지고 있다. 이에 반해 분류학적으로 나균과 가까운 종인 결핵균은 4000개의 정상 유전자와 단 6개의 화석화된 유전자를 가지고 있다. 이는 화석화된 유전자의 비율이 결핵균보다 나균에서 매우 높다는 것을 보여준다. 왜 이런 차이가 날까?
>
> 결핵균과 달리 나균은 오로지 숙주세포 안에서만 살 수 있기 때문에 수많은 대사과정을 숙주에 의존한다. 숙주세포의 유전자들이 나균의 유전자가 수행해야 하는 온갖 일을 도맡아 해주다 보니, 나균이 가지고 있던 많은 유전자의 기능이 필요 없게 되었다. 이에 따라 세포 내에 기생하는 기생충과 병균처럼 나균에서도 유전자 기능의 대량 상실이 일어나게 되었다.
>
> 유전자의 화석화는 후손의 진화 방향에 중요한 영향을 미친다. 기능을 상실하기 시작한 유전자는 복합적인 결함을 일으키기 때문에, 한번 잃은 기능은 돌이킬 수 없게 된다. 즉 유전자 기능의 상실은 일방통행이다. 유전자의 화석화와 기능 상실은 특정 계통의 진화 방향에 제약을 가하는 것이다. 이는 아주 오랜 시간이 흘러 새로운 환경에 적응하기 위해 화석화된 유전자의 기능이 필요하다고 하더라도 이 유전자의 기능을 잃어버린 종은 그 기능을 다시 회복할 수 없다는 것을 의미한다.

① 결핵균은 과거에 숙주세포 없이는 살 수 없었을 것이다.
② 현재의 나균과 달리 기생충에서는 유전자의 화석화가 일어나지 않았을 것이다.
③ 숙주세포 유전자의 화석화는 나균 유전자의 소멸과 밀접한 관련이 있을 것이다.
④ 화석화된 나균 유전자의 대부분은 나균이 숙주세포에 의존하는 대사과정과 관련된 유전자일 것이다.

해설 ① 숙주세포가 없이 살 수 없는 것은 나균이다.
② 기생충과 병균처럼 나균에서도 유전자의 기능의 대량 상실이 일어났다고 했으므로 기생충에서도 유전자의 화석화가 일어났다.
③ 본문 내용으로는 알 수 없다.

Answer 79.③ 80.④

CHAPTER

02 수리력

대표유형 1 단위변환

길이, 넓이, 부피, 무게, 시간, 속도 등에 따른 단위를 이해하고, 단위가 달라짐에 따라 해당 값이 어떻게 변하는지 환산할 수 있는 능력을 평가한다. 소수점 계산 및 자릿수를 읽고 구분하는 능력을 요하기도 한다. 기본적인 단위환산을 기억해 두는 것이 좋다.

구분	단위환산
길이	1cm = 10mm, 1m = 100cm, 1km = 1,000m
넓이	$1cm^2$ = $100mm^2$, $1m^2$ = $10,000cm^2$, $1km^2$ = $1,000,000m^2$, $1m^2$ = 0.01a = 0.0001ha
부피	$1cm^3$ = $1,000mm^3$, $1m^3$ = $1,000,000cm^3$, $1km^3$ = $1,000,000,000m^3$
들이	1mℓ = $1cm^3$, 1dℓ = $100cm^3$, 1L = $1,000cm^3$ = 10dℓ
무게	1kg = 1,000g, 1t = 1,000kg = 1,000,000g
시간	1분 = 60초, 1시간 = 60분 = 3,600초
할푼리	1푼 = 0.1할, 1리 = 0.01할, 1모 = 0.001할

예제풀이

한 변의 길이가 4m인 정사각형 모양의 공원이 있다. 이 공원의 넓이를 잘못 표현한 것을 고르시오.

① $16m^2$
② $16,000cm^2$
③ $0.000016km^2$
④ 0.16a

[해설]
한 변이 길이가 4m인 정사각형 모양 공원의 넓이는 4m × 4m = $16m^2$이다.
② 1m는 100cm이므로 400cm × 400cm = $160,000cm^2$이다.
③ 1m는 0.001km이므로 0.004km × 0.004km = $0.000016km^2$이다.
④ $1m^2$는 0.01a이므로 $16m^2$ = 0.16a이다.

답 ②

대표유형 2 응용계산

(1) 나이 · 금액 · 업무량

부모와 자식, 형제간의 나이를 계산하는 비례식 문제, 집합과 방정식을 이용한 인원 수, 동물의 수, 사물의 수를 구하는 문제 등이 출제된다.

① 나이 계산

㉠ 문제에 나오는 사람의 나이는 같은 수만큼 증감한다.

㉡ 모든 사람의 나이 차이는 바뀌지 않으며 같은 차이만큼 나이가 바뀐다.

② 금액 계산 … 총액 / 잔액 지불하는 상대 등의 관계를 정확히 하여 문제를 잘 읽고, 대차 등의 관계를 파악한다.

㉠ 정가=원가+이익=원가(원가 × 이율)

㉡ 원가 = 정가×(1−할인율)

㉢ x원에서 y원을 할인한 할인율 $=\frac{y}{x}\times 100=\frac{100y}{x}(\%)$

㉣ x원에서 $y\%$ 할인한 가격 $=x\times(1-\frac{y}{100})$

㉤ 단리 · 복리 계산

원금 : x, 이율 : y, 기간 : n, 원리금 합계 : S라고 할 때

- 단리 : $S=a(1+rn)$
- 복리 : $S=a(1+r)^n$

③ 손익 계산

㉠ 이익이 원가의 20%인 경우 : 원가 × 0.2

㉡ 정가가 원가의 20% 할증(20% 감소)의 경우 : 원가 × (1 + 0.2)

㉢ 매가가 정가의 20% 할인(20% 감소)의 경우 : 정가 × (1 − 0.2)

④ 업무량 계산

㉠ 인원수 × 시간 × 일수 = 전체 업무량

㉡ 일한 시간 × 개인의 시간당 능력 = 제품 생산개수

(2) 시간 · 거리 · 속도

① 날짜, 시계 계산

㉠ 1일=24시간=1,440분=86,400초

㉡ 날짜와 요일 문제는 나머지를 이용하여 계산한다.

㉢ 분침에서 1분의 각도는 $360° \div 60 = 6°$

㉣ 시침에서 1시간의 각도는 $360° \div 12 = 30°$

㉤ 1시간 각도에서 시침의 분당 각도는 $30° \div 60 = 0.5°$

② 시간 · 거리 · 속도

㉠ 거리 = 속도 × 시간

㉡ 시간 = $\frac{거리}{속도}$

㉢ 속도 = $\frac{거리}{시간}$

- 속도를 ν, 시간을 t, 거리를 s로 하면

$$\frac{s}{\nu \times \mathrm{t}}$$

※ 거리는 반드시 분자로 둘 것

- 속도 · 시간 · 거리의 관계를 명확히 하며, '단위'를 착각하지 않도록 주의한다.

③ 물의 흐름

㉠ 강 흐름의 속도 = (내리막의 속도 − 오르막의 속도)÷2

㉡ 오르막과 내리막의 흐르는 속도의 차이에 주목한다.

㉢ 오르막은 강의 흐름에 역행이므로 '배의 속도 − 강의 흐름'이며 내리막은 강의 흐름이 더해지므로 '배의 속도 + 강의 흐름'이 된다.

④ 열차의 통과

㉠ 열차의 이동거리는, '목적물 + 열차의 길이'가 된다.

㉡ 열차가 통과한다는 것은, 선두부터 맨 끝까지 통과하는 것이다.

㉢ 속도 · 시간 · 거리의 단위를 일치 시킨다(모두 m와 초(秒) 등으로 통일시켜 계산 한다).

㉣ 기차가 이동한 거리는 철교의 길이와 기차의 길이를 더한 것과 같다.

(3) 나무심기

① 직선위의 나무의 수는 최초에 심는 한 그루를 더하여 계산한다.

② 네 방향으로 심을 때는 반드시 네 모퉁이에 심어지도록 간격을 정한다.

③ 주위를 둘러싸면서 나무를 심을 경우에는 가로와 세로의 최대공약수가 나무사이의 간격이 된다.

(4) 농도

① 식염의 양을 구한 후에 농도를 계산한다.

② 식염의 양(g) = 농도(%) × 식염수의 양(g) ÷ 100

③ 구하는 농도 = $\dfrac{\text{식염①} \times 100(\%)}{\text{식염} + \text{물}(= \text{식염수})}(\%)$

㉠ 식염수에 물을 더할 경우 : 분모에 $(+x\text{g})$의 식을 추가한다.

㉡ 식염수에서 물을 증발시킬 경우 : 분모에 $(-x\text{g})$을 추가한다.

㉢ 식염수에 식염을 더한 경우 : 분모, 분자 각각에 $(+x\text{g})$을 추가한다.

대표유형 3 확률

(1) 경우의 수

① 한 사건 A가 a가지 방법으로 일어나고 다른 사건 B가 b가지 방법으로 일어난다.

㉠ 사건 A, B가 동시에 일어난다 : 동시에 일어나는 경우가 C가지 있을 때 경우의 수는 $a+b-c$가지이다.

㉡ 사건 A, B가 동시에 일어나지 않는다 : 경우의 수는 $a+b$가지이다.

② 한 사건 A가 a가지 방법으로 일어나며 일어난 각각에 대하여 다른 사건 B가 b가지 방법으로 일어날 때 A, B 동시에 일어나는 경우의 수는 $a \times b$가지이다.

(2) 확률

사건 A가 일어날 수학적 확률을 $P(A)$라 하면

$$P(A)=\frac{A\text{에 속하는 근원사건의 개수}}{\text{근원사건의 총 개수}}$$

임의의 사건 A, 전사건 S, 공사건 ϕ라면

$0 \le P(A) \le 1$, $P(S)=1$, $P(\phi)=0$

대표유형 4 자료해석

(1) 자료해석 문제 유형

① 자료읽기 및 독해력 … 제시된 표나 그래프 등을 보고 표면적으로 제공하는 정보를 정확하게 읽어내는 능력을 확인하는 문제가 출제된다. 특별한 계산을 하지 않아도 자료에 대한 정확한 이해를 바탕으로 정답을 찾을 수 있다.

② 자료 이해 및 단순계산 … 문제가 요구하는 것을 찾아 자료의 어떤 부분을 갖고 그 문제를 해결해야 하는지를 파악할 수 있는 능력을 확인한다. 문제가 무엇을 요구하는지 자료를 잘 이해해서 사칙연산부터 나오는 숫자의 의미를 알아야 한다. 계산 자체는 단순한 것이 많지만 소수점의 위치 등에 유의한다. 자료 해석 문제는 무엇보다도 꼼꼼함을 요구한다. 숫자나 비율 등을 정확하게 확인하고, 이에 맞는 식을 도출해서 문제를 푸는 연습과 표를 보고 정확하게 해석할 수 있는 연습이 필요하다.

③ 응용계산 및 자료추리 … 자료에 주어진 정보를 응용하여 관련된 다른 정보를 도출하는 능력을 확인하는 유형으로 각 자료의 변수의 관련성을 파악하여 문제를 풀어야 한다. 하나의 자료만을 제시하지 않고 두 개 이상의 자료가 제시한 후 각 자료의 특성을 정확히 이해하여 하나의 자료에서 도출한 내용을 바탕으로 다른 자료를 이용해서 문제를 해결하는 유형도 출제된다.

(2) 대표적인 자료해석 문제 해결 공식

① 증감률

㉠ 전년도 매출 : P

㉡ 올해 매출 : N

㉢ 전년도 대비 증감률 : $\frac{N-P}{P}\times 100$

② 비례식

㉠ 비교하는 양 : 기준량 = 비교하는 양 : 기준량

㉡ 전항 : 후항 = 전항 : 후항

㉢ 외항 : 내항 = 내항 : 외항

③ 백분율 … $\text{비율}\times 100=\frac{\text{비교하는 양}}{\text{기준량}}\times 100$

출제예상문제

▌1~5▌ 다음 주어진 값의 단위변환이 올바른 것을 고르시오.

1

1,013.25mb=(　　　)

① 101.325hPa
② 10.1325bar
③ 760mmHg
④ 10,132.5Pa

해설 1,013.25mb=1013.25hPa=760mmHg=101,325Pa

2

1000g=(　　　)

① 100000mg
② 0.01t
③ 0.1kg
④ 15432.3584gr

해설 1000g=1000000mg=0.001t=1kg=15432.3584gr

3

3.6km/h=(　　　)

① 0.0001km/s　　② 0.02941mach
③ 1m/s　　④ 360m/h

해설 3.6km/h=0.001km/s=0.002941mach=1m/s=3600m/h

4

1cm=(　　　)

① 0.0001km　　② 0.01m
③ 0.33尺　　④ 0.055間

해설 1cm=0.00001km=0.01m=0.033尺=0.0055間

5

6900ℓ =(　　　)

① $6.9m^3$　　② 690dℓ
③ 690000cc　　④ 69000000mℓ

해설 6900ℓ =$6.9m^3$=69000dℓ=6900000cc=6900000mℓ

Answer 1.③ 2.④ 3.③ 4.② 5.①

▌6~11▌ 다음 식을 계산하여 알맞은 답을 고르시오.

6

$$\frac{8}{3} \div \frac{14}{15} \times \frac{1}{12}$$

① $\frac{10}{21}$　② $\frac{5}{21}$

③ $\frac{5}{42}$　④ $\frac{13}{42}$

해설 $\frac{8}{3} \div \frac{14}{15} \times \frac{1}{12} = \frac{8}{3} \times \frac{15}{14} \times \frac{1}{12} = \frac{5}{21}$

7

$$4.05 \times 10^{13} \times 18$$

① 7.29×10^{13}　② 7.29×10^{14}

③ 7.29×10^{15}　④ 7.29×10^{16}

해설 $4.05 \times 10^{13} \times 18 = 72.9 \times 10^{13} = 7.29 \times 10^{14}$

8

$$36.256 + 12.145 - 42.158$$

① 6.345　② 6.245

③ 6.243　④ 7.894

해설 $36.256 + 12.145 - 42.158 = 6.243$

9

$$4^3 - 5^2 \div \frac{20}{7}$$

① 55.025　② 55.25
③ 56.025　④ 56.25

해설 $4^3 - 5^2 \div \frac{20}{7} = 64 - 25 \times \frac{7}{20} = 64 - \frac{35}{4} = 55.25$

10

$$\frac{2}{3} + \frac{3}{11} = \frac{1}{2}$$

① $\frac{25}{66}$　② $\frac{29}{66}$
③ $\frac{31}{66}$　④ $\frac{35}{66}$

해설 $\frac{2}{3} + \frac{3}{11} - \frac{1}{2} = \frac{44+18-33}{66} = \frac{29}{66}$

11

$$84 - \frac{29}{40} \times 2^4$$

① 70.4　② 71.4
③ 72.4　④ 73.4

해설 $84 - \frac{29}{40} \times 2^4 = 84 - 11.6 = 72.4$

Answer 6.② 7.② 8.③ 9.② 10.② 11.③

| 12~14 | 다음 계산식 중 괄호 안에 들어갈 알맞은 수를 고르시오.

12

$$\{\sqrt{49-13}-(2+3)\times(\quad)\}\times 3=48$$

① −2　　② −1

③ 1　　④ 2

해설 $\{\sqrt{49-13}-(2+3)\times(-2)\}\times 3=48$

13

$$\{(3-6)\times 2\}\times(\quad)=6$$

① −2　　② −1

③ 1　　④ 2

해설 $\{(3-6)\times 2\}\times(-1)=6$

14

$$576=3\times(\quad)$$

① $3^2\times 2^7$　　② 3×2^7

③ $3^2\times 2^6$　　④ 3×2^6

해설 $576=9\times 64=3\times 3\times 2^6$

┃15~21┃ 다음 주어진 수의 대소 관계를 바르게 비교한 것을 고르시오.

15

$A : 4\frac{3}{5}$	$B : 3\frac{5}{4}$

① $A > B$
② $A < B$
③ $A = B$
④ 알 수 없다.

해설 $A = \frac{23}{5} = \frac{92}{20}$, $B = \frac{17}{4} = \frac{85}{20}$
$\therefore A > B$

16

$A : \sqrt{8} - 1$	$B : 2$

① $A > B$
② $A < B$
③ $A = B$
④ 알 수 없다.

해설 $2 < \sqrt{8} < 3 \Rightarrow 1 < \sqrt{8} - 1 < 2$
$\therefore A < B$

17

$A : 2 + \sqrt{7}$	$B : \sqrt{5} + 3$

① $A > B$
② $A < B$
③ $A = B$
④ 알 수 없다.

해설 $A : 2 < \sqrt{7} < 3 \Rightarrow 4 < 2 + \sqrt{7} < 5$
$B : 2 < \sqrt{5} < 3 \Rightarrow 5 < \sqrt{5} + 3 < 6$
$\therefore A < B$

Answer 12.① 13.② 14.④ 15.① 16.② 17.②

18

> $0.5a=b+3$일 때, A : $a+b-5$이고 B : $3(a-b)-17$이다.

① A>B　　② A<B
③ A=B　　④ 알 수 없다.

해설 A−B=4b−2a+12=0
$\therefore A=B$

19

> $3a=b+21$일 때,
> A : $5a+2b-7$　　B : $2a+3b+14$

① $A>B$　　② $A<B$
③ $A=B$　　④ 알 수 없다.

해설 $A-B=3a-b-21=0$
$\therefore A=B$

20

> A : 정팔면체의 모서리 수를 X, 꼭짓점 수를 Y라고 할 때, $3X+5Y$의 값
> B : 144와 360의 최대공약수

① $A>B$　　② $A<B$
③ $A=B$　　④ 알 수 없다.

해설 A : 정팔면체의 모서리 수는 12, 꼭짓점 수는 6이므로 $3X+5Y=66$
B : $144=2^4\times3^2$, $360=2^3\times3^2\times5$ 이므로 최대공약수는 $2^3\times3^2=72$
$\therefore A<B$

21

> A : 1, 2, 3, 4가 각각 적힌 카드 네 장을 한 번씩 사용하여 세 자리 수를 만들 때 140 이상이 되는 경우의 수
>
> B : 21

① $A > B$　　② $A < B$

③ $A = B$　　④ 알 수 없다.

✔해설 1ㅁㅁ일 때 140 이상인 경우는 142, 143이고,
2ㅁㅁ, 3ㅁㅁ, 4ㅁㅁ은 무조건 140 이상이므로 $3(3\times2)=18$
∴ 총 경우의 수는 20이므로 $A < B$

22 **일차방정식 $3x-5=2x-3$의 해는?**

① 2　　② 4

③ 6　　④ 8

✔해설 미지항은 좌변으로 상수항은 우변으로 이동시켜 정리하면
$3x-2x=-3+5$이므로(∵이동 시 부호가 반대)
$x=2$이다.

Answer 18.③ 19.③ 20.② 21.② 22.①

23 다음은 대표적인 단위를 환산한 자료이다. 환산 내용 중 올바르지 않은 수치가 포함된 것은?

단위	단위환산
길이	1cm = 10mm, 1m = 100cm, 1km = 1,000m
넓이	1cm² = 100mm², 1m² = 10,000cm², 1km² = 1,000,000m²
부피	1cm³ = 1,000mm³, 1m³ = 1,000,000cm³, 1km³ = 1,000,000,000m³
들이	1mℓ = 1cm³, 1dℓ = 1,000cm³ = 100mℓ, 1ℓ = 100cm³ = 10dℓ
무게	1kg = 1,000g, 1t = 1,000kg = 1,000,000g
시간	1분 = 60초, 1시간 = 60분 = 3,600초
할푼리	1푼 = 0.1할, 1리 = 0.01할, 모 = 0.001할

① 부피
② 들이
③ 무게
④ 시간

해설 '들이'의 환산이 다음과 같이 수정되어야 한다.
수정 전 1dℓ = 1,000cm³ = 100mℓ, 1ℓ = 100cm³ = 10dℓ
수정 후 1dℓ = 100cm³ = 100mℓ, 1ℓ = 1,000cm³ = 10dℓ

24 **오후 1시 36분에 사무실을 나와 분속 70m의 일정한 속도로 서울역까지 걸어가서 20분간 내일 부산 출장을 위한 승차권 예매를 한 뒤, 다시 분속 50m의 일정한 속도로 걸어서 사무실에 돌아와 시계를 보니 2시 32분이었다. 이때 걸은 거리는 모두 얼마인가?**

① 1,050m
② 1,500m
③ 1,900m
④ 2,100m

✔ 해설 서울역에서 승차권 예매를 한 20분의 시간을 제외하면 걸은 시간은 총 36분이 된다.
갈 때 걸린 시간을 x분이라고 하면 올 때 걸린 시간은 $36-x$분
갈 때와 올 때의 거리는 같으므로
$70\times x=50\times(36-x)$
$120x=1,800 \rightarrow x=15$분
사무실에서 서울역까지의 거리는 $70\times 15=1,050m$
왕복거리를 구해야 하므로 $1,050\times 2=2,100m$가 된다.

25 **둘레가 6km인 공원을 영수와 성수가 같은 장소에서 동시에 출발하여 같은 방향으로 돌면 1시간 후에 만나고, 반대 방향으로 돌면 30분 후에 처음으로 만난다고 한다. 영수가 성수보다 걷는 속도가 빠르다고 할 때, 영수가 걷는 속도는?**

① 6km/h
② 7km/h
③ 8km/h
④ 9km/h

✔ 해설 영수가 걷는 속도를 x, 성수가 걷는 속도는 y라 하면
㉠ 같은 방향으로 돌 경우 : 영수가 걷는 거리－성수가 걷는 거리＝공원 둘레 → $x-y=6$
㉡ 반대 방향으로 돌 경우 : 영수가 간 거리＋성수가 간 거리＝공원 둘레 → $\frac{1}{2}x+\frac{1}{2}y=6$
→ $x+y=12$
$x=9,\ y=3$
그러므로 영수가 걷는 속도는 9km/h가 된다.

Answer 23.② 24.④ 25.④

26 다음 표는 기온에 따른 포화 수증기량을 나타낸 것이다. 교실의 크기가 $100m^3$이고 현재 기온이 20℃라고 하면 교실 안에 포함될 수 있는 최대 수증기량은 얼마인가?

온도(℃)	5	10	15	20	25	30
포화수증기량(g/m^3)	6.7	9.4	12.9	17.3	23.1	30.4

① 231g
② 670g
③ 940g
④ 1730g

✔ 해설 교실의 크기가 $100m^3$이고, 현재 기온이 20℃이므로, $17.3 \times 100 = 1730(g)$이다.

27 바구니에 4개의 당첨 제비를 포함한 10개의 제비가 들어있다. 이 중에서 갑이 먼저 한 개를 뽑고, 다음에 을이 한 개의 제비를 뽑는다고 할 때, 을이 당첨제비를 뽑을 확률은? (단, 한 번 뽑은 제비는 바구니에 다시 넣지 않는다.)

① 0.2
② 0.3
③ 0.4
④ 0.5

✔ 해설 갑이 당첨제비를 뽑고, 을도 당첨제비를 뽑을 확률 $\frac{4}{10} \times \frac{3}{9} = \frac{12}{90}$

갑은 당첨제비를 뽑지 못하고, 을만 당첨제비를 뽑을 확률 $\frac{6}{10} \times \frac{4}{9} = \frac{24}{90}$

따라서 을이 당첨제비를 뽑을 확률은 $\frac{12}{90} + \frac{24}{90} = \frac{36}{90} = \frac{4}{10} = 0.4$

28 어떤 강을 따라 36km 떨어진 지점을 배로 왕복하려고 한다. 올라 갈 때에는 6시간이 걸리고 내려올 때는 4시간이 걸린다고 할 때 강물이 흘러가는 속력은 몇인가? (단, 배의 속력은 일정하다)

① 1.3km/h
② 1.5km/h
③ 1.7km/h
④ 1.9km/h

✔ 해설 배의 속력을 x라 하고 강물의 속력을 y라 하면 거리는 36km로 일정하므로
$6(x-y)=36 \cdots$ ㉠
$4(x+y)=36 \cdots$ ㉡
㉡식을 변형하여 $x=9-y$를 ㉠에 대입하면
$\therefore\ y=1.5km/h$

29 원가 2만 원의 물품을 12개 팔아서 6만 원의 이익을 얻고자 한다. 원가에서 몇 %가 증가된 정가를 붙여야 하는가?

① 22%　　② 25%
③ 26%　　④ 27%

해설 증가된 금액을 x원이라고 하면, 60000원의 이익을 내려면 300000원을 벌어야 하므로
$(20000+x)\times 12=300000$
$x=5000$
5000원은 원가인 20000원의 25%이다.

30 어느 인기 그룹의 공연을 준비하고 있는 기획사는 다음과 같은 조건으로 총 1,500장의 티켓을 판매하려고 한다. 티켓 1,500장을 모두 판매한 금액이 6,000만 원이 되도록 하기 위해 판매해야 할 S석 티켓의 수를 구하면?

> ㈎ 티켓의 종류는 R석, S석, A석 세 가지이다.
> ㈏ R석, S석, A석 티켓의 가격은 각각 10만 원, 5만 원, 2만 원이고, A석 티켓의 수는 R석과 S석 티켓의 수의 합과 같다.

① 450장　　② 600장
③ 750장　　④ 900장

해설 조건 ㈎에서 R석의 티켓의 수를 a, S석의 티켓의 수를 b, A석의 티켓의 수를 c라 놓으면
$a+b+c=1,500$ …… ㉠
조건 ㈏에서 R석, S석, A석 티켓의 가격은 각각 10만 원, 5만 원, 2만 원이므로
$10a+5b+2c=6,000$ …… ㉡
A석의 티켓의 수는 R석과 S석 티켓의 수의 합과 같으므로
$a+b=c$ …… ㉢
세 방정식 ㉠, ㉡, ㉢을 연립하여 풀면 ㉠, ㉢에서 $2c=1,500$이므로 $c=750$
㉠, ㉡에서 연립방정식
$$\begin{cases} a+b=750 \\ 2a+b=900 \end{cases}$$
을 풀면 $a=150$, $b=600$이다.
따라서 구하는 S석의 티켓의 수는 600장이다.

Answer 26.④ 27.③ 28.② 29.② 30.②

31 한 학년에 세 반이 있는 학교가 있다. 학생수가 A반은 20명, B반은 30명, C반은 50명이다. 수학 점수 평균이 A반은 70점, B반은 80점, C반은 60점일 때, 이 세 반의 평균은 얼마인가?

① 62점 ② 64점
③ 66점 ④ 68점

✔ 해설 평균 $= \frac{\text{자료 값의 합}}{\text{자료의 수}}$ 이므로 $A = \frac{x}{20} = 70 \rightarrow x = 1,400$

$B = \frac{y}{30} = 80 \rightarrow y = 2,400$

$C = \frac{z}{50} = 60 \rightarrow z = 3,000$

세 반의 평균은 $\frac{1,400 + 2,400 + 3,000}{20 + 30 + 50} = 68$점

32 티셔츠 7장을 7달러 98센트를 주고 샀다. 티셔츠 한 장의 가격은 얼마인가?

① 104센트 ② 1달러 4센트
③ 1달러 14센트 ④ 124센트

✔ 해설 7달러 98센트 = 798센트
798÷7=114(센트)
∴ 티셔츠 한 장의 가격은 114센트로 1달러 14센트이다.

33 어른 한명이 하면 8일이 걸리고, 어린이 한 명이 하면 12일이 걸려서 끝낼 수 있는 일이 있다. 어른과 어린이를 합하여 10명이 이 일을 하루 만에 끝내려고 할 때, 어른은 몇 명 이상이 필요한가?

① 1명 ② 2명
③ 3명 ④ 4명

✔ 해설 전체 일의 양을 1이라 하면 어른 1명이 하루에 할 수 있는 일의 양은 $\frac{1}{8}$이고,

어린이 1명이 하루에 할 수 있는 양은 $\frac{1}{12}$이다.

어른이 x명이라고 하면 $\frac{1}{8}x + \frac{1}{12}(10 - x) \geq 1$

$x \geq 4$이다.

∴ 어른이 4명 이상 필요하다.

34 길이가 300m인 화물열차가 어느 다리를 건너는 데 60초가 걸리고, 길이가 150m인 새마을호는 이 다리를 화물열차의 2배의 속력으로 27초 안에 통과한다. 이 때, 다리의 길이는?

① 1km ② 1.2km
③ 1.4km ④ 1.5km

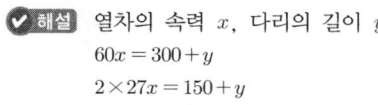

해설 열차의 속력 x, 다리의 길이 y
$60x = 300 + y$
$2 \times 27x = 150 + y$
$\therefore y = 1,200(m)$

35 정가가 x원인 식품을 15% 할인한 가격이 3,400원이라고 한다. 정가는 얼마인가?

① 1,250원 ② 2,800원
③ 3,500원 ④ 4,000원

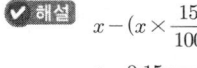

해설 $x - (x \times \frac{15}{100}) = 3,400$
$x - 0.15x = 3,400$
$0.85x = 3,400$
$\therefore x = 4,000$(원)

36 축척이 $\frac{1}{500}$인 축도에서 가로가 4cm, 세로가 5cm인 직사각형 모양의 땅이 있다. 이 땅의 실제 넓이는?

① 200㎠ ② 200㎡
③ 500㎠ ④ 500㎡

해설 실제의 길이=축도에서의 길이÷축척
가로 길이$= 4 \div \frac{1}{500} = 2,000 = 20(m)$
세로 길이$= 5 \div \frac{1}{500} = 2,500 = 25(m)$
$20 \times 25 = 500(m^2)$

Answer 31.④ 32.③ 33.④ 34.② 35.④ 36.④

37 10개의 제비 중 3개의 당첨 제비가 들어있다. 세 명이 순서대로 제비를 뽑을 때, 적어도 한 명은 당첨될 확률은? (단, 뽑은 제비는 다시 넣지 않는다)

① $\frac{5}{12}$ ② $\frac{7}{12}$

③ $\frac{2}{3}$ ④ $\frac{17}{24}$

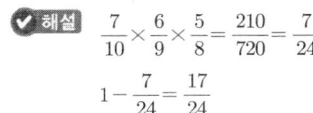

✔ 해설 $\frac{7}{10}\times\frac{6}{9}\times\frac{5}{8}=\frac{210}{720}=\frac{7}{24}$

$1-\frac{7}{24}=\frac{17}{24}$

38 12명의 학생이 있다. 이 가운에 9명의 점수의 총합은 630이고, 나머지 3명 중 두 명의 평균은 84, 다른 한 명의 점수가 11명의 평균보다 16점이 높다고 한다. 학생 12명의 평균 점수는 약 얼마인가?

① 70점 ② 74점

③ 86점 ④ 90점

✔ 해설 나머지 한 명의 점수를 x라 하면 $x=\frac{630+(84\times 2)}{11}+16$

$\therefore x \fallingdotseq 88.5$

그러므로 학생 12명의 평균점수는 $\frac{630+168+88.5}{12}=73.875$이다.

39 어떤 모임에서 참가자에게 귤을 나누어 주는데 1명에게 5개씩 나누어 주면 3개가 남고, 6개씩 나누어주면 1명만 4개보다 적게 받게 된다. 참가자는 적어도 몇 명인가?

① 2인 ② 6인

③ 9인 ④ 10인

✔ 해설 참가자의 수를 x라 하면 전체 귤의 수는 $5x+3$, 6개씩 나누어 주면 1명만 4개보다 적게 되므로

$(5x+3)-\{6\times(x-1)\}<4$

$-x < -5$

$x>5$

$\therefore$ 참가자는 적어도 6인이 있다.

40 재민이는 동화책 한 권을 3일 동안 다 읽었다. 첫째 날에는 전체 쪽수의 $\frac{1}{3}$보다 10쪽을 더 읽었고, 둘째 날에는 나머지 쪽수의 $\frac{3}{5}$보다 18쪽을 더 읽고, 마지막 날은 30쪽을 읽었다. 이 동화책은 모두 몇 쪽인가?

① 420쪽 ② 310쪽
③ 205쪽 ④ 195쪽

✔ 해설 전체 쪽수를 x라 하면
첫째 날 읽은 쪽수 : $\frac{1}{3}x+10$
둘째 날 읽은 쪽수 : $\frac{3}{5}\times\left(x-\frac{1}{3}x-10\right)+18=\frac{2}{5}x+12$
마지막 날 읽은 쪽수 : 30
모두 더하면, $\frac{1}{3}x+10+\frac{2}{5}x+12+30=x$가 된다.
$\therefore x=195$(쪽)

41 A명이 36시간 동안 해야 끝나는 작업을 12시간 안에 마치려고 한다. 이때 필요한 인원수는?

① A ② $2A$
③ $3A$ ④ $6A$

✔ 해설 작업시간이 36시간에서 12시간으로 $\frac{1}{3}$로 단축되므로 인원은 그 3배가 동원되어야 한다.

42 서원이의 올해 연봉은 작년에 비해 20% 인상되고 500만 원의 성과급을 받았는데 이 금액은 60%의 연봉을 인상한 것과 같다면 올해 연봉은 얼마인가?

① 1,400만 원 ② 1,500만 원
③ 1,600만 원 ④ 1,700만 원

✔ 해설 작년 연봉을 x라 할 때,
$1.2x+500=1.6x$
$x=1,250$, 올해 연봉은 $1,250\times1.2=1,500$(만원)

Answer 37.④ 38.② 39.② 40.④ 41.③ 42.②

43 유리는 1월 1일부터 휴대폰을 개통하여 하루에 쓰는 통화요금은 1,800원이다. 3월 16일까지 사용한 양은 1,500분으로 총 135,000원이 누적되었을 때, 하루에 통화한 시간은?

① 5분 ② 10분
③ 15분 ④ 20분

✔ 해설 ㉠ 분당 사용 요금을 x라 하면, $1{,}500x = 135{,}000$, $x = 90$원/min
㉡ 하루에 통화한 시간을 y라 하면, $90 \times y = 1800$, $y = 20$분

44 어떤 물통에 물을 가득 채우는데 A호스로는 2시간, B호스로는 3시간 걸리며, 또 가득 찬 물을 C호스로 빼는 데에는 6시간이 걸린다고 한다. A, B호스로 물을 넣음과 동시에 C호스로 물을 뺀다면, 이 물통에 물을 가득 채우는데 몇 시간 걸리겠는가?

① 1시간 ② 1시간 30분
③ 2시간 ④ 2시간 30분

✔ 해설 $x \times (1/2 + 1/3 - 1/6) = 1$
$x \times (2/3) = 1$
$x = 1.5$이므로 1시간 30분이 소요된다.

45 남자 7명, 여자 5명으로 구성된 프로젝트 팀의 원활한 운영을 위해 운영진 두 명을 선출하려고 한다. 남자가 한 명도 선출되지 않을 확률은?

① $\frac{1}{11}$ ② $\frac{4}{33}$
③ $\frac{5}{33}$ ④ $\frac{2}{11}$

✔ 해설 남자가 한 명도 선출되지 않을 확률은 여자만 선출될 확률과 같은 의미이다.
$\frac{{}_5C_2}{{}_{12}C_2} = \frac{5 \times 4}{12 \times 11} = \frac{5}{33}$

46 A전자마트에서 TV는 원가의 10%를 더하여 정가를 정하고, 에어컨은 원가의 5%를 더하여 정가를 정하는데 직원의 실수로 TV와 에어컨의 이익률을 반대로 계산했다. TV 15대, 에어컨 10대를 판매한 후에야 이 실수를 알았을 때, 제대로 계산했을 때와 잘못 계산했을 때의 손익계산으로 옳은 것은? (단, TV가 에어컨보다 원가가 높고, TV와 에어컨 원가의 차는 20만 원, 잘못 계산된 정가의 합은 150만 원이다.)

① 60만 원 이익 ② 60만 원 손해
③ 30만 원 이익 ④ 30만 원 손해

✔ 해설 TV의 원가를 x, 에어컨의 원가를 y라 할 때,
$x-y=20$만 원
$1.05x+1.1y=150$만 원
두 식을 연립하여 풀면 $x=80$, $y=60$이다.
㉠ 잘못 계산된 정가
TV : 1.05×80만 $=84$만 원
에어컨 : 1.1×60만 $=66$만 원 이므로
TV 15대, 에어컨 10대의 가격은 $84\times15+66\times10=1,260+660=1,920$만 원
㉡ 제대로 계산된 정가
TV : 1.1×80만 $=88$만 원
에어컨 : 1.05×60만 $=63$만 원 이므로
TV 15대, 에어컨 10대의 가격은 $88\times15+63\times10=1,320+630=1,950$만 원
∴ 30만 원 손해

47 두 자리 자연수에 대하여 각 자리의 숫자의 합은 10이다. 이 자연수의 십의 자리 숫자와 일의 자리 숫자를 바꾼 수는 처음 수의 3배보다 2만큼 작다고 할 때, 처음 자연수의 2배인 수의 각 자리 숫자의 합을 구한 것은?

① 10 ② 11
③ 12 ④ 13

✔ 해설 십의 자리 숫자를 x, 일의 자리 숫자를 y라고 할 때,
$x+y=10\cdots$㉠ , $3(10x+y)-2=10y+x\cdots$㉡
㉡을 전개하여 정리하면 $29x-7y=2$가 되므로 ㉠×7+㉡을 전개하면 $36x=72\rightarrow x=2$가 된다.
이 값을 대입하면 $y=8$이고, 처음 자연수의 2배는 $28\times2=56$이 된다.
따라서 56의 각 자리 숫자의 합은 $5+6=11$이다.

Answer 43.④ 44.② 45.③ 46.④ 47.②

48 갑동이는 올해 10살이다. 엄마의 나이는 갑동이와 누나의 나이를 합한 값의 두 배이고, 3년 후의 엄마의 나이는 누나의 나이의 세 배일 때, 올해 누나의 나이는 얼마인가?

① 12세
② 13세
③ 14세
④ 15세

✔ 해설 누나의 나이를 x, 엄마의 나이를 y라 하면,
$2(10+x)=y$
$3(x+3)=y+3$
두 식을 연립하여 풀면,
$x=14$(세)

49 아래 그림에서 A에서 B에 도달할 수 있는 최단경로는 몇 가지인가? (단, ×는 통행금지)

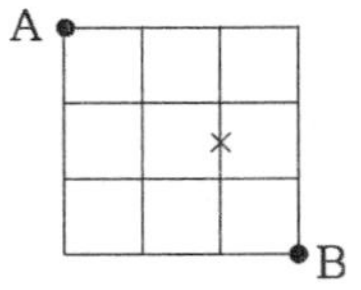

① 10가지
② 14가지
③ 16가지
④ 20가지

✔ 해설 전체 방법의 수에서 통행금지 ×를 지나는 방법의 수를 빼면 된다.

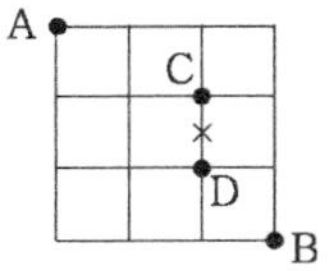

㉠ 전체 방법의 수 : $\frac{6!}{3!\times3!}=20$(가지)

㉡ A→C : $\frac{3!}{2!\times1!}=3$(가지)

㉢ D→B : $\frac{2!}{1!\times1!}=2$(가지)

∴ ㉠−(㉡ × ㉢)=20−6=14(가지)

50 서원산에는 등산로 A와 A보다 2km 더 긴 등산로 B가 있다. 민경이가 하루는 등산로 A로 올라갈 때는 시속 2km, 내려올 때는 시속 6km의 속도로 등산을 했고, 다른 날은 등산로 B로 올라갈 때는 시속 3km, 내려올 때는 시속 5km의 속도로 등산을 했다. 이들 모두 동일한 시간에 등산을 마쳤을 때, 등산로 A, B의 거리의 합은?

① 16km ② 18km
③ 20km ④ 22km

✔ 해설 등산로 A의 거리를 $a$km, 등산로 B의 거리를 $(a+2)$km라 하면

$\frac{a}{2}+\frac{a}{6}=\frac{a+2}{3}+\frac{a+2}{5}$ 이므로

$a=8$km

∴ 등산로 A와 B의 거리의 합은 18km

51 합창 단원 선발에 지원한 남녀의 비가 $3:5$이다. 응시결과 합격자 가운데 남녀의 비가 $2:3$이고, 불합격자 남녀의 비는 $4:7$이다. 합격자가 160명이라고 할 때, 여학생 지원자의 수는 몇 명인가?

① 300명 ② 305명
③ 310명 ④ 320명

✔ 해설

구분	합격자	불합격자	지원자 수
남자	$2a$	$4b$	$2a+4b$
여자	$3a$	$7b$	$3a+7b$

합격자가 160명이므로 $5a=160 \Rightarrow a=32$

$3:5=(2a+4b):(3a+7b)$

$\Rightarrow 5(2a+4b)=3(3a+7b)$

$\Rightarrow a=b=32$

따라서 여학생 지원자의 수는 $3a+7b=10a=320$(명)이다.

Answer 48.③ 49.② 50.② 51.④

52 **다음 표는 A지역 전체 가구를 대상으로 원자력발전소 사고 전 · 후 식수 조달원 변경에 대해 사고 후 설문조사한 결과이다. 사고 전에 비해 사고 후에 이용 가구 수가 감소한 식수 조달원의 수는 몇 개인가? (단, A지역 가구의 식수 조달원은 수돗물, 정수, 약수, 생수로 구성되며, 각 가구는 한 종류의 식수 조달원만 이용한다.)**

〈원자력발전소 사고 전 · 후 A지역 조달원별 가구 수〉

(단위 : 가구)

사고 전 조달원 \ 사고 후 조달원	수돗물	정수	약수	생수
수돗물	40	30	20	30
정수	10	50	10	30
약수	20	10	10	40
생수	10	10	10	40

① 0개
② 1개
③ 2개
④ 3개

✔ 해설

사고 전 조달원 \ 사고 후 조달원	수돗물	정수	약수	생수	합계
수돗물	40	30	20	30	120
정수	10	50	10	30	100
약수	20	10	10	40	80
생수	10	10	10	40	70
합계	80	100	50	140	370

수돗물은 120가구에서 80가구로, 약수는 80가구에서 50가구로 각각 이용 가구 수가 감소하였다. 정수는 100가구로 변화가 없으며, 생수는 70가구에서 140가구로 증가하였다.
따라서 사고 전에 비해 사고 후에 이용 가구 수가 감소한 식수 조달원의 수는 2개이다.

53 다음은 우리나라 지역별 누적 강수량을 연도별로 정리한 자료이다. 다음 중 올바르게 해석한 것을 모두 고르면?

(단위 : mm)

구분	2018년	2019년	2020년	2021년	2022년	2023년	2024년
경기도	4	11	4	6	2	6	2
경상도	4	6	3	2	12	16	10
서울	9	16	18	15	17	20	11
전라도	2	3	3	1	9	10	4

(가) 비가 가장 많이 내린 해는 2023년이다.
(나) 서울의 평균 강수량은 2019년의 강수량보다 많다.
(다) 해가 지날수록 누적 강수량은 증가하는 추세를 보이고 있다.
(라) 누적 강수량의 합이 가장 많은 지역은 2번째로 많은 지역의 2배이다.

① (가),(다)　② (가),(라)
③ (나),(다)　④ (다),(라)

해설

구분	2018년	2019년	2020년	2021년	2022년	2023년	2024년	합계
경기도	4	11	4	6	2	6	2	35
경상도	4	6	3	2	12	16	10	53
서울	9	16	18	15	17	20	11	106
전라도	2	3	3	1	9	10	4	32
합	19	36	28	23	40	52	27	

(나) 서울의 평균 강수량(15.142mm) < 2019년 강수량(16mm)
(다) 누적 강수량의 뚜렷한 추세가 발견되지 않는다.
(라) 경기도 – 35mm, 경상도 – 53mm, 서울 – 106mm, 전라도 – 32mm

Answer 52.③ 53.②

54 다음은 2017~2021년 전체 산업과 보건복지산업 취업자 수를 표로 나타낸 것이다. 주어진 표를 그래프로 나타낸 것으로 옳은 것은?

(단위 : 천 명)

산업 구분 \ 연도	2017년	2018년	2019년	2020년	2021년
전체 산업	24,861	24,900	25,617	26,405	27,189
보건복지산업	1,971	2,127	2,594	2,813	3,187
보건업 및 사회복지서비스업	1,153	1,286	1,379	1,392	1,511
기타 보건복지산업	818	841	1,215	1,421	1,676

①
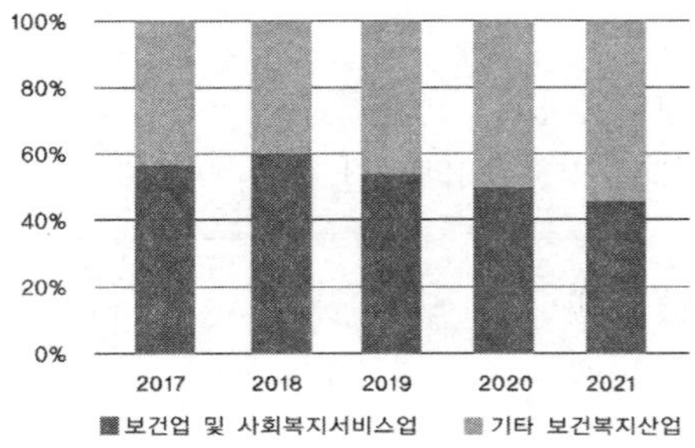

②
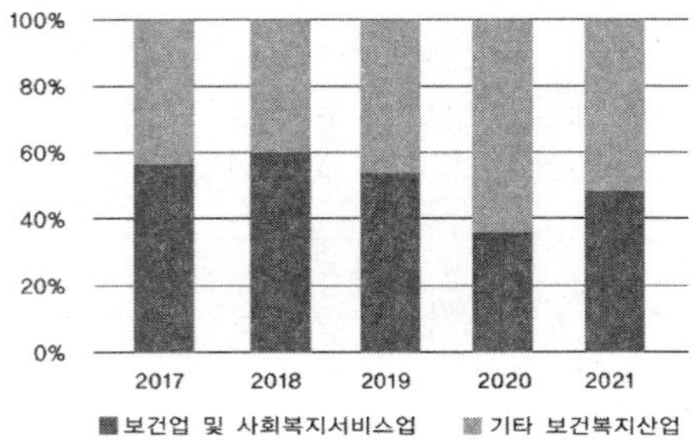

③
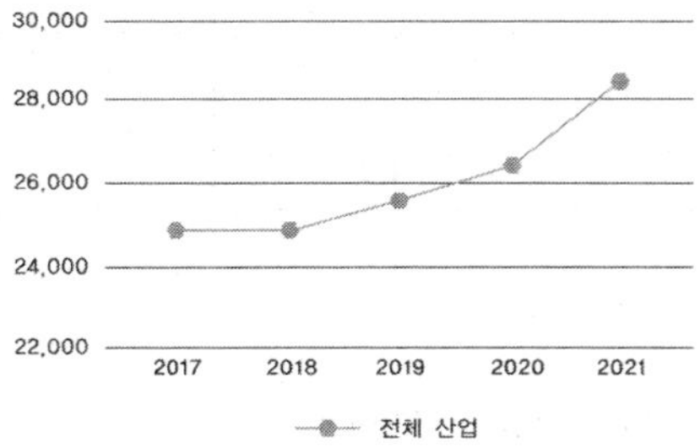

④
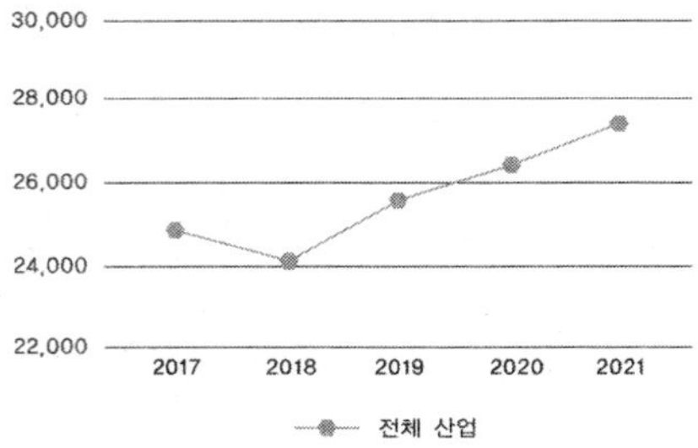

해설 ② 2020년도의 비율이 잘못되었다.
③ 2021년도의 전체 산업 취업자 수는 27,189천 명이다.
④ 2018년도의 전체 산업 취업자 수는 24,900천 명으로 2017년도 보다 증가한다.

55 다음은 A지역에서 개최하는 전시회의 연도별, 기업별 부스 방문객 현황을 나타낸 자료이다. 이를 통해 알 수 있는 내용으로 적절하지 않은 것은?

(단위 : 명)

전시기업 \ 연도	2019년	2020년	2021년	2022년	2023년	2024년
甲 기업	1,742	2,011	2,135	2,243	2,413	2,432
乙 기업	2,418	2,499	2,513	2,132	2,521	2,145
丙 기업	3,224	3,424	3,124	3,017	3,114	3,011
丁 기업	1,245	1,526	1,655	1,899	2,013	2,114
戊 기업	2,366	2,666	2,974	3,015	3,115	3,458
己 기업	524	611	688	763	1,015	1,142
庚 기업	491	574	574	630	836	828
합계	12,010	13,311	13,663	13,699	15,027	15,130

① 전시회의 연도별 전체 방문객 방문 현황을 알 수 있다.

② 전시회 참여 업체의 평균 방문객 수를 알 수 있다.

③ 각 기업별 전시회 참여를 통한 매출 변동을 알 수 있다.

④ 방문객이 가장 많은 기업의 연도별 방문객 변동 내역을 확인할 수 있다.

해설 ③ 기업별 방문객의 수만 제시되어 있는 자료이므로 매출액과 관련된 자료를 알 수 있는 방법은 없다.

① 하단에 전체 합계와 주어진 기업별 방문객 수의 합이 일치하므로 전체 방문객 방문 현황을 알 수 있다.

② 전체 방문객을 기업의 수로 나누어 평균 방문객 수를 알 수 있다.

④ 전체 방문객이 가장 많은 기업을 확인하여 매년 동일한지 또는 어느 해에 어떻게 달라졌는지 등을 확인할 수 있다.

Answer 54.① 55.③

56 다음은 K지역의 연도별 65세 기준 인구의 분포를 나타낸 자료이다. 이에 대한 올바른 해석은 어느 것인가?

구분	인구 수(명)		
	합계	65세 미만	65세 이상
2014년	66,557	51,919	14,638
2015년	68,270	53,281	14,989
2016년	150,437	135,130	15,307
2017년	243,023	227,639	15,384
2018년	325,244	310,175	15,069
2019년	465,354	450,293	15,061
2020년	573,176	557,906	15,270
2021년	659,619	644,247	15,372

① 전체 인구수는 매년 지속적으로 증가하였다.

② 65세 이상 인구수는 매년 지속적으로 증가하였다.

③ 65세 이상 인구수는 매년 전체의 5% 이상이다.

④ 전년 대비 65세 이상 인구수가 가장 많이 변화한 3개 연도는 2015년, 2016년, 2020년이다.

✔ 해설 ① 전체 인구수는 전년보다 동일하거나 감소하지 않고 매년 꾸준히 증가한 것을 알 수 있다.
② 2018년과 2019년에는 전년보다 감소하였다.
③ 2018년 이후부터는 5% 미만 수준을 계속 유지하고 있다.
④ 증가나 감소가 아닌 변화 전체를 묻고 있으므로 2015년(+351명), 2016년(+318명), 그리고 2018년(−315명)이 된다.

57 다음은 소정연구소에서 제습기 A～E의 습도별 연간소비전력량을 측정한 자료이다. 이에 대한 설명 중 옳은 것끼리 바르게 짝지어진 것은?

제습기 A～E이 습도별 연간소비전력량

(단위 : kWh)

제습기＼습도	40%	50%	60%	70%	80%
A	550	620	680	790	840
B	560	640	740	810	890
C	580	650	730	800	880
D	600	700	810	880	950
E	660	730	800	920	970

㉠ 습도가 70%일 때 연간소비전력량이 가장 적은 제습기는 A이다.
㉡ 각 습도에서 연간소비전력량이 많은 제습기부터 순서대로 나열하면, 습도 60%일 때와 습도 70%일 때의 순서를 동일하다.
㉢ 습도가 40%일 때 제습기 E의 연산소비전력량은 습도가 50%일 때 제습기 B의 연간소비전력량보다 많다.
㉣ 제습기 각각에서 연간소비전력량은 습도가 80%일 때가 40%일 때의 1.5배 이상이다.

① ㉠, ㉡
② ㉠, ㉢
③ ㉡, ㉣
④ ㉠, ㉢, ㉣

✔ 해설 ㉠ 습도가 70%일 때 연간소비전력량은 790으로 A가 가장 적다.
㉡ 60%와 70%를 많은 순서대로 나열하면 60%일 때 D-E-B-C-A, 70%일 때 E-D-B-C-A이다.
㉢ 40%일 때 E=660, 50%일 때 B=640이다.
㉣ 40%일 때의 값에 1.5배를 구하여 80%와 비교해 보면 E는 1.5배 이하가 된다.

$A=550\times1.5=825$	840
$B=560\times1.5=840$	890
$C=580\times1.5=870$	880
$D=600\times1.5=900$	950
$E=660\times1.5=990$	970

Answer 56.① 57.②

58 다음은 우체국 택배물 취급에 관한 기준표이다. 미영이가 서울에서 포항에 있는 보람이와 설희에게 각각 택배를 보내려고 한다. 보람이에게 보내는 물품은 10kg에 130cm이고, 설희에게 보내려는 물품은 4kg에 60cm이다. 미영이가 택배를 보내는 데 드는 비용은 모두 얼마인가?

(단위 : 원/개)

중량(크기)		2kg까지 (60cm까지)	5kg까지 (80cm까지)	10kg까지 (120cm까지)	20kg까지 (140cm까지)	30kg까지 (160cm까지)
동일지역		4,000원	5,000원	6,000원	7,000원	8,000원
타지역		5,000원	6,000원	7,000원	8,000원	9,000원
제주 지역	빠른(항공)	6,000원	7,000원	8,000원	9,000원	11,000원
	보통(배)	5,000원	6,000원	7,000원	8,000원	9,000원

※ 1) 중량이나 크기 중에 하나만 기준을 초과하여도 초과한 기준에 해당하는 요금을 적용한다.
2) 동일지역은 접수지역과 배달지역이 동일한 시/도이고, 타지역은 접수한 시/도지역 이외의 지역으로 배달되는 경우를 말한다.
3) 부가서비스(안심소포) 이용시 기본요금에 50% 추가하여 부가한다.

① 13,000원　② 14,000원
③ 15,000원　④ 16,000원

✔ 해설 중량이나 크기 중에 하나만 기준을 초과하여도 초과한 기준에 해당하는 요금을 적용한다고 하였으므로, 보람이에게 보내는 택배는 10kg지만 130cm로 크기 기준을 초과하였으므로 요금은 8,000원이 된다. 또한 설희에게 보내는 택배는 60cm이지만 4kg으로 중량기준을 초과하였으므로 요금은 6,000원이 된다. 미영이가 택배를 보내는 데에는 8,000원 + 6,000원 = 14,000원이 사용된다.

59 A시의 유료 도로에 대한 자료이다. 산업용 도로 3km의 건설비는 얼마가 되는가?

분류	도로수	총길이	건설비
관광용 도로	5	30km	30억
산업용 도로	7	55km	300억
산업관광용 도로	9	198km	400억
합계	21	283km	730억

① 약 5.5억 원　② 약 11억 원
③ 약 16.5억 원　④ 약 22억 원

✔ 해설 300÷55 = 5.45≒5.5(억 원)이고 3km이므로 5.5×3 = 약 16.5(억 원)

▌60~61 ▌ 다음은 월별 인터넷 쇼핑몰 상품별 거래액에 관한 표이다. 물음에 답하시오.

(단위 : 백만 원)

	1월	2월	3월	4월	5월	6월	7월	8월	9월
컴퓨터	200,078	195,543	233,168	194,102	176,981	185,357	193,835	193,172	183,620
소프트웨어	13,145	11,516	13,624	11,432	10,198	10,536	45,781	44,579	42,249
가전 · 전자	231,874	226,138	251,881	228,323	239,421	255,383	266,013	253,731	248,474
서적	103,567	91,241	130,523	89,645	81,999	78,316	107,316	99,591	93,486
음반 · 비디오	12,727	11,529	14,408	13,230	12,473	10,888	12,566	12,130	12,408
여행 · 예약	286,248	239,735	231,761	241,051	288,603	293,935	345,920	344,391	245,285
아동 · 유아용	109,344	102,325	121,955	123,118	128,403	121,504	120,135	111,839	124,250
음 · 식료품	122,498	137,282	127,372	121,868	131,003	130,996	130,015	133,086	178,736

60 1월 컴퓨터 상품 거래액의 다음 달 거래액과 차이는?

① 4,455백만 원
② 4,535백만 원
③ 4,555백만 원
④ 4,655백만 원

해설 200,078 − 195,543 = 4,535백만 원

61 1월 서적 상품 거래액은 음반 · 비디오 상품의 몇 배인가? (소수 둘째자리까지 구하시오)

① 8.13
② 8.26
③ 9.53
④ 9.75

해설 103,567 ÷ 12,727 = 8.13배

Answer 58.② 59.③ 60.② 61.①

62 다음 표는 A백화점의 판매비율 증가를 나타낸 것으로 전체 평균 판매증가비율과 할인기간의 판매증가비율을 구분하여 표시한 것이다. 주어진 조건을 고려할 때 A~F에 해당하는 순서대로 차례로 나열한 것은?

구분 \ 월별	A		B		C		D		E		F	
	전체	할인	전체	할인	전체	할인	전체	할인	전체	할인	전체	할인
1	20.5	30.9	15.1	21.3	32.1	45.3	25.6	48.6	33.2	22.5	31.7	22.5
2	19.3	30.2	17.2	22.1	31.5	41.2	23.2	33.8	34.5	27.5	30.5	22.9
3	17.2	28.7	17.5	12.5	29.7	39.7	21.3	32.9	35.6	29.7	30.2	27.5
4	16.9	27.8	18.3	18.9	26.5	38.6	20.5	31.7	36.2	30.5	29.8	28.3
5	15.3	27.7	19.7	21.3	23.2	36.5	20.3	30.5	37.3	31.3	27.5	27.2
6	14.7	26.5	20.5	23.5	20.5	33.2	19.5	30.2	38.1	39.5	26.5	25.5

> ㉠ 의류, 냉장고, 보석, 핸드백, TV, 가구에 대한 표이다.
> ㉡ 가구는 1월에 비해 6월에 전체 평균 판매증가비율이 높아졌다.
> ㉢ 냉장고는 3월을 제외하고는 할인기간의 판매증가비율이 전체 평균 판매증가비율보다 크다.
> ㉣ 핸드백은 할인기간의 판매증가비율보다 전체 평균 판매증가비율이 더 크다.
> ㉤ 1월과 6월을 비교할 때 의류는 전체 평균 판매증가비율의 감소가 가장 크다.
> ㉥ 보석은 1월에 전체 평균 판매증가비율과 할인기간의 판매증가비율의 차이가 가장 크다.

① TV – 의류 – 보석 – 핸드백 – 가구 – 냉장고
② TV – 냉장고 – 의류 – 보석 – 가구 – 핸드백
③ 의류 – 보석 – 가구 – 냉장고 – 핸드백 – TV
④ 의류 – 냉장고 – 보석 – 가구 – 핸드백 – TV

해설 주어진 표에 따라 조건을 확인해보면, 조건의 ㉡은 B, E가 해당하는데 ㉢에서 B가 해당하므로 ㉡은 E가 된다. ㉣은 F가 되고 ㉤은 C가 되며 ㉥은 D가 된다. 남은 것은 TV이므로 A는 TV가 된다. 그러므로 TV – 냉장고 – 의류 – 보석 – 가구 – 핸드백 순이다.

▌63~64▐ 다음은 4개 대학교 학생들의 하루 평균 독서시간을 조사한 결과이다. 다음 물음에 답하시오.

구분	1학년	2학년	3학년	4학년
㉠	3.4	2.5	2.4	2.3
㉡	3.5	3.6	4.1	4.7
㉢	2.8	2.4	3.1	2.5
㉣	4.1	3.9	4.6	4.9
대학생 평균	2.9	3.7	3.5	3.9

- A대학은 고학년이 될수록 독서시간이 증가하는 대학이다
- B대학은 각 학년별 독서시간이 항상 평균 이상이다.
- C대학은 3학년의 독서시간이 가장 낮다.
- 2학년의 하루 독서시간은 C대학과 D대학이 비슷하다.

63 **표의 처음부터 차례대로 들어갈 대학으로 알맞은 것은?**

㉠ ㉡ ㉢ ㉣

① C → A → D → B
② A → B → C → D
③ D → B → A → C
④ D → C → A → B

✔해설 고학년이 될수록 독서 시간이 증가하는 A대학은 ㉡, 대학생평균 독서량은 3.5인데 이를 넘는 B대학은 ㉣, 3학년의 독서시간이 가장 낮은 평균이하의 C대학은 ㉠이다. 따라서 2학년의 하루 독서시간이 2.5인 C대학과 비슷한 D대학은 2.4가 되므로 ㉢이 된다.

64 **다음 중 옳지 않은 것은?**

① C대학은 학년이 높아질수록 독서시간이 줄어들었다.
② A대학은 3, 4학년부터 대학생 평균 독서시간보다 독서시간이 증가하였다.
③ B대학은 학년이 높아질수록 독서시간이 증가하였다.
④ D대학은 대학생 평균 독서시간보다 매 학년 독서시간이 적다.

✔해설 ③ B대학은 2학년의 독서시간이 1학년 보다 줄었다.

Answer 62.② 63.① 64.③

Ⅰ65~66Ⅰ 다음은 지역별 재건축 및 대체에너지 설비투자 현황에 관한 자료이다. 물음에 답하시오.

(단위 : 건, 억 원, %)

지역	재건축 건수	건축공사비(A)	대체에너지 설비투자액				대체에너지 설비투자 비율
			태양열	태양광	지열	합(B)	
강남	28	15,230	32	150	385	567	( )
강북	24	11,549	29	136	403	568	( )
분당	26	13,697	33	264	315	612	4.46
강서	31	10,584	26	198	296	520	( )
강동	22	8,361	13	210	338	561	6.70

※ 대체에너지 설비투자 비율=(B/A)×100

65 다음 중 옳지 않은 것은?

① 재건축 건수 1건당 건축공사비가 가장 적은 곳은 강서이다.

② 강남~강동 지역의 대체에너지 설비투자 비율은 각각 4% 이상이다.

③ 강동 지역에서 지열 설비투자액이 280억 원으로 줄어들어도 대체에너지 설비투자 비율은 6% 이상이다.

④ 대체에너지 설비투자액 중 태양광 설비투자액 비율이 두 번째로 높은 지역은 대체에너지 설비투자 비율이 가장 낮다.

✔ 해설 강남 지역의 대체에너지 설비투자 비율은 3.72%이다.
$\frac{567}{15230} \times 100 \fallingdotseq 3.72(\%)$

66 강서 지역의 지열 설비투자액이 250억 원으로 줄어들 경우 대체에너지 설비투자 비율의 변화는?

① 약 0.41% 감소 ② 약 0.42% 감소

③ 약 0.43% 감소 ④ 약 0.44% 감소

✔ 해설 강서 지역의 지열 설비투자액이 250억 원으로 줄어들 경우 대체에너지 설비투자액의 합(B)은 474억 원이 된다. 이때의 대체에너지 설비투자 비율은 $\frac{474}{10584} \times 100 \fallingdotseq 4.47$이므로 원래의 대체에너지 설비투자 비율인 4.91에 비해 약 0.44% 감소한 것으로 볼 수 있다.

67 다음은 A도시의 생활비 지출에 관한 자료이다. 연령에 따른 전년도 대비 지출 증가비율을 나타낸 것이라 할 때 작년에 비해 가게운영이 더 어려웠을 가능성이 높은 업소는?

연령(세) / 품목	24 이하	25~29	30~34	35~39	40~44	45~49	50~54	55~59	60~64	65 이상
식료품	7.5	7.3	7.0	5.1	4.5	3.1	2.5	2.3	2.3	2.1
의류	10.5	12.7	−2.5	0.5	−1.2	1.1	−1.6	−0.5	−0.5	−6.5
신발	5.5	6.1	3.2	2.7	2.9	−1.2	1.5	1.3	1.2	−1.9
의료	1.5	1.2	3.2	3.5	3.2	4.1	4.9	5.8	6.2	7.1
교육	5.2	7.5	10.9	15.3	16.7	20.5	15.3	−3.5	−0.1	−0.1
교통	5.1	5.5	5.7	5.9	5.3	5.7	5.2	5.3	2.5	2.1
오락	1.5	2.5	−1.2	−1.9	−10.5	−11.7	−12.5	−13.5	−7.5	−2.5
통신	5.3	5.2	3.5	3.1	2.5	2.7	2.7	−2.9	−3.1	−6.5

① 30대 후반이 주로 찾는 의류 매장
② 중학생 대상의 국어 · 영어 · 수학 학원
③ 30대 초반의 사람들이 주로 찾는 볼링장
④ 65세 이상 사람들이 자주 이용하는 마을버스 회사

해설 마이너스가 붙은 수치들은 전년도에 비해 지출이 감소했음을 뜻하므로 주어진 보기 중 마이너스 부호가 붙은 것을 찾으면 된다. 중학생 대상의 국 · 영 · 수 학원비 부담 계층은 대략 50세 이하인데 모두 플러스 부호에 해당하므로 전부 지출이 증가하였고, 30대 초반의 오락비 지출은 감소하였다.

Answer 65.② 66.④ 67.③

| 68~69 | 다음 표는 지역별 월별 평균 기온을 나타낸 것이다. 물음에 답하시오.

(단위 : ℃)

월 / 도시	1월	4월	7월	10월
서울	−2.5	9.5	28.4	10.2
경기	−1.8	9.2	26.2	6.8
강원	−6.9	5.8	23.4	3.7
충청	1.2	8.3	25.1	4.3
제주	3.7	13.4	27.8	12.3

68 1월의 경우 제주지방은 서울지방에 비하여 평균기온이 몇 ℃ 높은가?

① 3.8℃ ② 5.4℃
③ 6.2℃ ④ 8.7℃

✔ 해설 3.7−(−2.5)=6.2(℃)

69 강원도지역의 1월과 7월의 평균기온 차이는 몇 ℃인가?

① 23.2℃ ② 28.2℃
③ 28.4℃ ④ 30.3℃

✔ 해설 23.4−(−6.9)=30.3(℃)

70 다음은 갑국 ~ 정국의 성별 평균소득과 대학진학률의 격차지수만으로 계산한 간이 성평등지수에 대한 표이다. 이에 대한 설명으로 옳은 것만 모두 고른 것은?

(단위 : 달러, %)

국가 \ 항목	평균소득			대학진학률			간이 성평등지수
	여성	남성	격차지수	여성	남성	격차지수	
갑	8,000	16,000	0.50	68	48	1.00	0.75
을	36,000	60,000	0.60	( )	80	( )	( )
병	20,000	25,000	0.80	70	84	0.83	0.82
정	3,500	5,000	0.70	11	15	0.73	0.72

※ 격차지수는 남성 항목값 대비 여성 항목값의 비율로 계산하며, 그 값이 1을 넘으면 1로 한다.
※ 간이 성평등지수는 평균소득 격차지수와 대학진학률 격차지수의 산술 평균이다.
※ 격차지수와 간이 성평등지수는 소수점 셋째자리에서 반올림한다.

㉠ 갑국의 여성 평균소득과 남성 평균소득이 각각 1,000달러씩 증가하면 갑국의 간이 성평등지수는 0.80 이상이 된다.
㉡ 을국의 여성 대학진학률이 85%이면 간이 성평등지수는 을국이 병국보다 높다.
㉢ 정국의 여성 대학진학률이 4%p 상승하면 정국의 간이 성평등지수는 0.80 이상이 된다.

① ㉠
② ㉡
③ ㉢
④ ㉠, ㉡, ㉢

해설 ㉠ 갑국의 평균소득이 각각 1,000달러씩 증가하면 여성 9,000, 남성 17,000

격차지수를 구하면 $\frac{9,000}{17,000} = 0.529 = 0.53$

간이 성평등지수를 구하면 $\frac{0.53+1}{2} = 0.765 = 0.77$

갑국의 간이 성평등지수는 0.80 이하이다.

㉡ 을국의 여성 대학진학률이 85%이면 격차지수는 $\frac{85}{80} = 1.0625 = 1$

간이 성평등지수를 구하면 $\frac{0.60+1}{2} = 0.8$

병국의 간이 성평등지수는 0.82, 을국의 간이 성평등지수는 0.8이므로 병국이 더 높다.

㉢ 정국의 여성 대학진학률이 4%p 상승하면 격차지수는 $\frac{15}{15} = 1$

간이 성평등지수는 $\frac{0.70+1}{2} = 0.85$

정국의 간이 성평등지수는 0.80 이상이 된다.

Answer 68.③ 69.④ 70.③

CHAPTER

03 공간지각력

대표유형 1 도형 회전

(1) 제시된 도형과 다른 것 찾기

주어진 도형을 90˚, 180˚, 270˚ 등 다양한 각도로 회전시켰을 때 나타날 수 없는 형태를 고르는 유형이다.

예제풀이

다음 제시된 도형과 다른 것을 고르면?

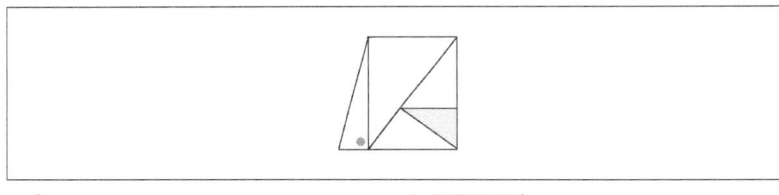

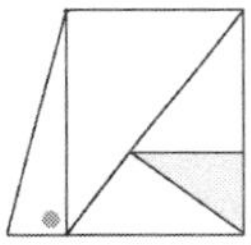

①

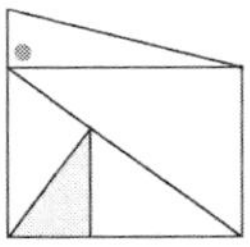

②

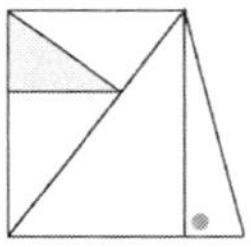

③

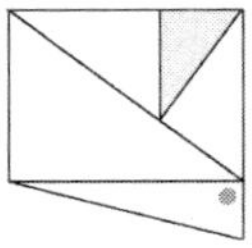

④

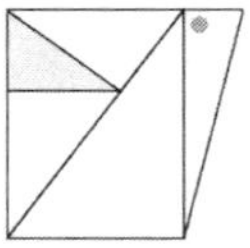

[해설]

② 그림을 제시된 도형과 같은 위치로 돌려보면 오른쪽과 같은 모양이 된다. 왼쪽 삼각형의 모양이 다른 것을 알 수 있다.

① 제시된 그림을 오른쪽으로 90˚ 회전시킨 모양이다.

③ 제시된 그림을 왼쪽으로 90˚ 회전시킨 모양이다.

④ 제시된 그림을 180˚ 회전시킨 모양이다.

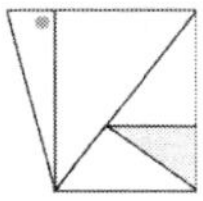

답 ②

(2) 같은 도형 찾기

보기로 제시된 네 가지 도형을 회전시켜 서로 같은 2개의 도형을 찾는 유형이다.

예제풀이

다음 그림 중에서 회전시켰을 때 서로 일치하는 도형을 고르면?

①
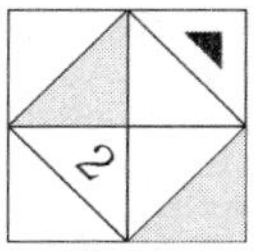

②
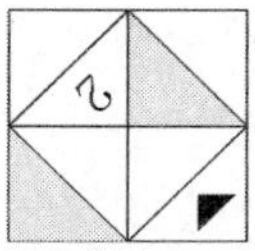

③
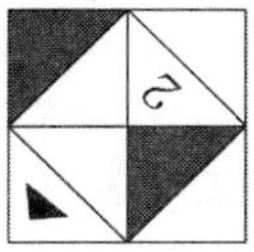

④
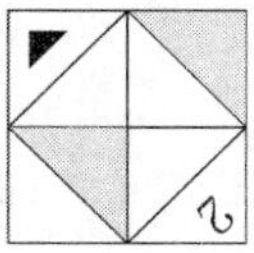

[해설]
② ▲의 모양이 다르다.
④ 2의 위치가 다르다.

답 ①③

대표유형 2 블록

(1) 블록 개수 세기

① 쌓아놓은 블록의 개수를 세는 유형의 경우 보이지 않는 부분을 추리하는 능력이 요구된다.

② 바닥면부터 각 층별로 블록 개수를 세어 맨 꼭대기 층까지의 블록 개수를 더해 주는 방식으로 문제를 푸는 것이 효과적이다.

예제풀이

아래에 제시된 그림과 같이 쌓기 위해 필요한 블록의 수는?

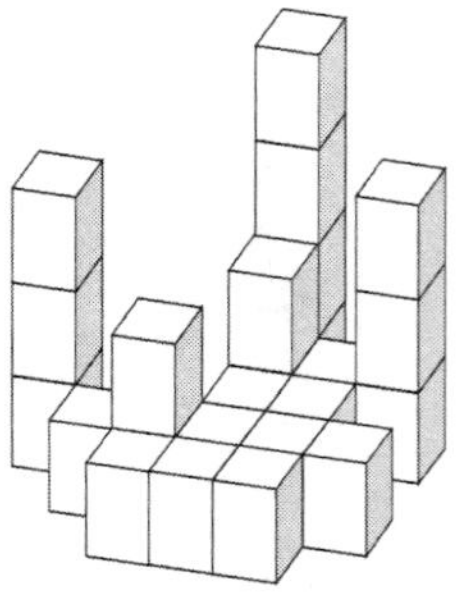

① 18　　② 20
③ 22　　④ 24

[해설]
제시된 그림을 따라 블록을 세어보면 총 24개이다.
따라서 그림과 같이 쌓기 위한 블록의 개수는 ④이다.

답 ④

(2) 방향에 따른 블록 모양 파악하기

방향에 따라 블록이 어떻게 보이는지 묻는 유형의 경우, 해당 방향에서 보았을 때 왼쪽에서 오른쪽으로 각 열별 블록의 높이를 숫자로 적어놓고 문제를 풀면 빠르고 정확하게 해결이 가능하다.

예제풀이

아래에 제시된 블록들을 화살표 표시한 방향에서 바라봤을 때의 모양으로 알맞은 것은? (단, 바라보는 시선의 방향은 블록의 면과 수직을 이루며 원근에 의해 블록이 작게 보이는 효과는 고려하지 않는다.)

* 블록은 모양과 크기는 모두 동일한 정육면체임

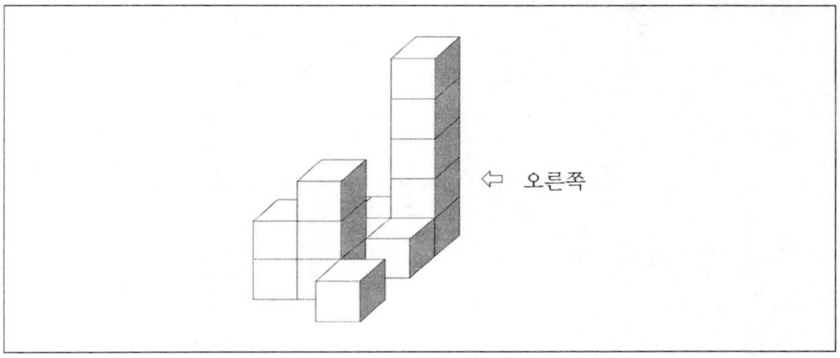

①

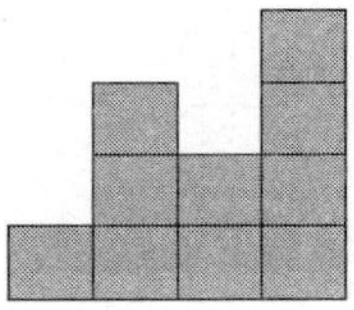

②

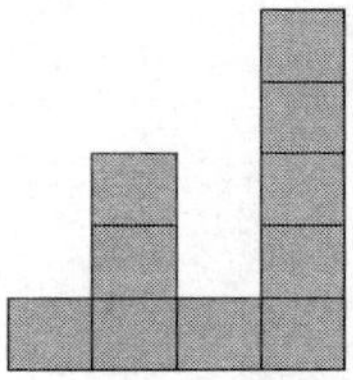

③

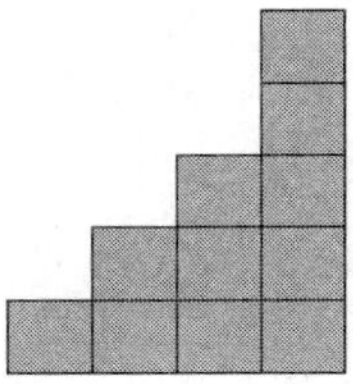

④

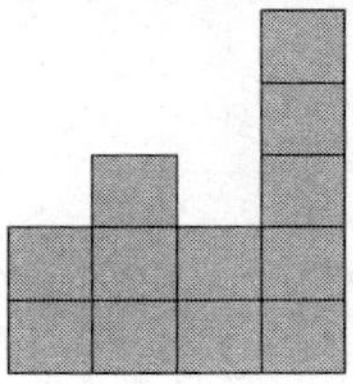

[해설]
제시된 그림을 오른쪽에서 본다고 가정하면 ②가 나타나게 된다.

답 ②

대표유형 3	전개도

(1) 기본적인 전개도의 모양

이름	입체도형	전개도
정사면체	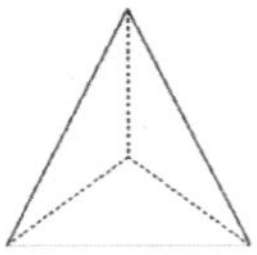	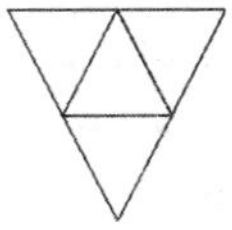
정육면체	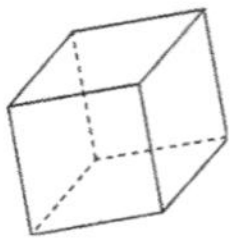	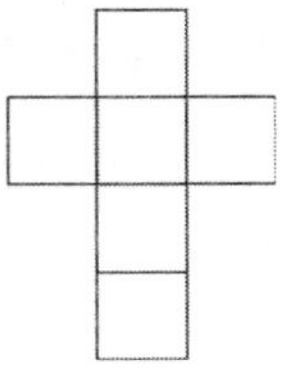
정팔면체	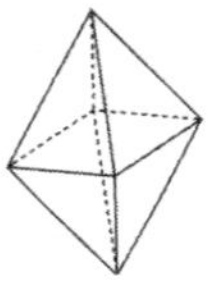	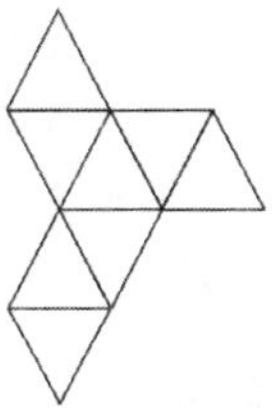
정십이면체	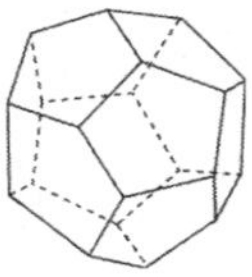	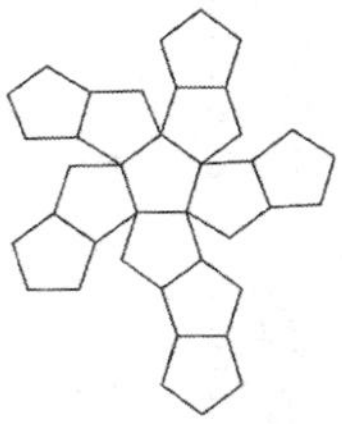
정이십면체	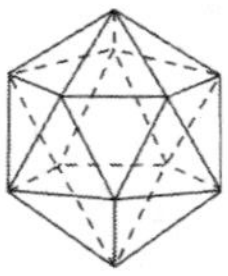	

(2) 정육면체의 전개도

정육면체의 전개도는 대략 다음의 11가지로 볼 수 있다. 각 유형의 전개도에 따라 마주보는 위치에 오는 면을 암기해 둔다면 보다 빠르게 문제를 풀 수 있다.

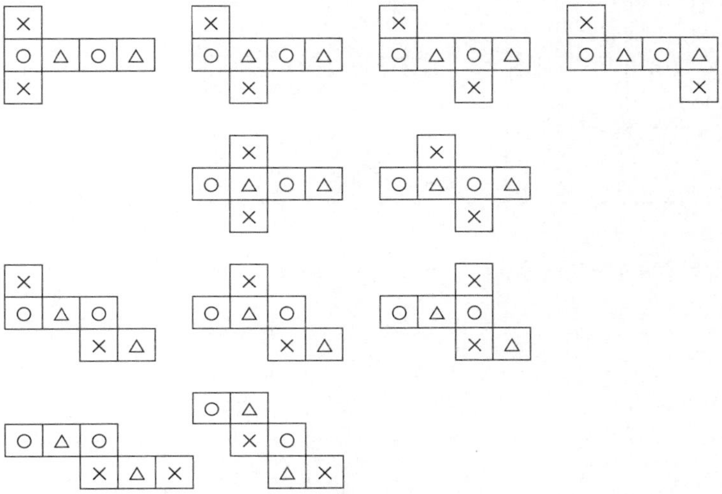

예제풀이

다음 전개도를 접었을 때 만들어질 도형으로 올바른 것은?

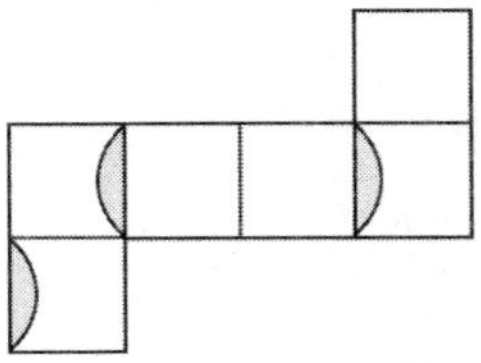

①
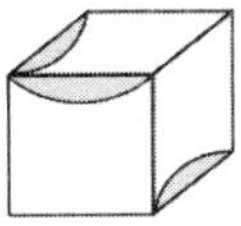

②
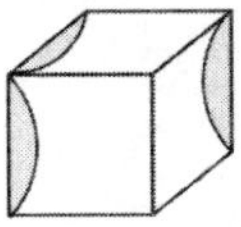

③
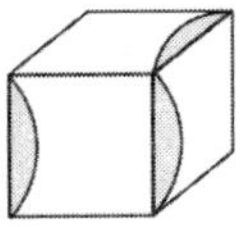

④
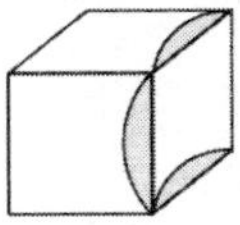

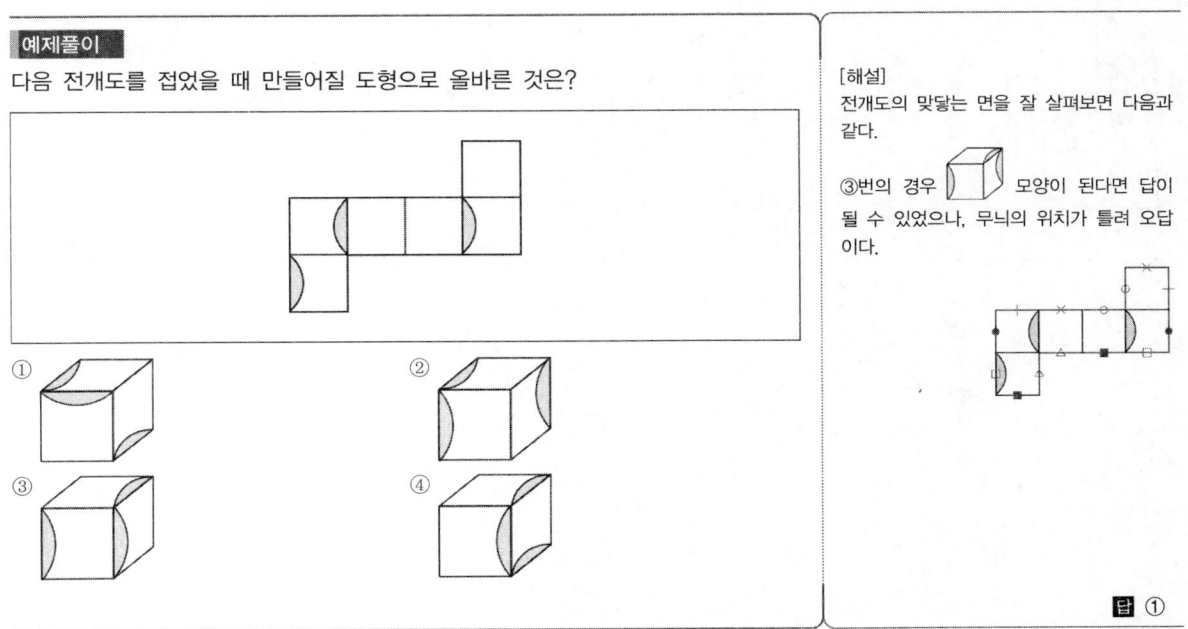

[해설]
전개도의 맞닿는 면을 잘 살펴보면 다음과 같다.

③번의 경우 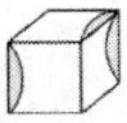 모양이 된다면 답이 될 수 있었으나, 무늬의 위치가 틀려 오답이다.

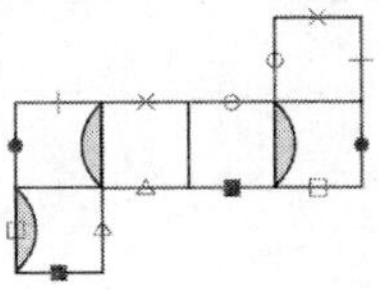

답 ①

대표유형 4	편칭·절단면

(1) 펀칭

① 종이의 접힌 면을 잘 살펴본다.

② 접힌 면을 중심으로 펀칭구멍이 대칭으로 생긴다는 것을 염두한다.

③ 펀칭 순서를 역으로 추리해나간다.

예제풀이

다음 그림과 같이 화살표 방향으로 종이를 접은 후, 펀치로 구멍을 뚫어 다시 펼친 그림은?

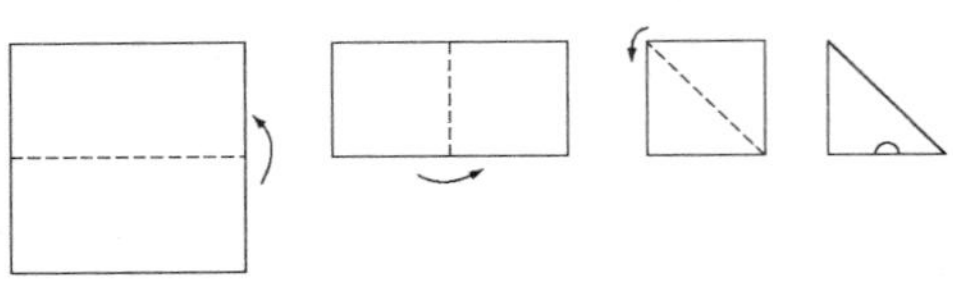

①
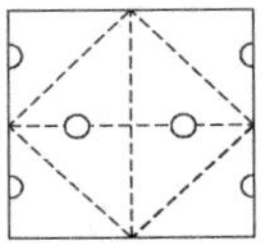

②
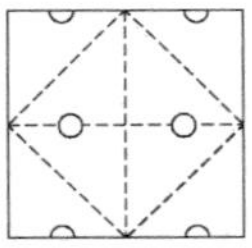

③
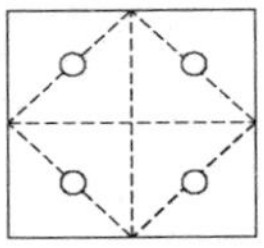

④
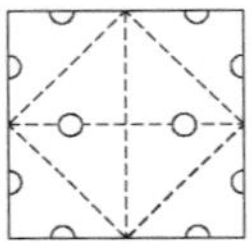

[해설]
역으로 순서를 유추해보면 다음 그림과 같다. 접힌 면을 항상 염두해야 한다.

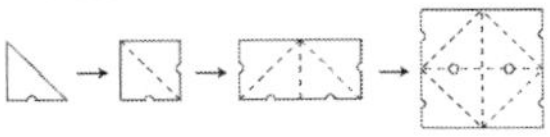

답 ①

(2) 절단면

① 원기둥은 밑면과 수직이 되도록 세로로 자르면 절단면은 직사각형 또는 정사각형이 된다.

② 원기둥을 밑면과 평행하도록 자르면 절단면은 원이 된다.

③ 원기둥을 비스듬하게 자르면 절단면은 타원형의 모습이 된다.

④ 구를 중심을 지나도록 단면으로 자르면 절단면은 원이 된다.

⑤ 구를 중심을 지나지 않는 단면으로 자르면 절단면은 타원이 된다.

예제풀이

다음 입체도형을 평면으로 잘랐을 때 생기는 단면의 모양이 아닌 것은?

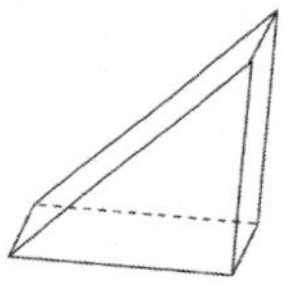

①
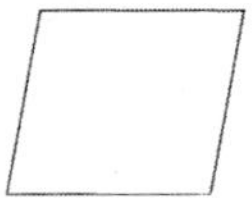

②
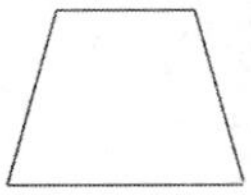

③

④
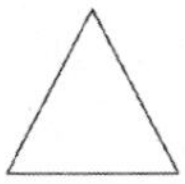

[해설]

도형은 여러 가지 모양으로 자를 수 있는데 아래의 그림처럼 각각 ②로 자르면 사다리꼴 모양, ③으로 자르면 직사각형 모양, ④로 자르면 삼각형 모양이 나오게 된다.

②
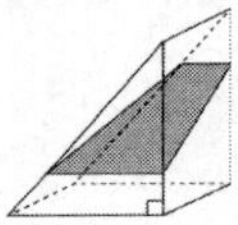

③
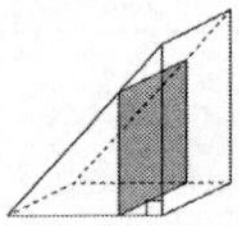

④
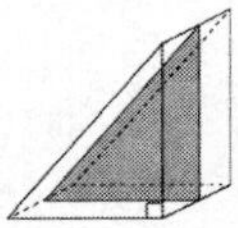

답 ①

대표유형 5 **회전체**

(1) 동일한 전개도로 만들 수 있는(없는) 회전체 찾기

예제풀이

다음 중 동일한 전개도로 만들 수 없는 것은?

①
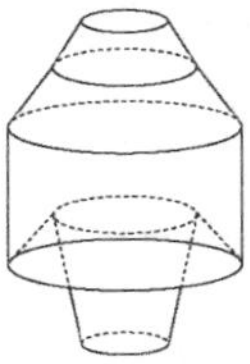

②
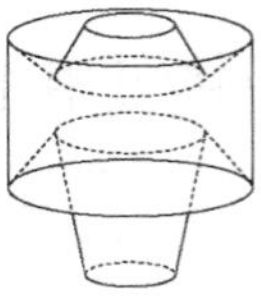

③
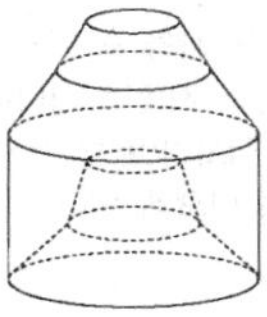

④
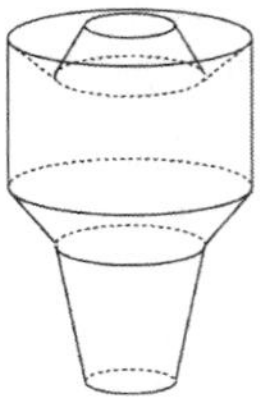

[해설]
회전체 맨 아래 부분의 길이가 ①②④에 비해 짧다.

답 ③

(2) 축을 중심으로 회전시켰을 때의 회전체 찾기

예제풀이

상자 안의 도형을 제시된 축을 중심으로 회전시켰을 때 생기는 입체의 모양은?

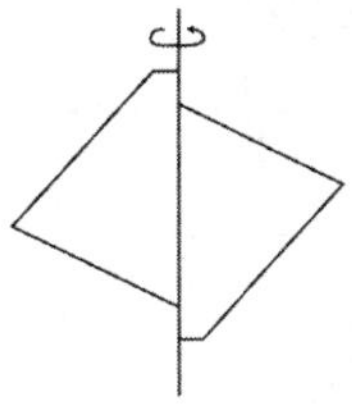

①
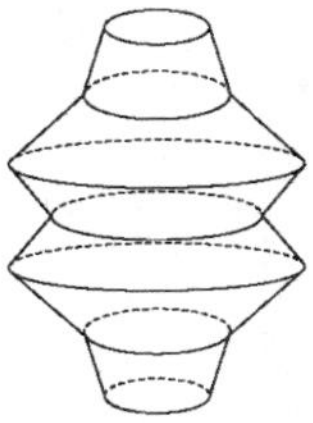

②
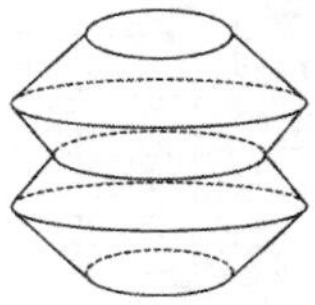

③
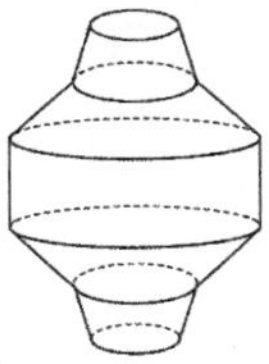

④
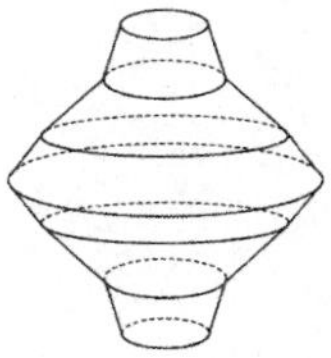

[해설]

회전축을 중심으로 두 도형이 서로 어긋난 모양으로 만나고 있다. 맨 위와 맨 아래는 원기둥의 모양이 만들어지게 되며, 옆면은 뾰족한 부분과 들어간 부분이 생기게 된다. ②번은 위아래에 원기둥의 모양이 생기지 않았기 때문에 오답이다.

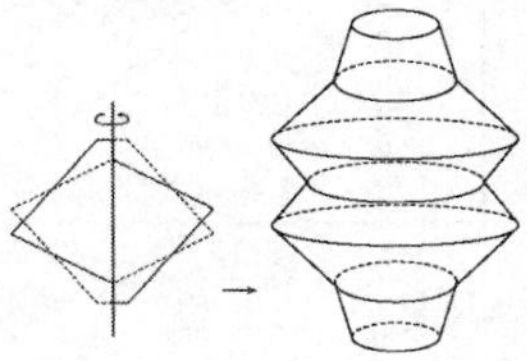

답 ①

출제예상문제

Ⅰ1~3Ⅰ 다음 도형을 위에서 내려보았을 때의 형태를 고르시오.

1

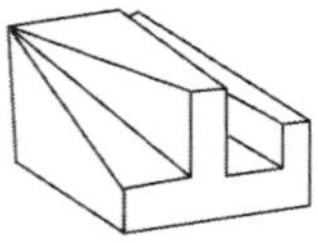

① 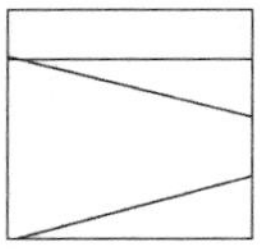

② 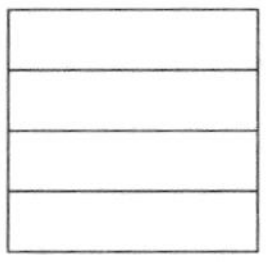

③ 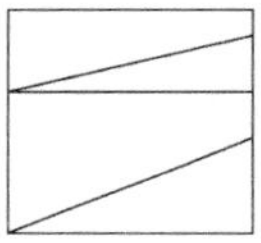

④ 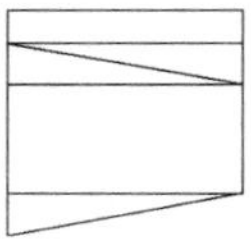

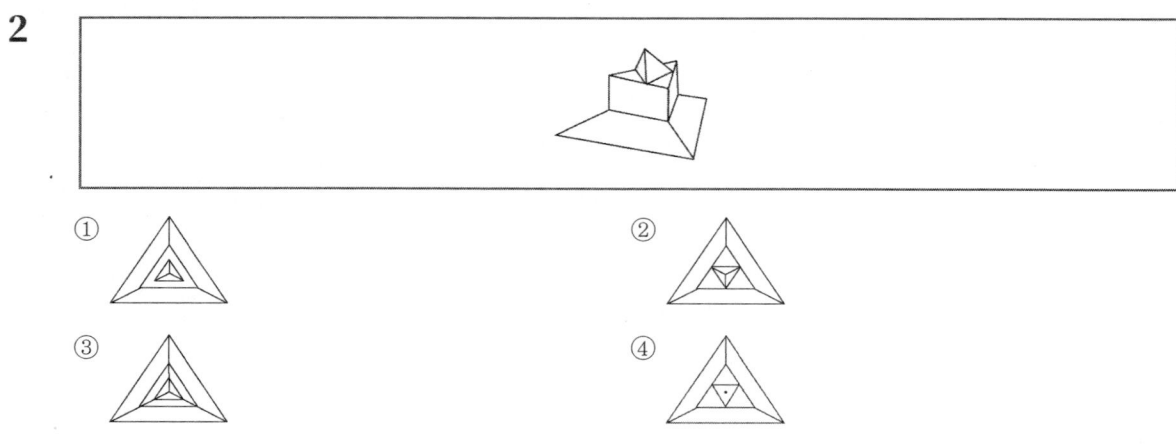

해설 위에서 내려다보면 ① 모양이 나온다.

2

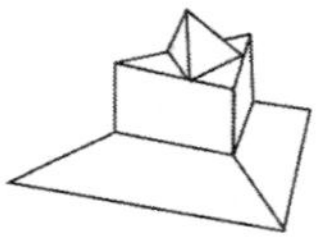

① 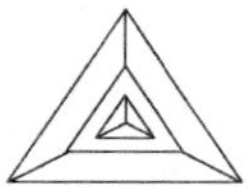

② 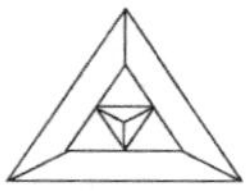

③ 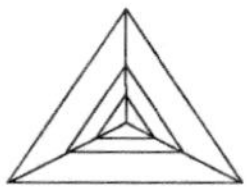

④ 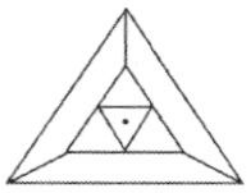

해설 위에서 내려다보면 ② 모양이 나온다.

3

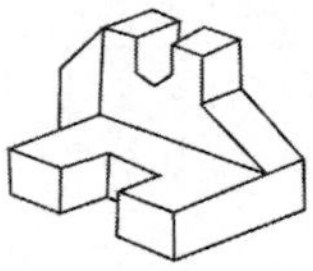

① 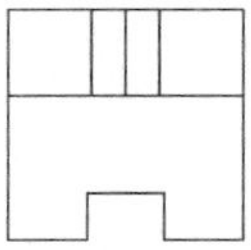

② 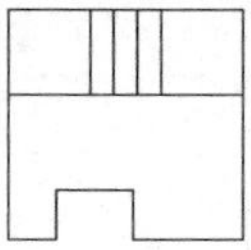

③ 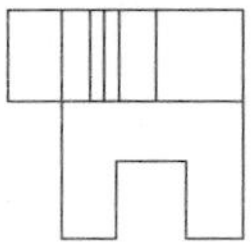

④ 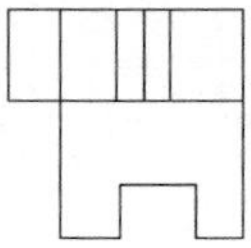

✔ 해설 위에서 내려다보면 ③ 모양이 나온다.

4 **다음 제시된 그림을 시계 방향으로 90° 회전 후 왼쪽으로 뒤집은 그림은?**

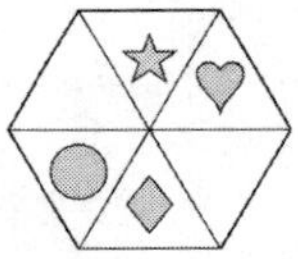

① 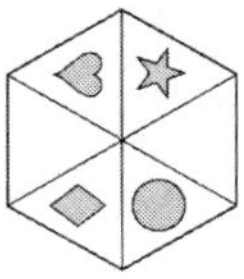

② 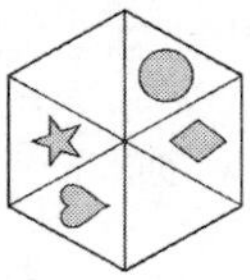

③ 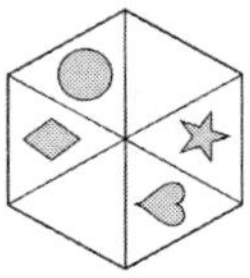

④ 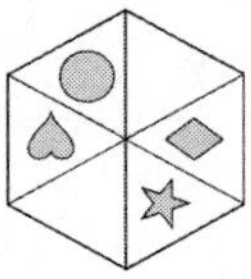

✔ 해설 90° 시계방향으로 회전하고 왼쪽으로 뒤집으면 ②이 나온다.

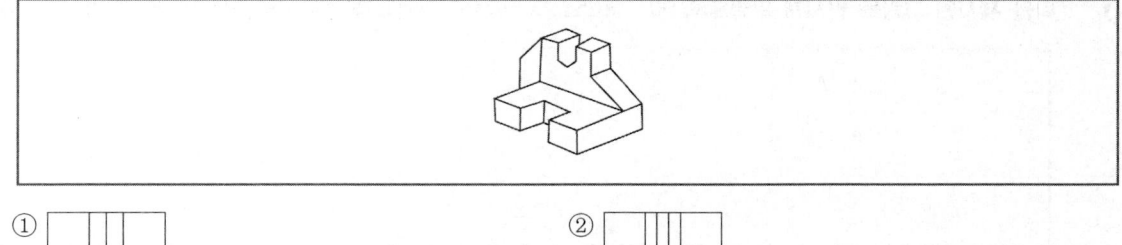

Answer 1.① 2.② 3.③ 4.②

5 다음 제시된 그림을 반시계 방향으로 90° 회전한 후 아래로 뒤집고 오른쪽으로 뒤집은 모양으로 옳은 것은?

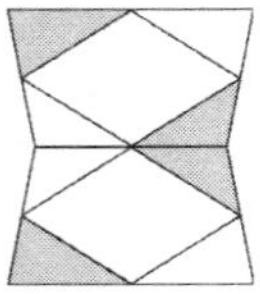

① 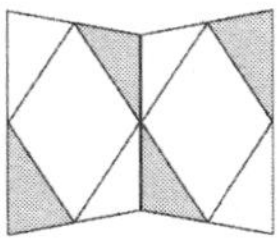

② 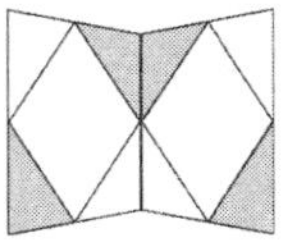

③ 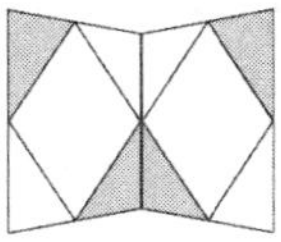

④ 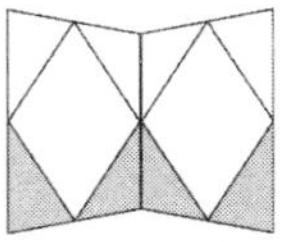

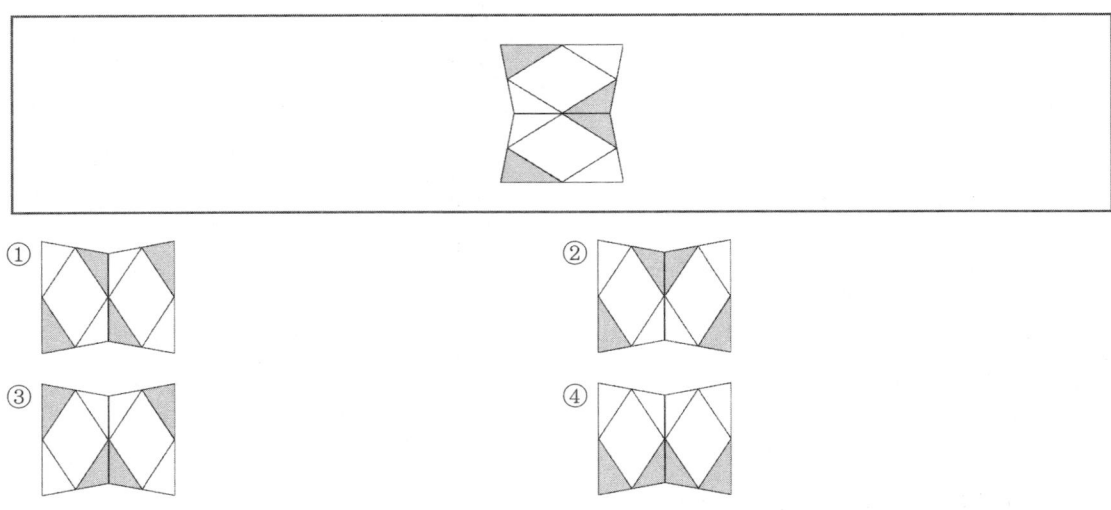

해설 반시계 방향으로 회전한 다음에, 아래 뒤집고 오른쪽 뒤집으면 ③이 나온다.

6 다음 제시된 그림을 시계 방향으로 90° 회전한 후 오른쪽으로 뒤집고 반시계 방향으로 다시 90° 회전시켰을 때 나올 수 있는 그림은?

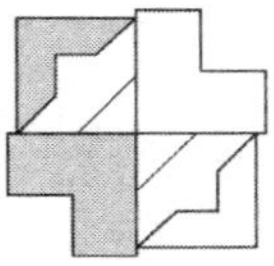

① 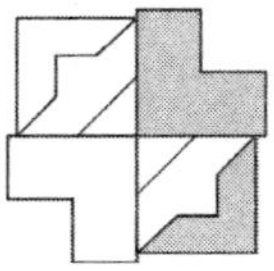

② 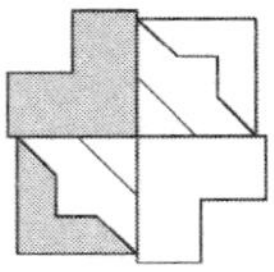

③ 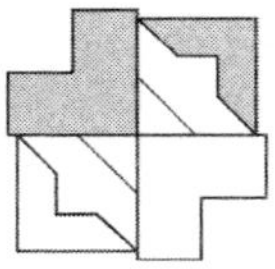

④ 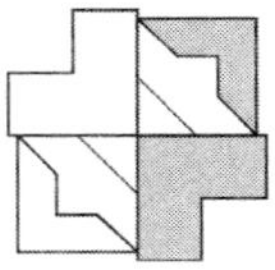

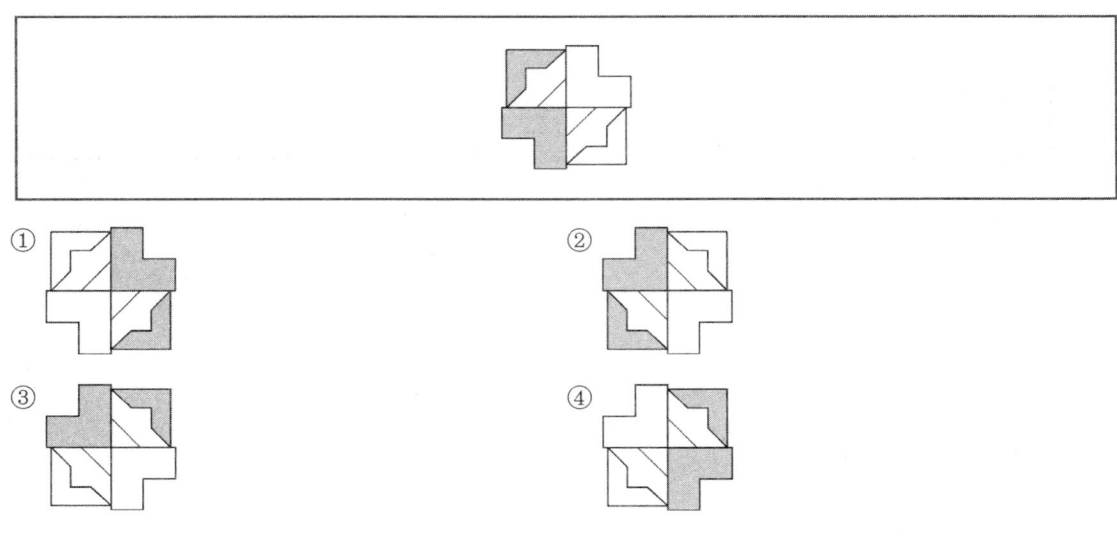

해설 시계방향 90° 회전하고 이를 오른쪽 뒤집고 반시계로 돌리면 ②가 나온다.

7 다음 제시된 그림을 아래로 뒤집고 시계 방향으로 90° 회전한 후 다시 아래로 뒤집고 왼쪽으로 뒤집었을 때 나오는 모양은?

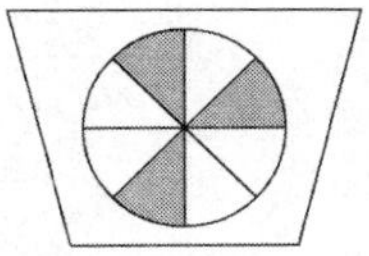

① 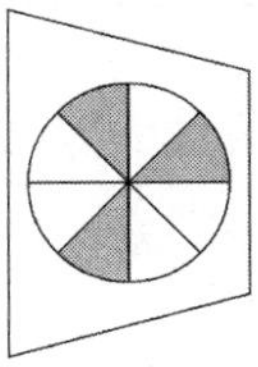

② 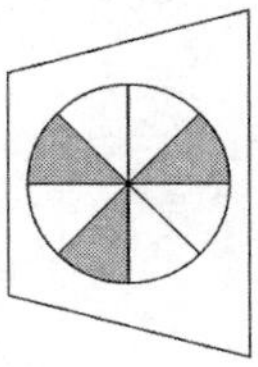

③ 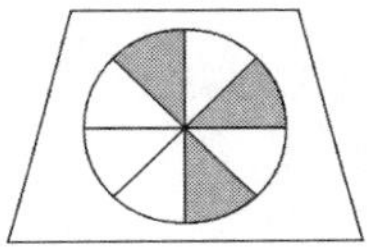

④ 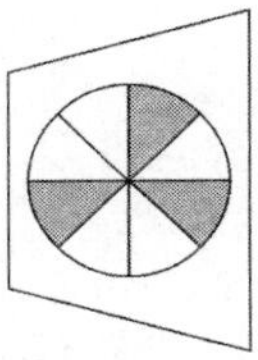

해설 제시된 그림을 아래로 뒤집고, 시계방향으로 회전하고, 아래로 뒤집고, 왼쪽으로 뒤집으면 ④가 나온다.

Answer 5.③ 6.② 7.④

8 **다음 제시된 그림을 시계 반대 방향으로 270° 회전시키고 아래로 뒤집은 후 다시 시계 방향으로 90° 회전시키고 다시 아래로 뒤집었을 때 모양은?**

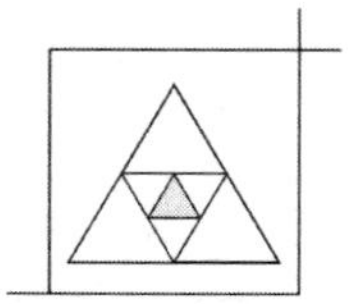

① 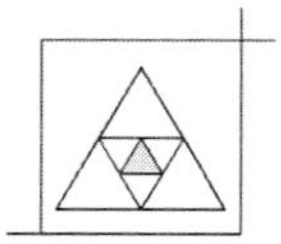

② 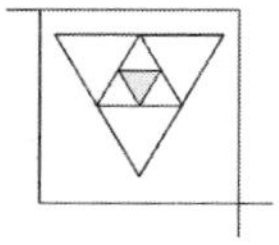

③ 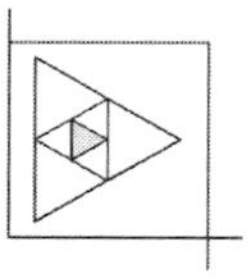

④ 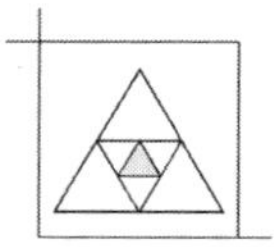

✔해설 시계 반대방향으로 270° 회전하는 것은 90°를 3번 회전시키는 것이다.
그 이후에 아래로 뒤집고 다시 시계방향 90° 회전하면 ①이 나온다.

Ⅰ9~13Ⅰ 다음 중 나머지 셋과 다른 것을 고르시오.

9 ① 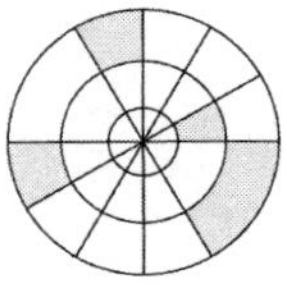

② 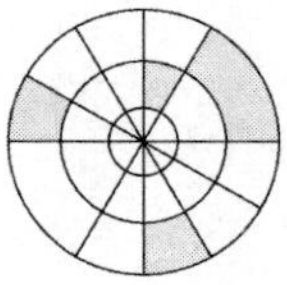

③ 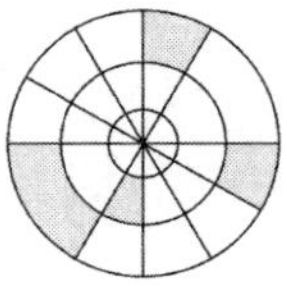

④ 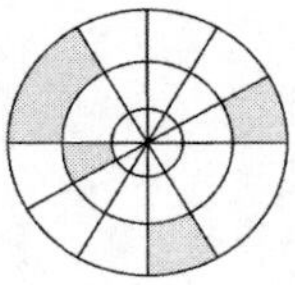

해설 ①③④는 회전관계, ②는 색칠된 부분이 다른 그림이다.

10 ① 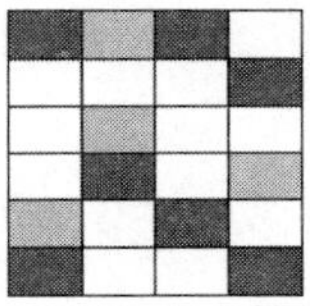

② 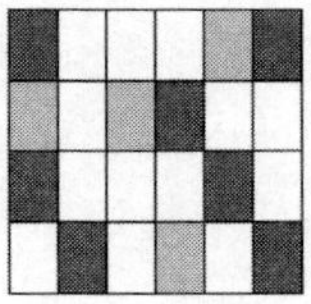

③ 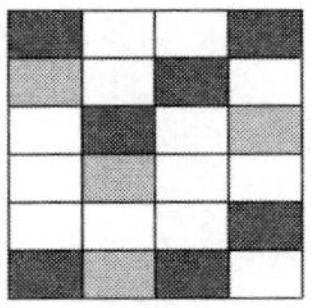

④ 

해설 ②③④는 회전관계, ①은 색칠된 부분이 다른 그림이다.

Answer 8.① 9.② 10.①

11 ① 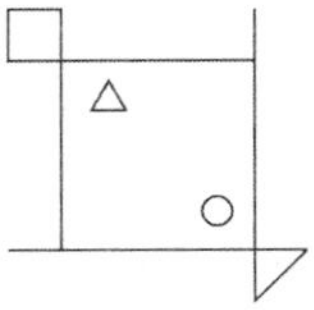

② 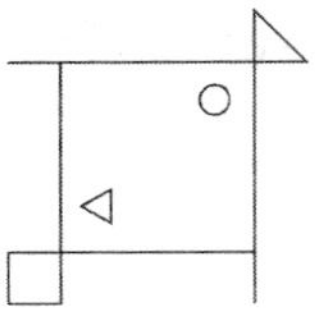

③ 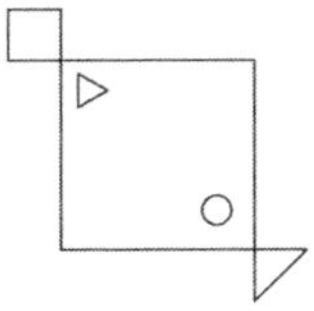

④ 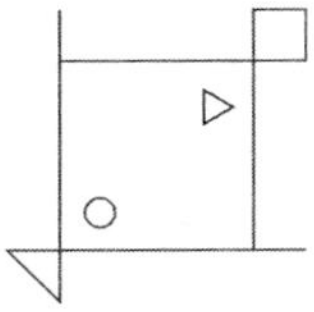

해설 ①②④ 회전관계, ③은 △의 형태가 다르며, 직선이 없다.

12 ① 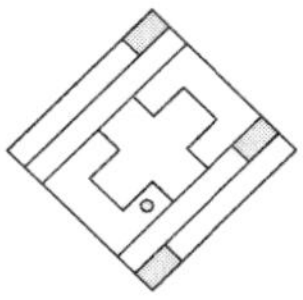

② 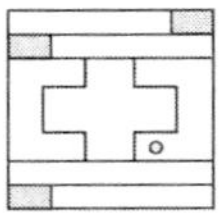

③ 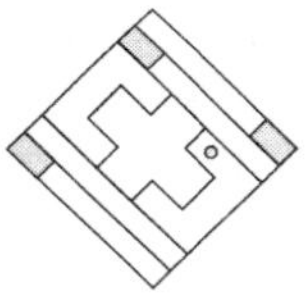

④ 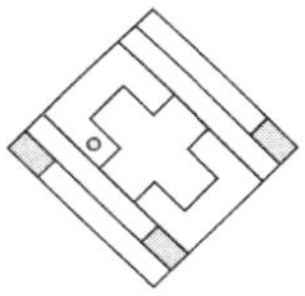

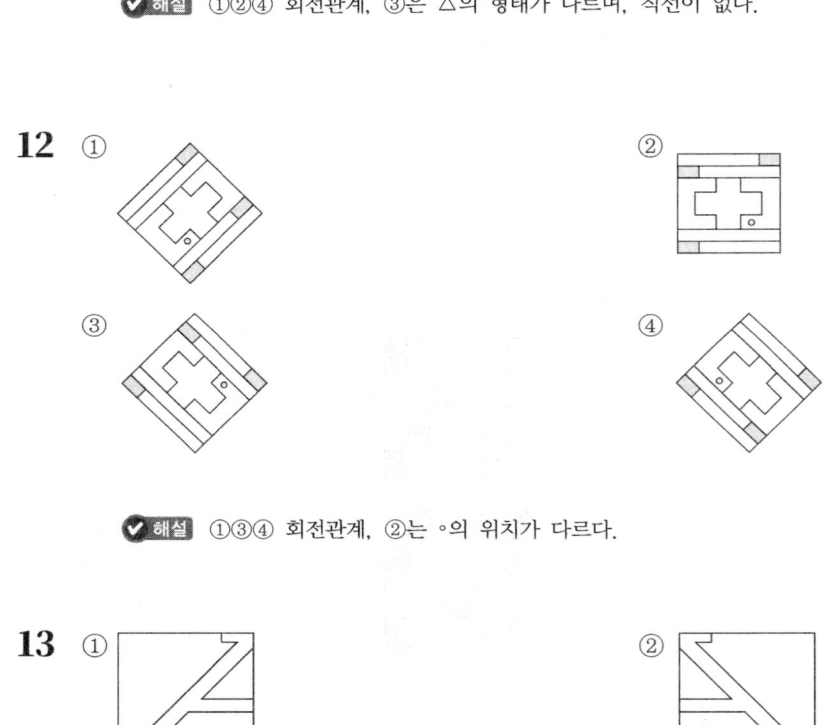

해설 ①③④ 회전관계, ②는 ◦의 위치가 다르다.

13 ① 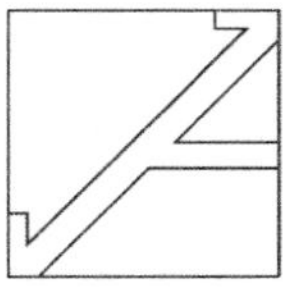

② 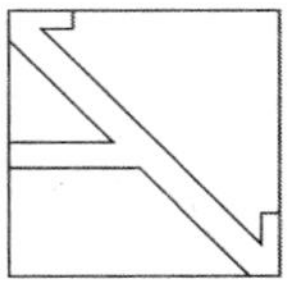

③ 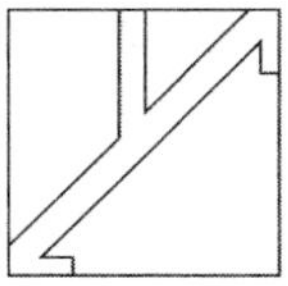

④ 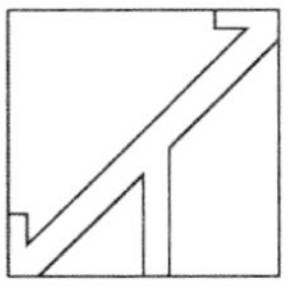

해설 ②③④ 회전관계, ①은 모양이 다르다.

Ⅰ14~15Ⅰ 다음 제시된 도형과 같은 도형을 고르시오.

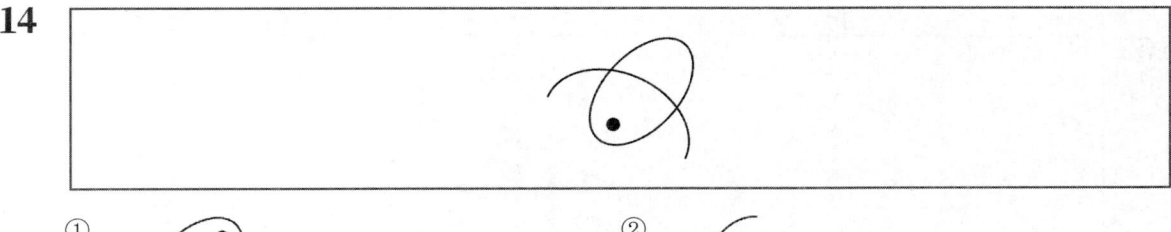

14

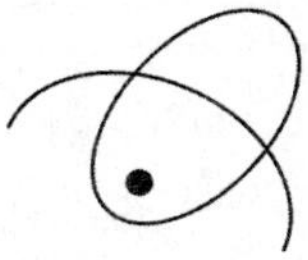

①

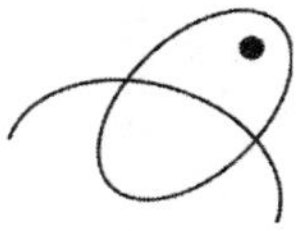

②

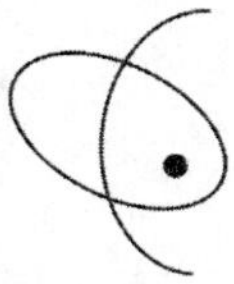

③

④

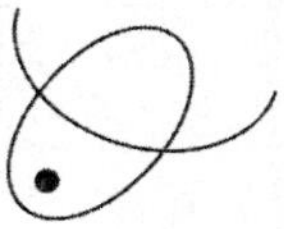

해설 ①③④ 반원이 바깥으로 향해 있다.

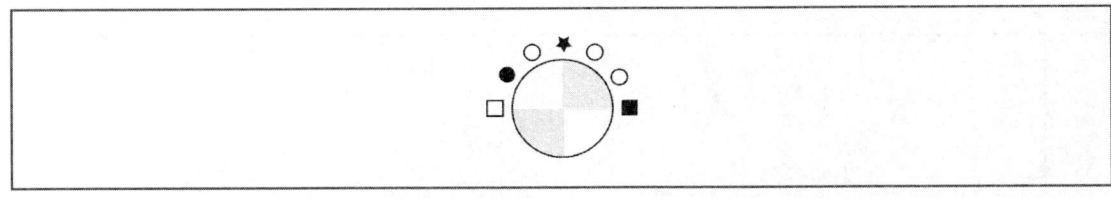

15

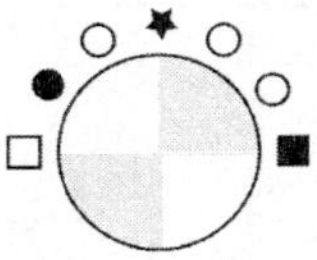

①

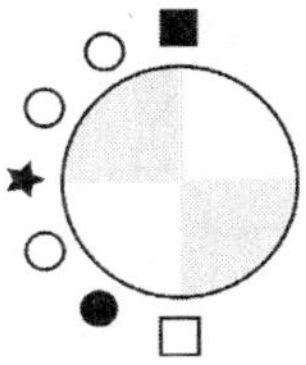

②

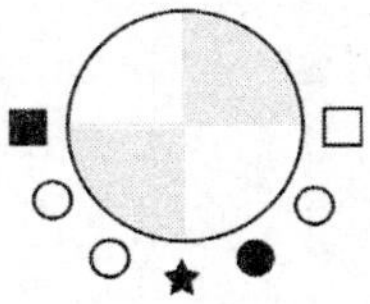

③

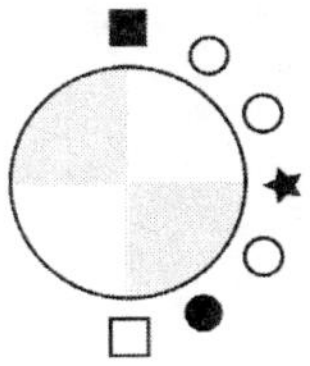

④

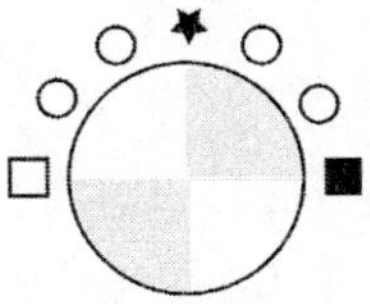

해설 ②④ 검정색 원의 위치가 다르다. ③ 검정네모의 위치가 다르다.

Answer 11.③ 12.② 13.① 14.② 15.①

Ⅰ16~19Ⅰ 아래에 제시된 그림과 같이 쌓기 위해 필요한 블록의 수는?

* 블록은 모양과 크기는 모두 동일한 정육면체임

16

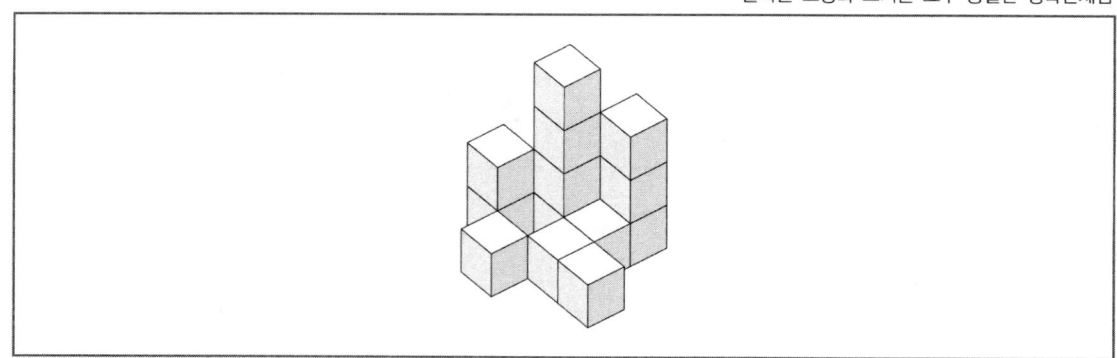

① 11개
② 12개
③ 13개
④ 14개

✔해설 바닥면부터 블록의 개수를 세어 보면, 7+3+2+1=13개이다.

17

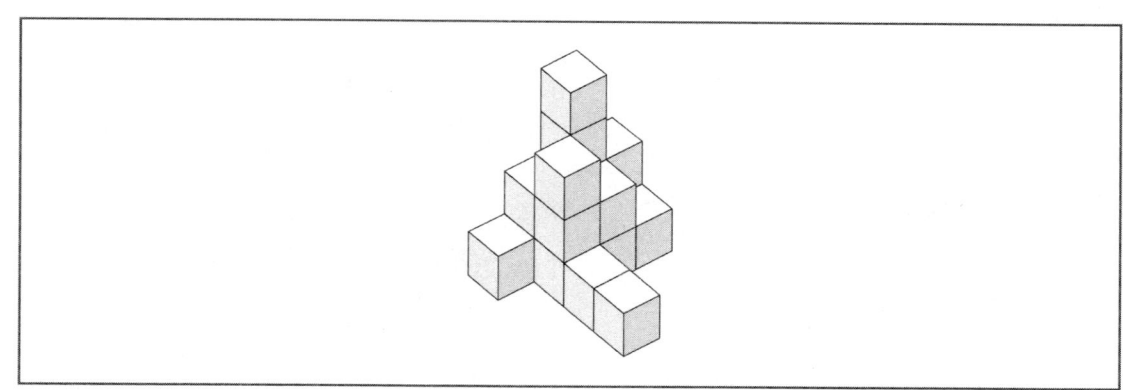

① 17개
② 18개
③ 19개
④ 20개

✔해설 바닥면부터 블록의 개수를 세어 보면, 9 + 5 + 2 + 1= 17개이다.

18

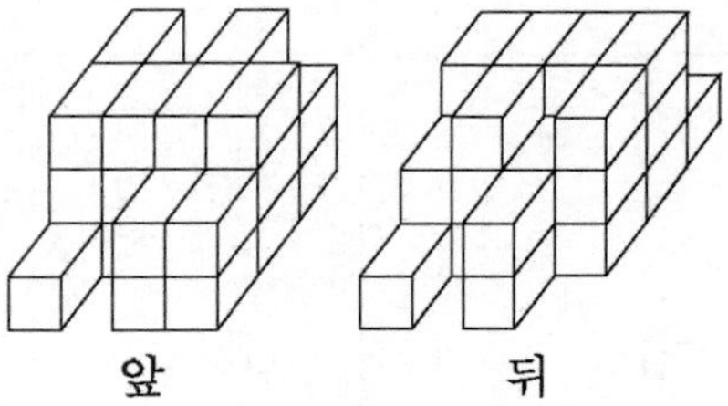

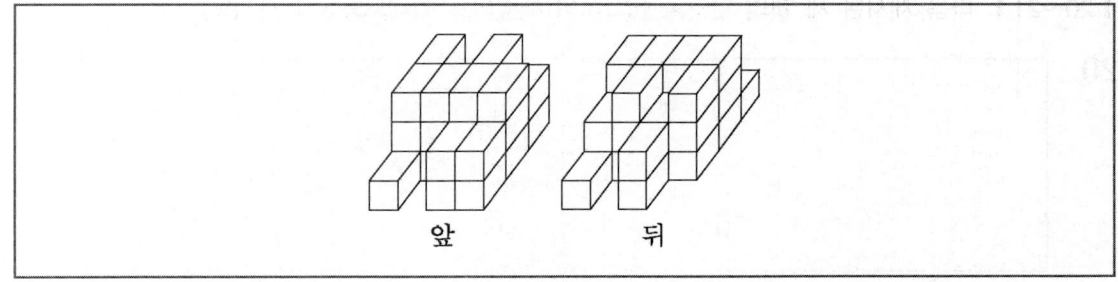

① 25개　　② 30개
③ 35개　　④ 40개

해설 바닥면부터 블록의 개수를 세어 보면, 13+11+6=30개이다.

19

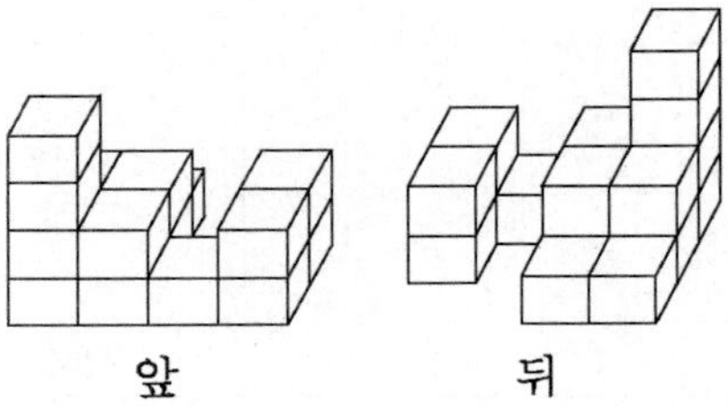

① 13개　　② 15개
③ 17개　　④ 19개

해설 바닥면부터 블록의 개수를 세어 보면, 9+6+1+1=17개이다.

Answer 16.③ 17.① 18.② 19.③

❙20~21❙ 다음 제시된 세 개의 단면을 참고하여 해당되는 입체도형을 고르시오.

20

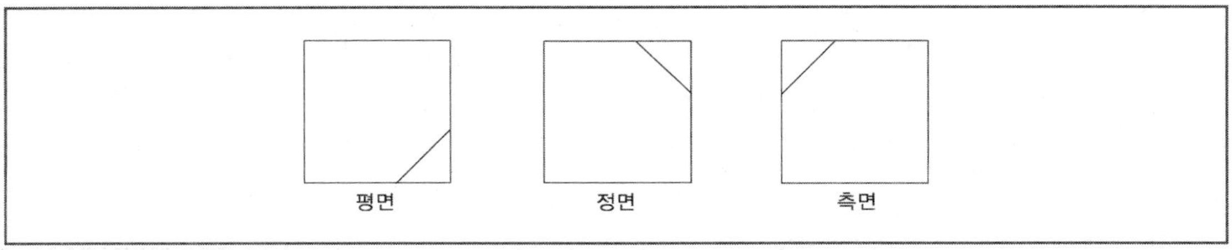

① 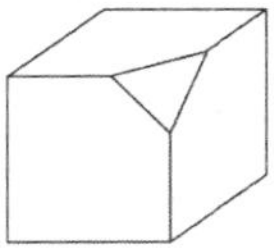

② 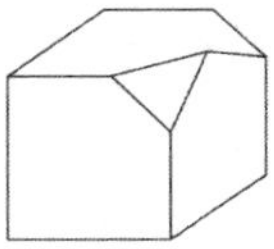

③ 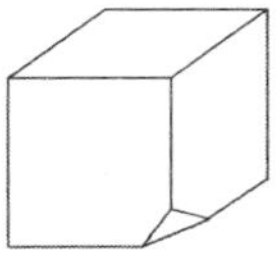

④ 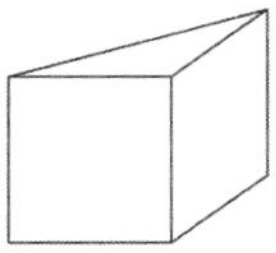

해설 ② 평면, 측면의 모양이 다르다.
③④ 평면, 정면, 측면의 모양이 다르다.

21

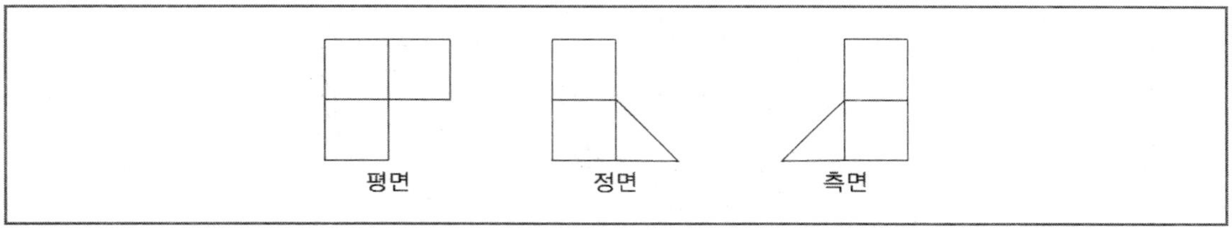

① 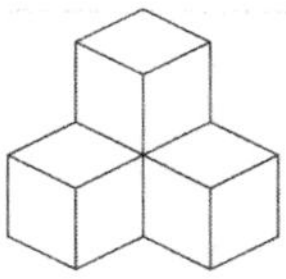

② 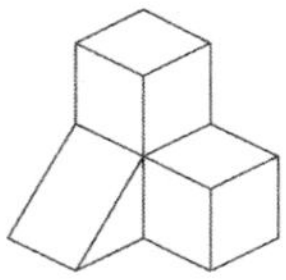

③ 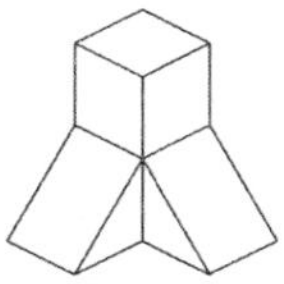

④ 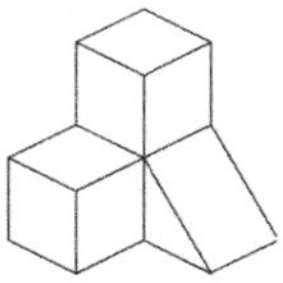

해설 ① 정면, 측면의 모양이 다르다.
② 정면의 모양이 다르다.
④ 평면, 정면, 측면의 모양이 다르다.

Ⅰ22~25Ⅰ 아래에 제시된 블록들을 화살표 표시한 방향에서 바라봤을 때의 모양으로 알맞은 것을 고르시오.

> ※ 주의사항
> - 블록은 모양과 크기는 모두 동일한 정육면체임.
> - 바라보는 시선의 방향은 블록의 면과 수직을 이루며 원근에 의해 블록이 작게 보이는 효과는 고려하지 않음.

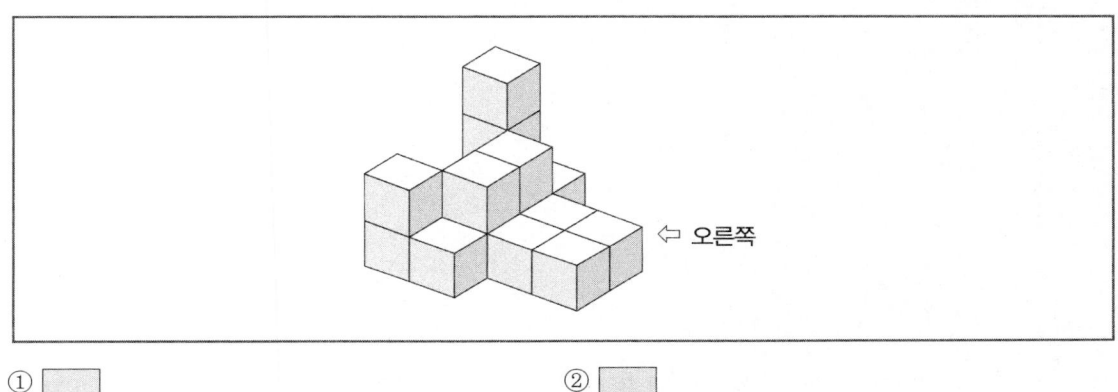

22

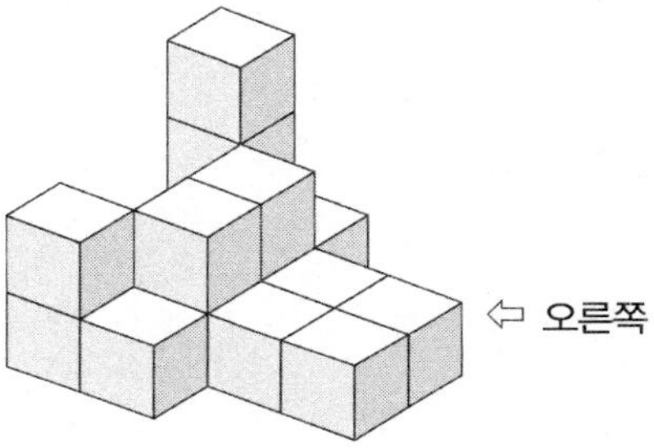

① 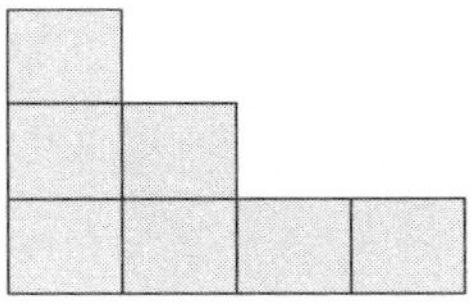

② 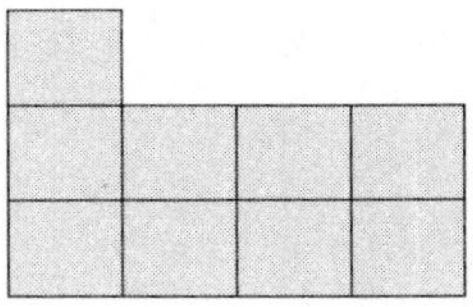

③ 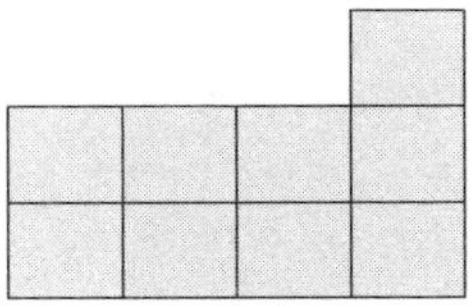

④ 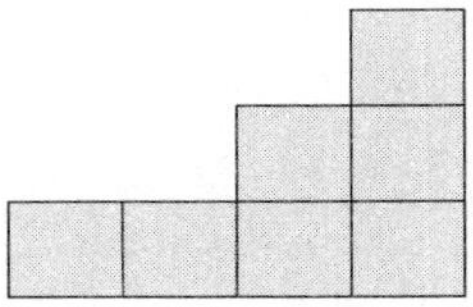

해설 제시된 블록을 화살표 표시한 방향에서 바라보면 ③이 나타난다.

Answer 20.① 21.③ 22.③

23

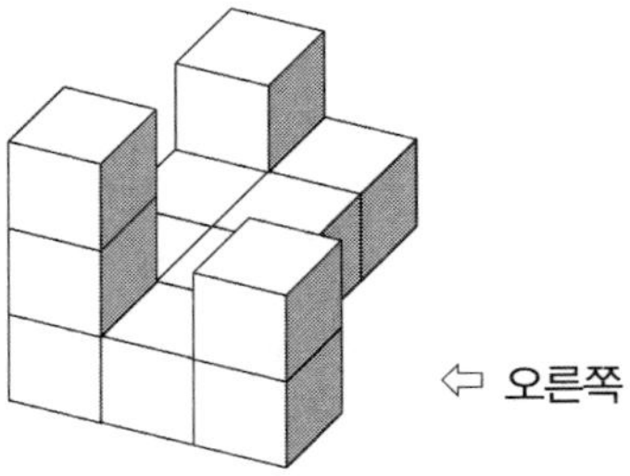

①
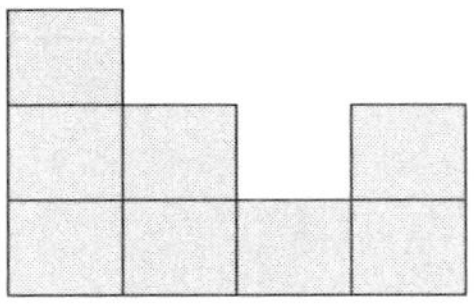

②
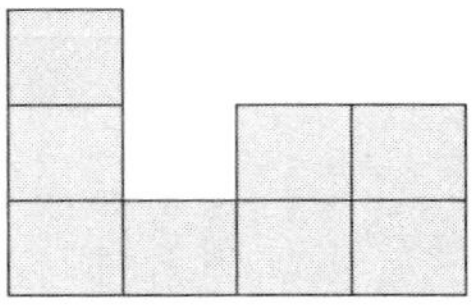

③
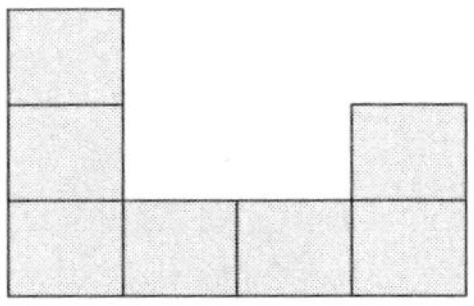

④
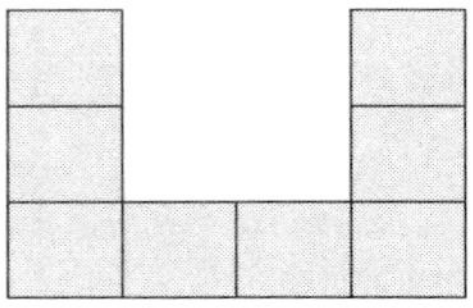

해설 제시된 블록을 화살표 표시한 방향에서 바라보면 ③이 나타난다.

24

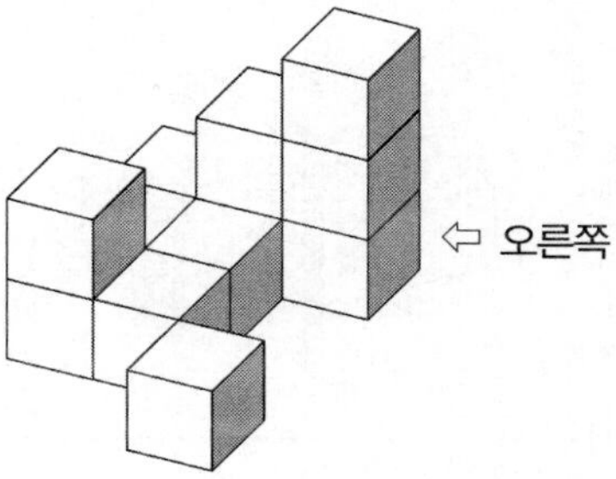

①

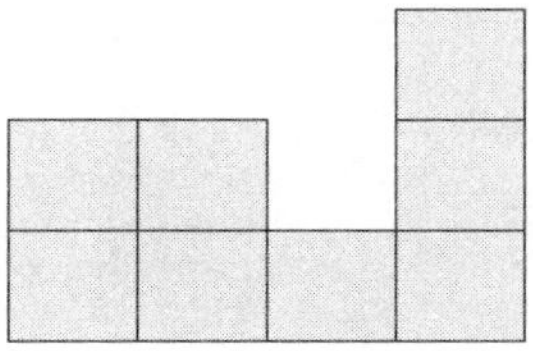

②

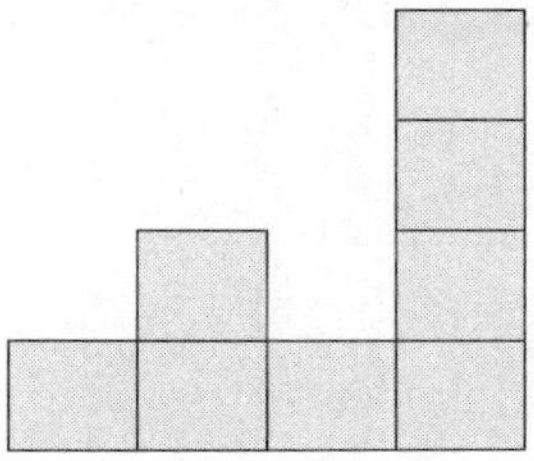

③

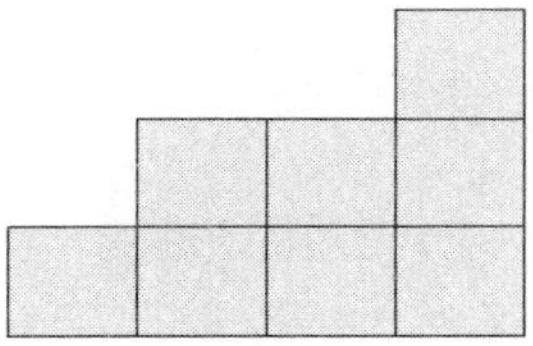

④

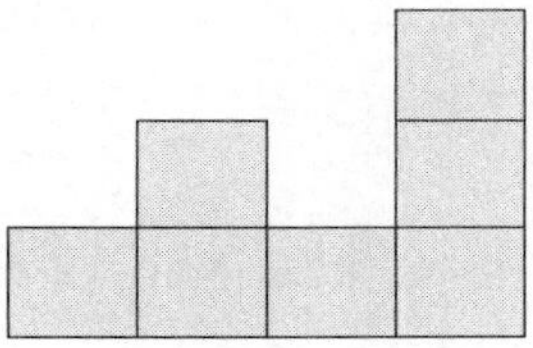

✔ 해설 제시된 블록을 화살표 표시한 방향에서 바라보면 ④가 나타난다.

Answer 23.③ 24.④

25

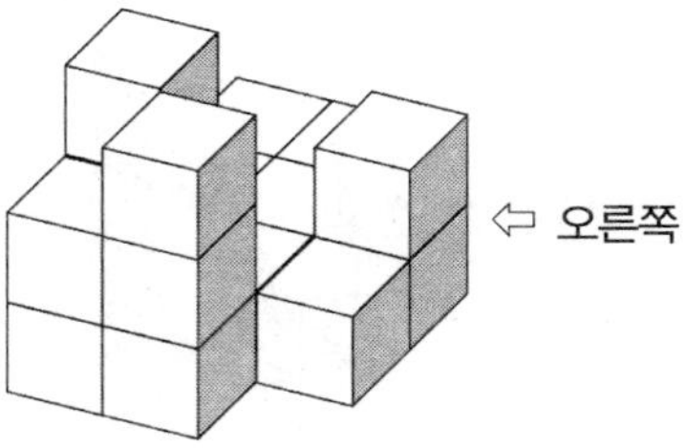

①
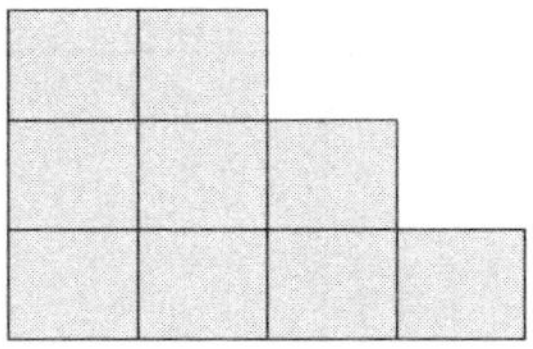

②
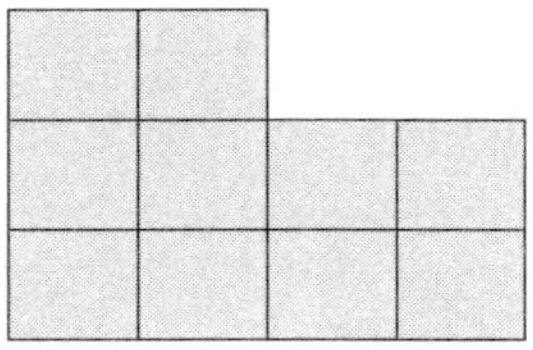

③
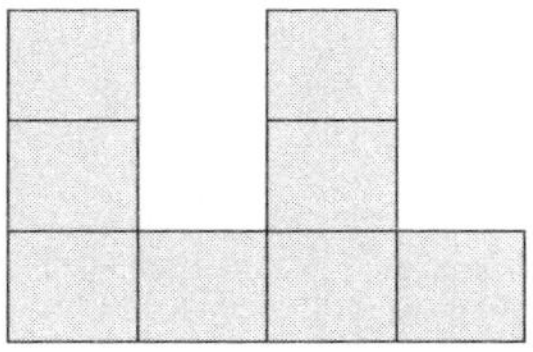

④
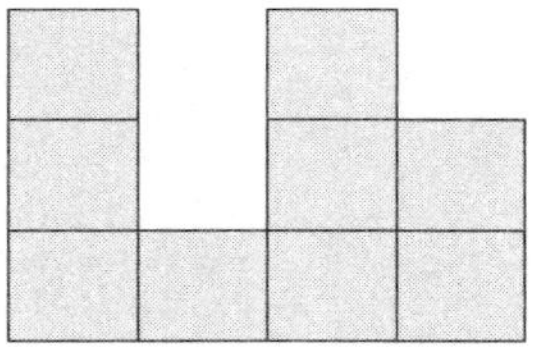

해설 제시된 블록을 화살표 표시한 방향에서 바라보면 ①이 나타난다.

❙ 26~30 ❙ 다음 제시된 블록에서 바닥에 닿은 면을 제외하고 어디서도 보이지 않는 블록의 개수를 고르시오.

26

① 3개 ② 4개

③ 5개 ④ 6개

✔해설 다음에 표시된 맨 아래층 블록 4개와 2층의 블록 1개가 어디서도 보이지 않는다.

2	1	1	2	3
1	0	0	1	3
1	0	0	2	
2	1	2	2	
2	3			
4				

2	1	3	
2	0	2	
3	2	3	
			5

27

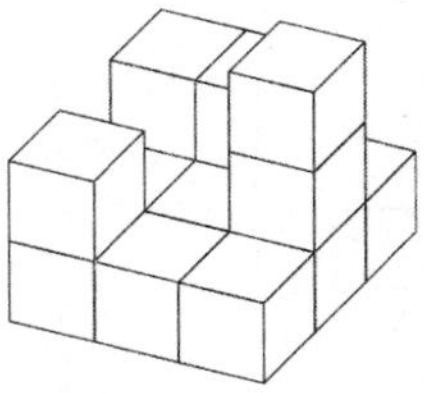

① 0개 ② 1개

③ 2개 ④ 3개

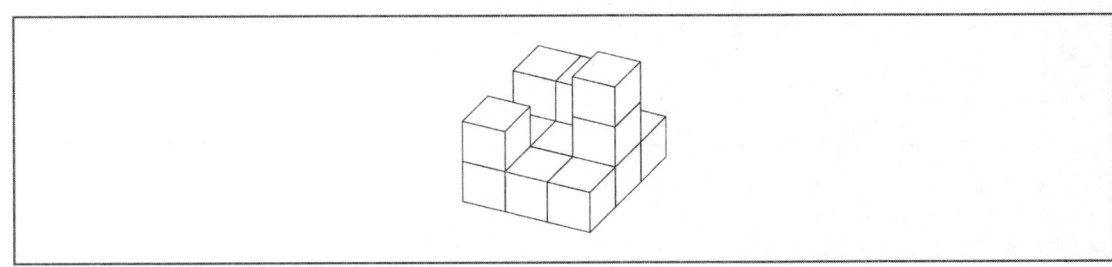

✔해설 모든 블록이 1면 이상 외부로 노출되어 있다.

Answer 25.① 26.③ 27.①

28

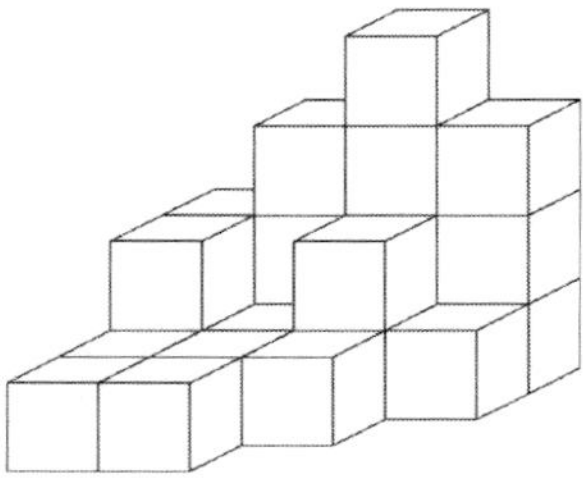

① 1개 ② 2개

③ 3개 ④ 4개

✔ 해설 다음에 표시된 맨 아래층 블록 1개가 어디서도 보이지 않는다.

2	1	1	2
1	1	0	3
2	1	3	
3	3		

29

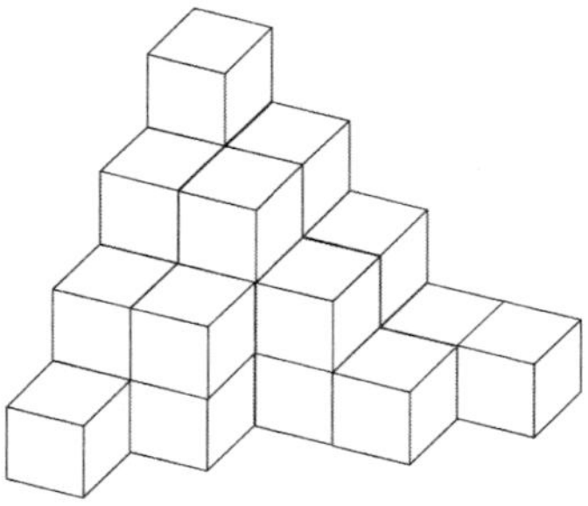

① 1개 ② 2개

③ 3개 ④ 4개

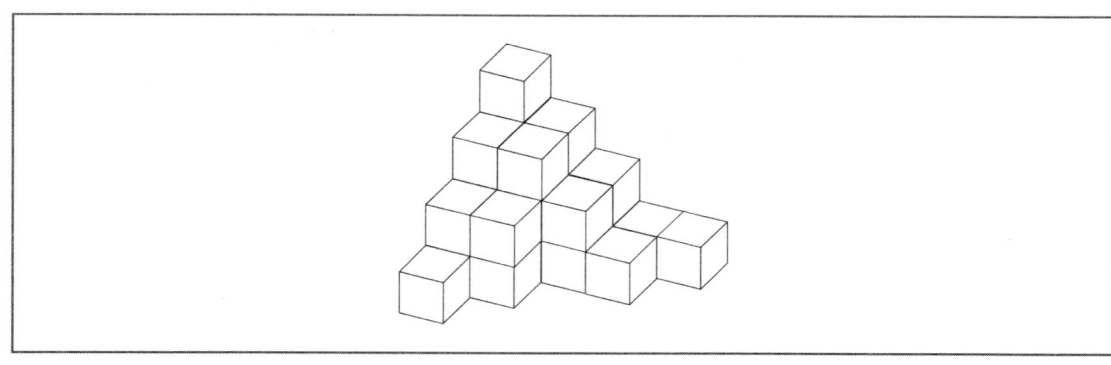

✔ 해설 다음에 표시된 맨 아래층 블록 1개와 2층의 블록 1개가 어디서도 보이지 않는다.

2	1	1	2	4
1	0	1	3	
1	2			
4				

2	1	3
1	0	3
3	3	

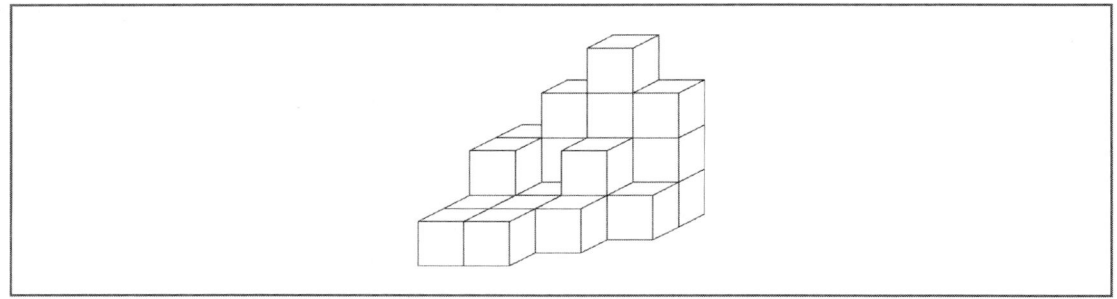

30

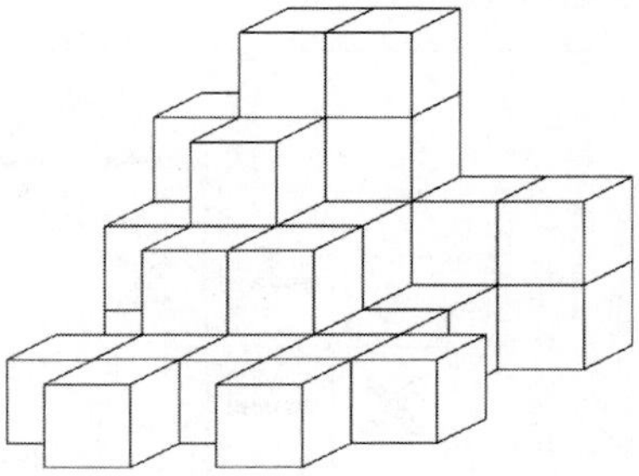

① 3개　　② 4개

③ 5개　　④ 6개

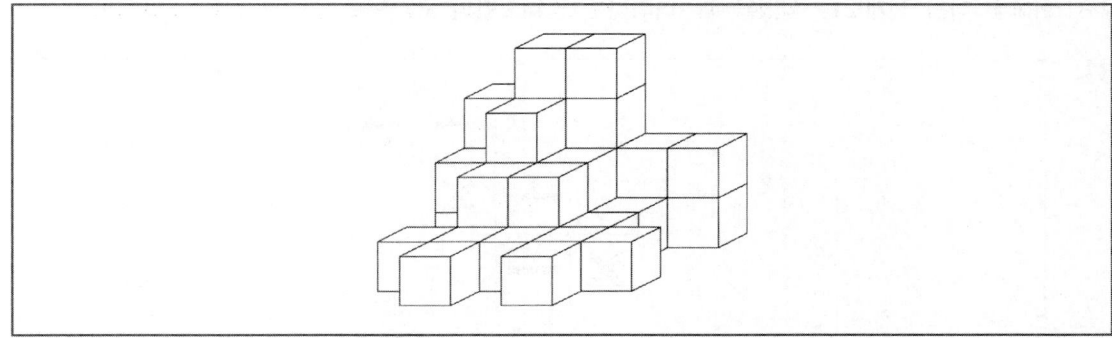

해설 다음에 표시된 맨 아래층 블록 3개와 2층의 블록 1개가 어디서도 보이지 않는다.

2	1	1	1	3
2	0	0	2	
	1	0	2	
4	1	2	1	4
	4		4	

2	1	1	3	4
3	0	2		
	3	3		

Answer 28.① 29.② 30.②

▌31~34▌ 다음 전개도를 접었을 때, 나타나는 입체도형의 모양으로 알맞은 것을 고르시오.

31

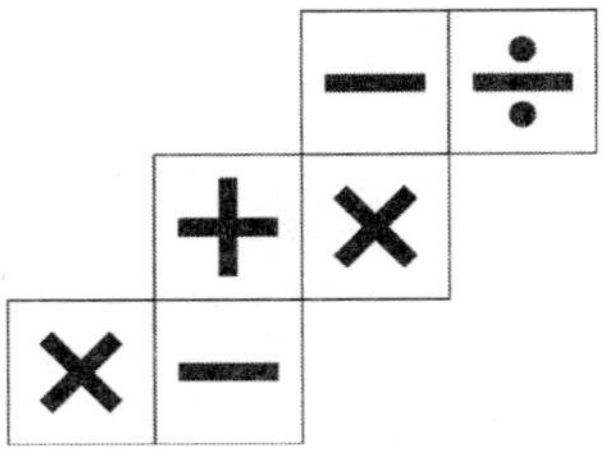

①
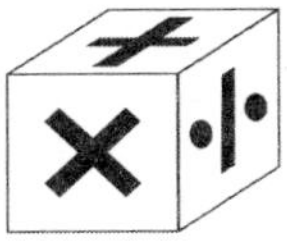

②
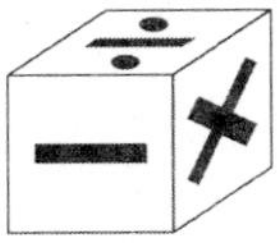

③
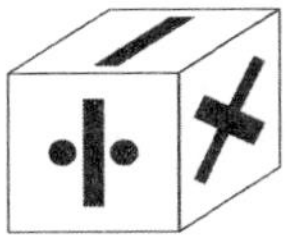

④
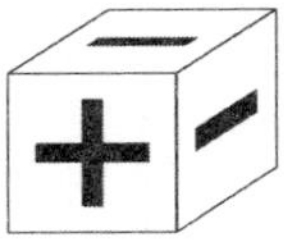

✔ 해설 제시된 전개도를 접으면 ③이 된다.

32

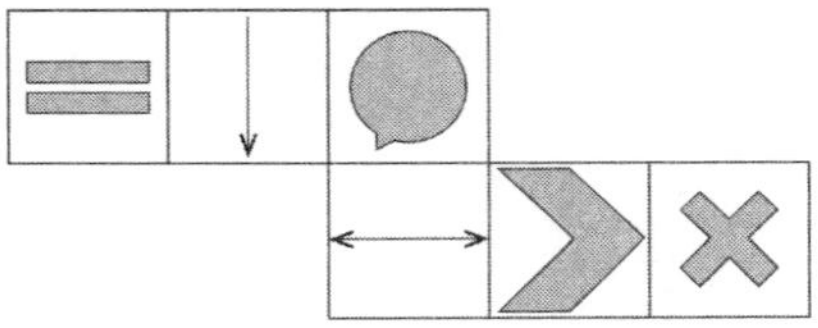

①

②
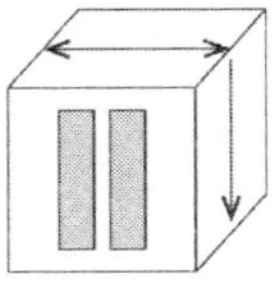

③

④
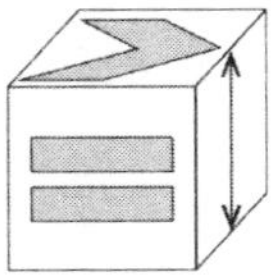

✔ 해설 제시된 전개도를 접으면 ③이 나타난다.

33

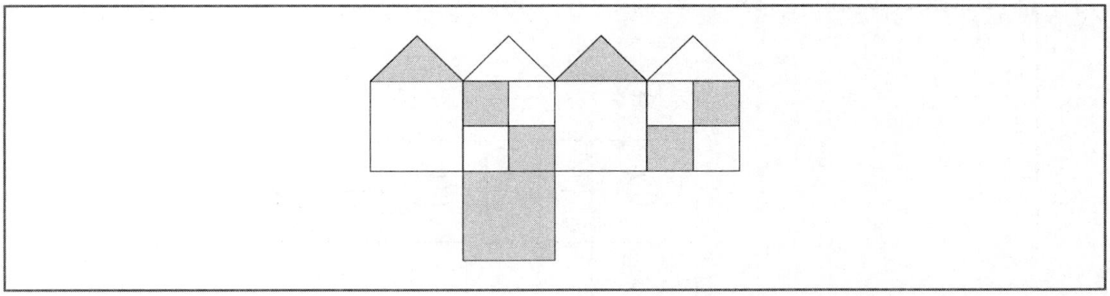

① 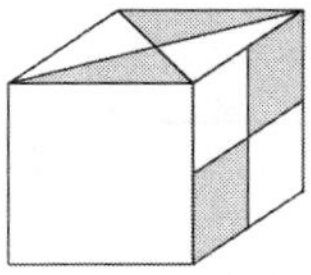

② 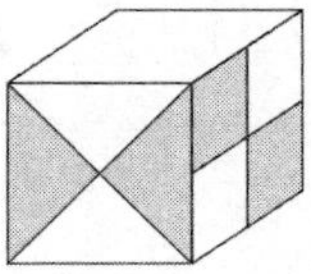

③ 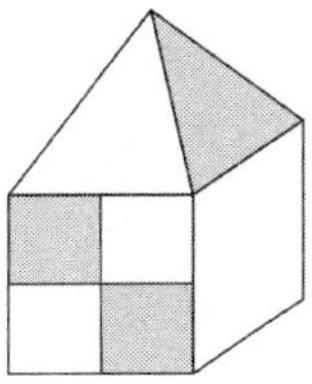

④ 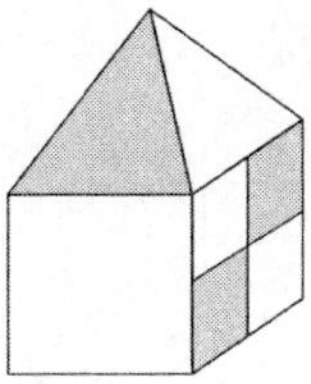

✔해설 제시된 전개도를 접으면 ①이 나타난다.

Answer 31.③ 32.③ 33.①

34

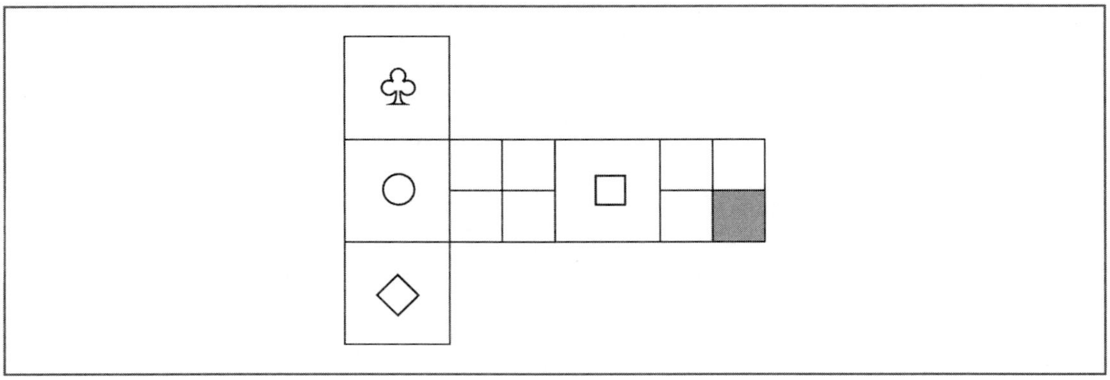

① 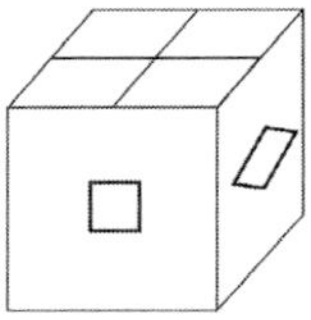

② 

③ 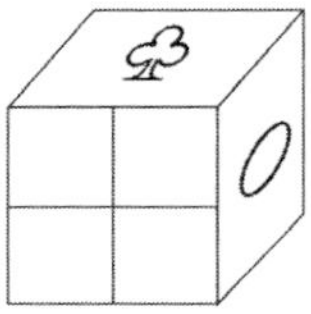

④ 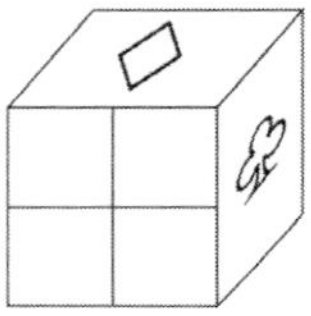

해설 제시된 전개도를 접으면 ②가 나타난다.

35 다음 도형에서 찾을 수 있는 삼각형의 최대 개수는?

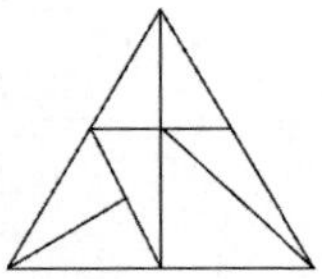

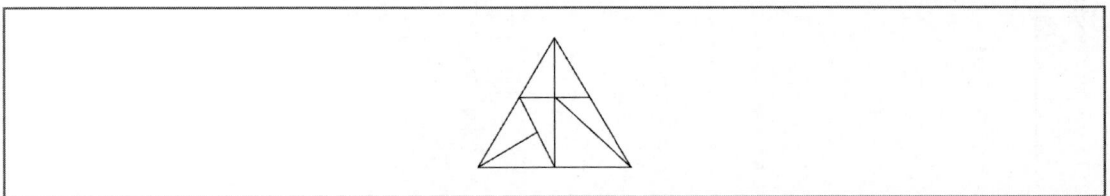

① 12개 ② 13개
③ 14개 ④ 15개

✔ 해설

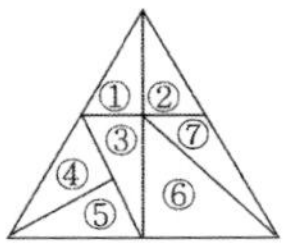

①～⑦ 삼각형 7개와
①+②, ①+③, ②+⑦, ④+⑤, ①+③+④+⑤, ②+⑦+⑥,
①+②+③+④+⑤+⑥+⑦의 7개
∴ 14(개)

36 다음 도형에서 찾을 수 있는 최대 사각형의 수는? (단, 정 · 직사각형만 고려한다)

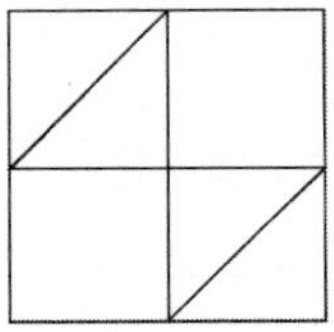

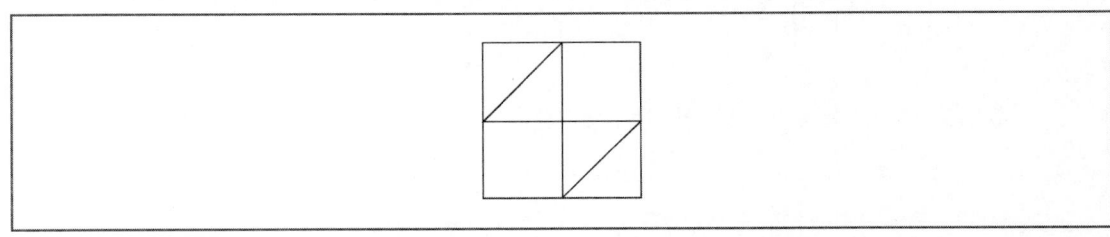

① 7개 ② 8개
③ 9개 ④ 10개

✔ 해설

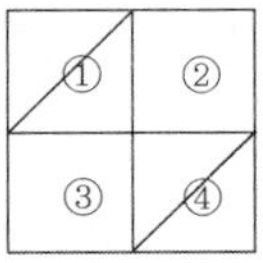

㉠ 정사각형의 수 : ①, ②, ③, ④, ①+②+③+④의 5개
㉡ 직사각형의 수 : ①+②, ①+③, ②+④, ③+④의 4개
∴ 5+4=9개

Answer 34.② 35.③ 36.③

Ⅰ37~40Ⅰ 다음 입체도형의 전개도로 옳은 것을 고르시오.

37

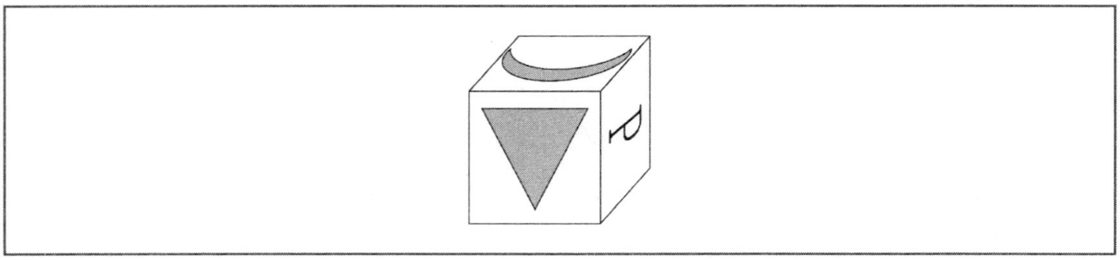

①

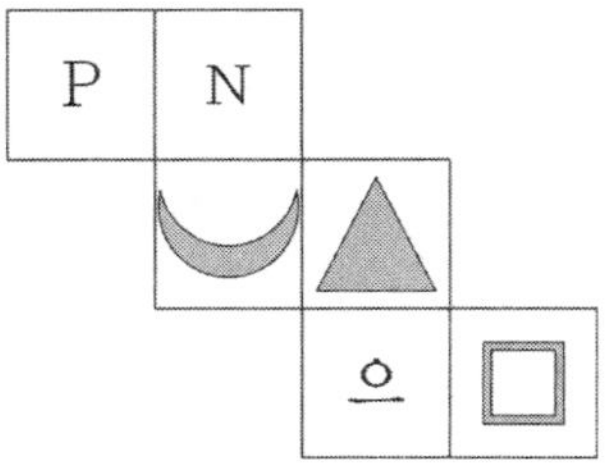

②

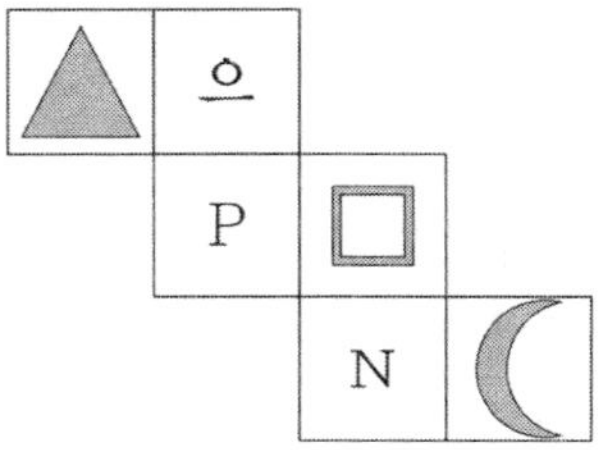

③

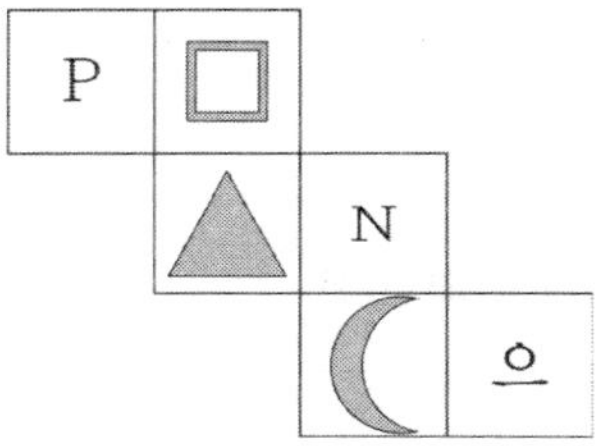

④

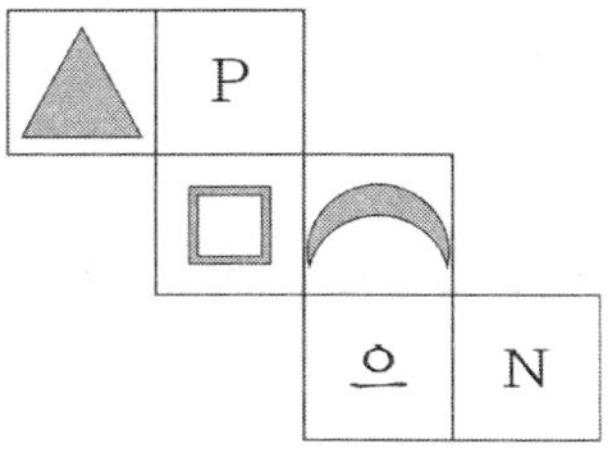

✔해설 해당 도형을 펼치면 ③이 나타날 수 있다.

38

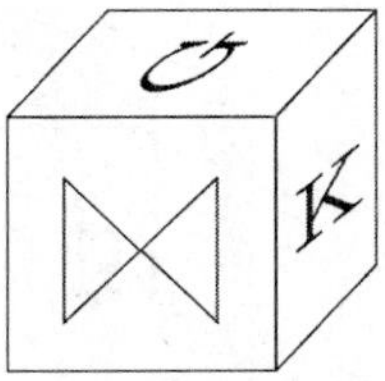

① 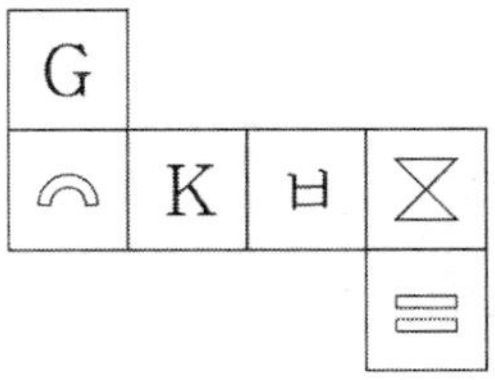

② 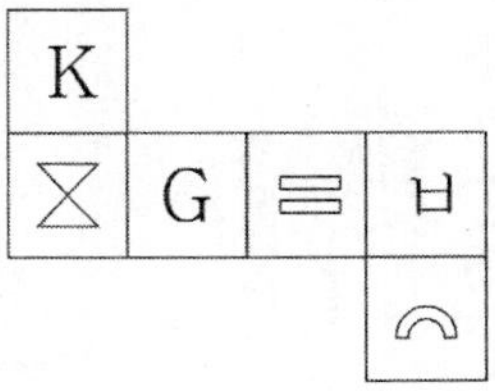

③ 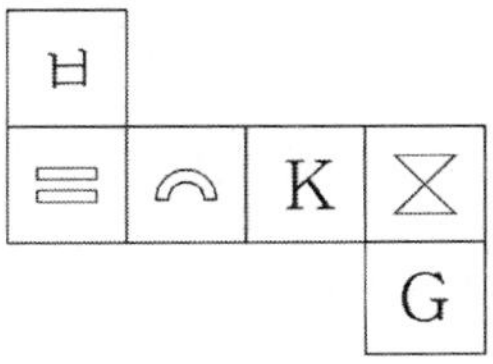

④ 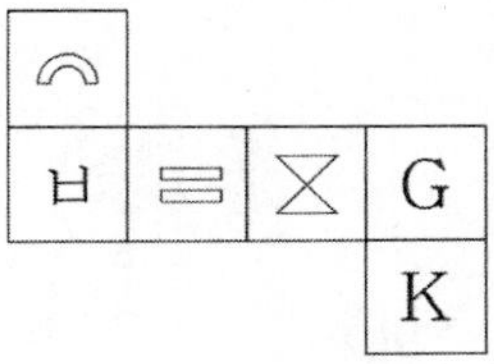

해설 해당 도형을 펼치면 ④가 나타날 수 있다.

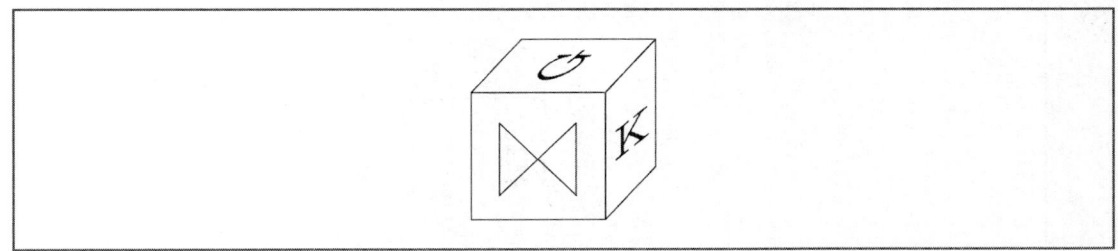

Answer 37.③ 38.④

39

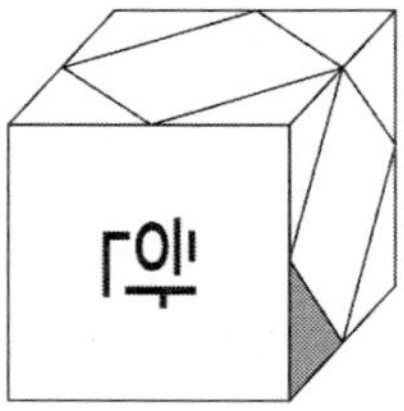

① 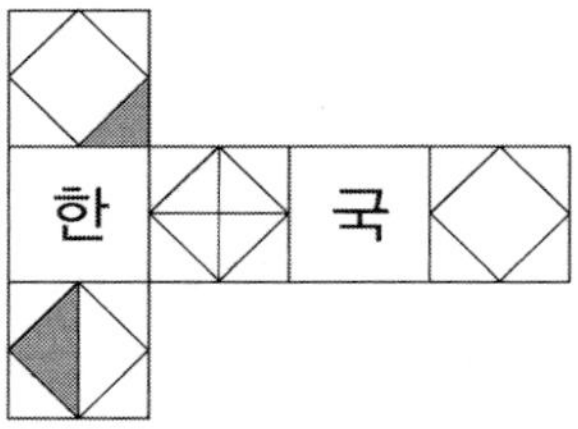

② 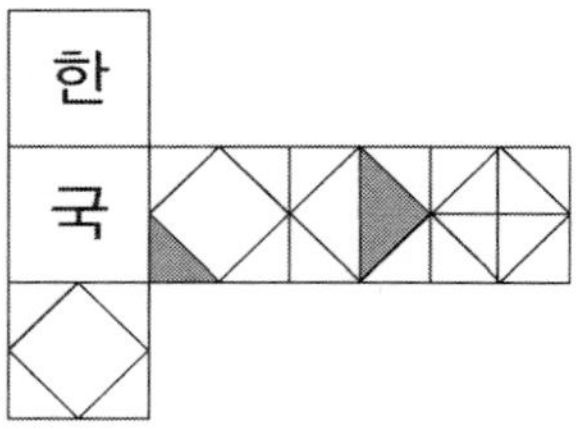

③ 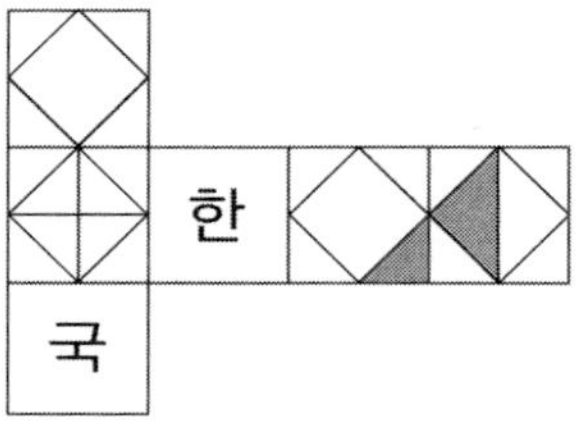

④ 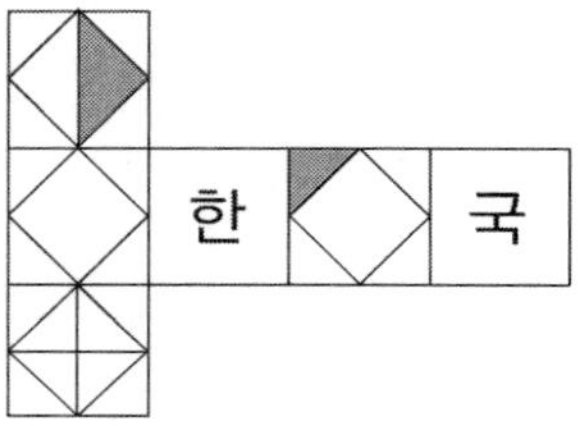

✔ 해설 제시된 도형을 전개하면 ①이 나타난다.

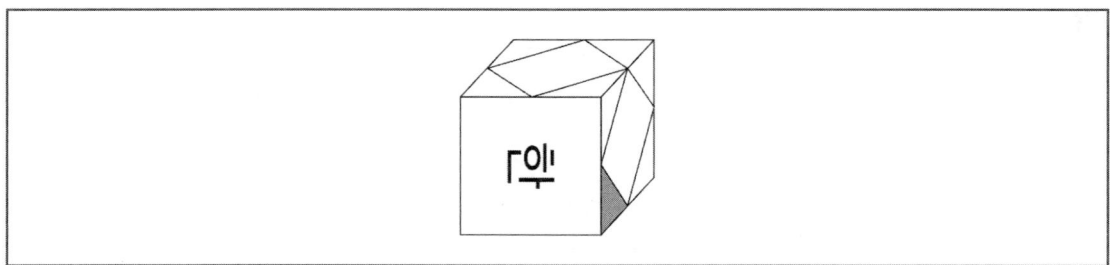

40

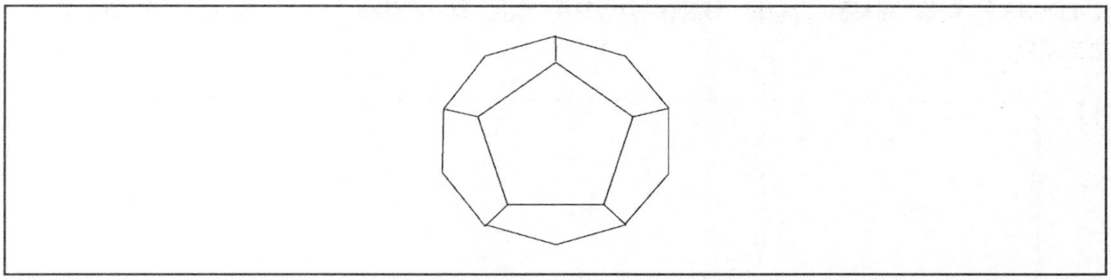

①

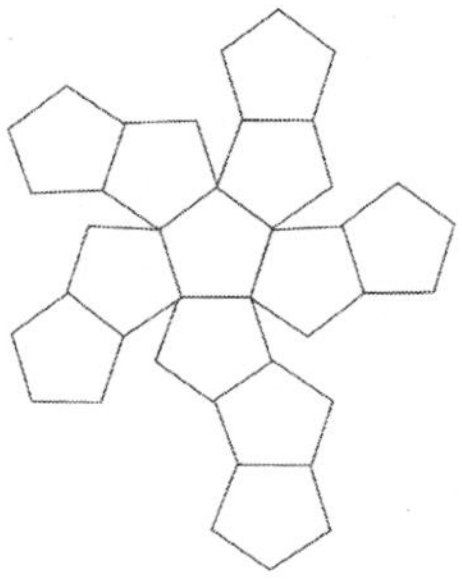

②

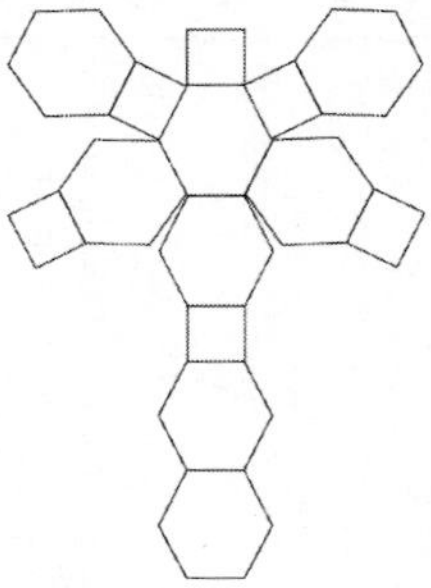

③

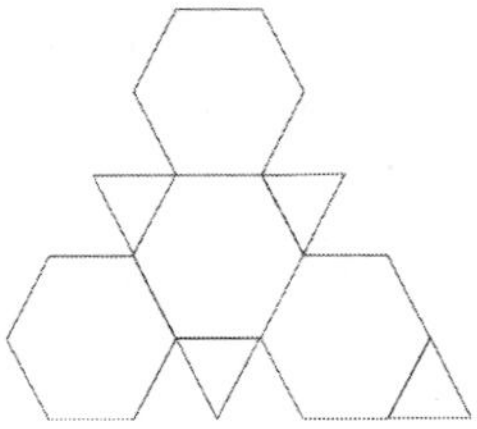

④

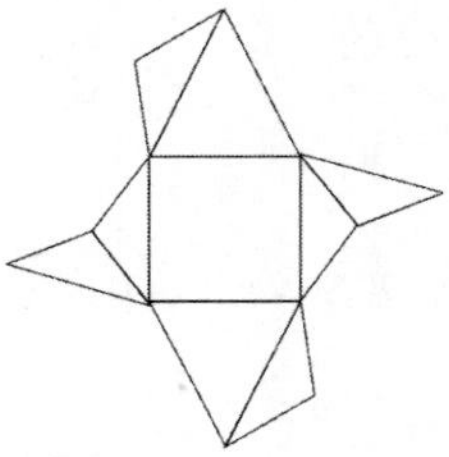

해설 제시된 도형을 전개하면 ①이 나타난다. 면이 정오각형인 것을 찾는다.

Answer 39.① 40.①

▎41~43 ▎ 다음 제시된 그림을 화살표 방향으로 접은 후 구멍을 뚫은 다음 다시 펼쳤을 때의 그림을 고르시오.

41

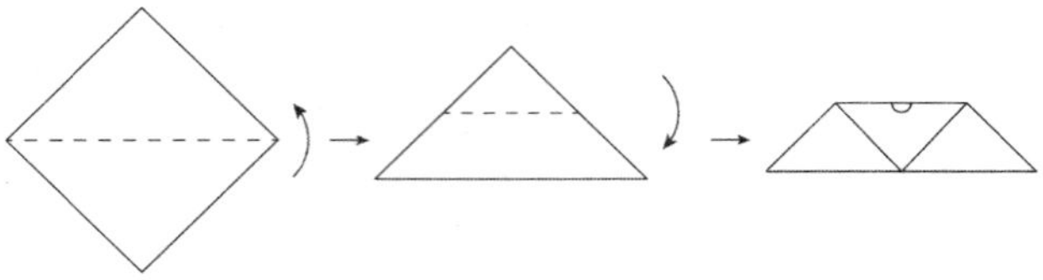

① 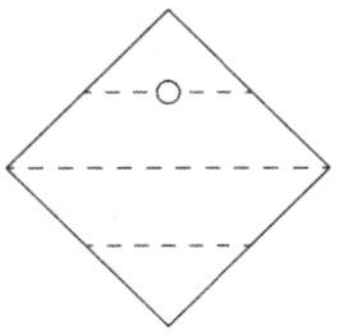

② 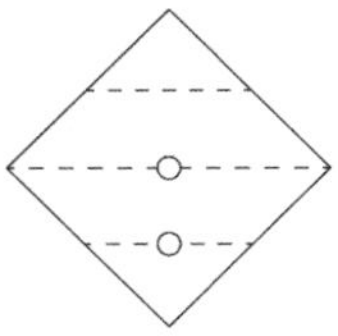

③ 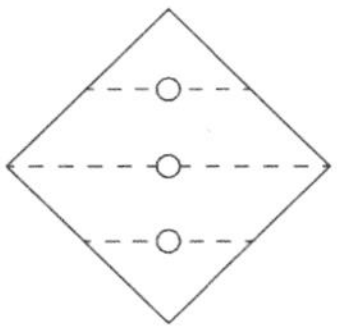

④ 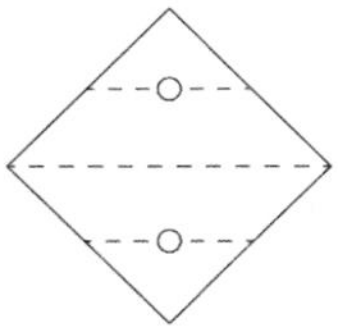

✔ 해설 구멍을 뚫은 후 모양은 ④이다.

42

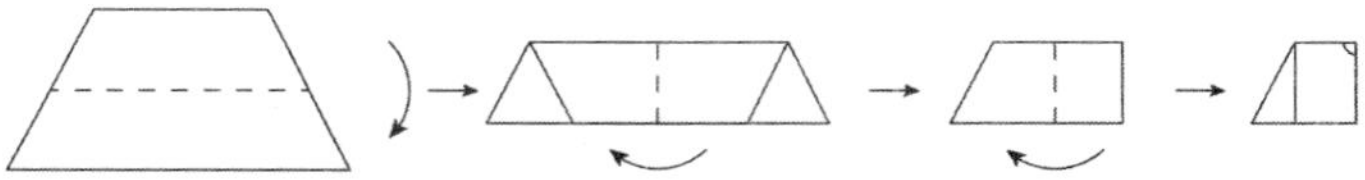

① 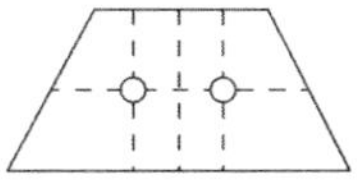

② 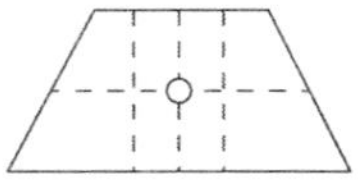

③ 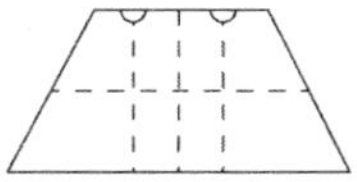

④ 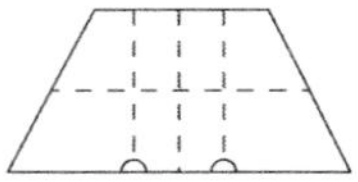

✔ 해설 구멍을 뚫은 후 모양은 ①이다.

43

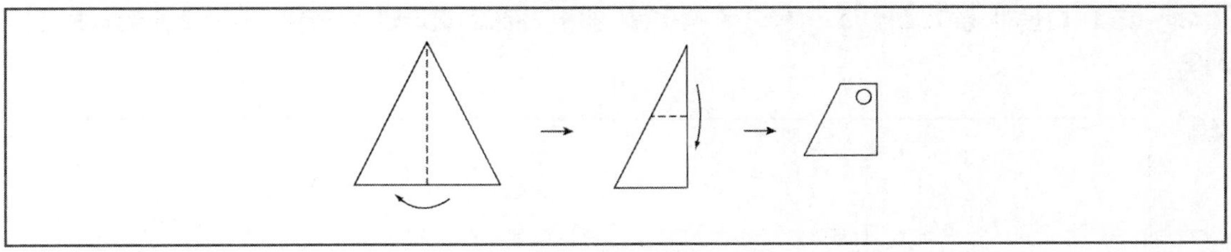

①

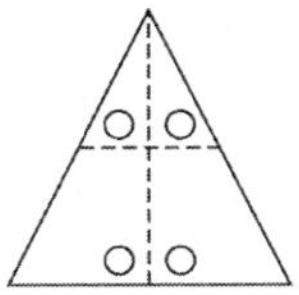

②

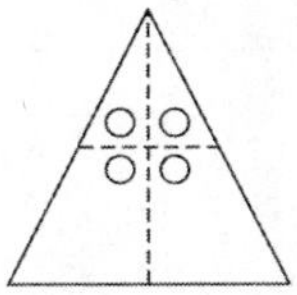

③

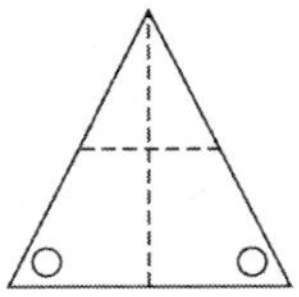

④

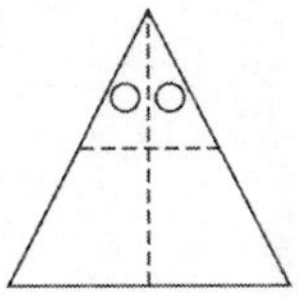

해설 구멍을 뚫은 후 모양은 ②이다.

Answer 41.④ 42.① 43.②

Ⅰ44~45Ⅰ 다음과 같이 화살표 방향으로 종이를 접어 가위로 잘라낸 뒤 펼친 모양에 해당하는 것을 고르시오

44

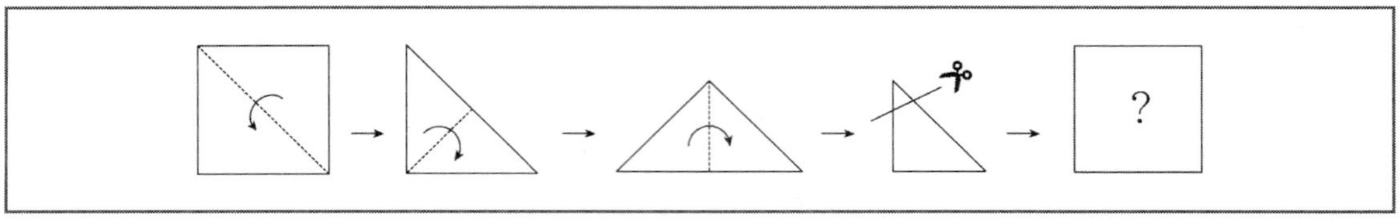

①
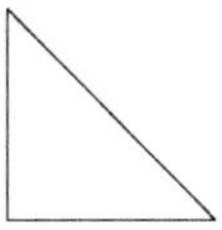

②
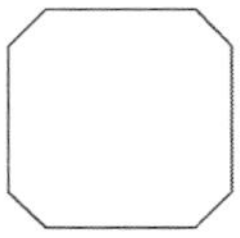

③
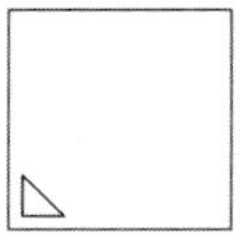

④
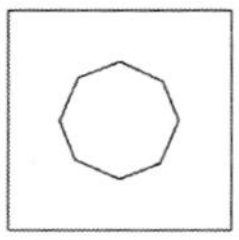

✔ 해설 제시된 종이 접기를 가위로 자른 후의 모양은 ④이다.

45

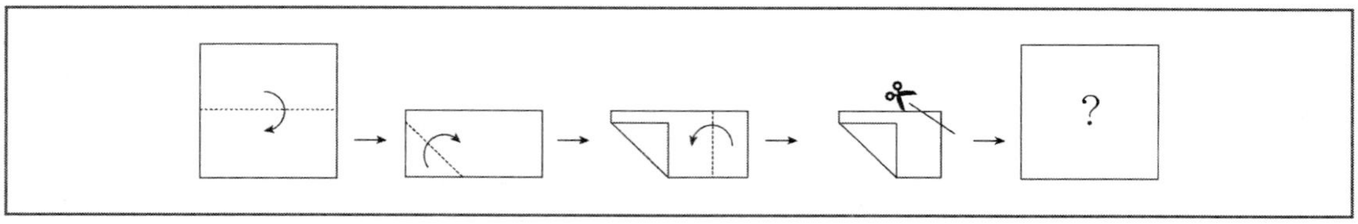

①
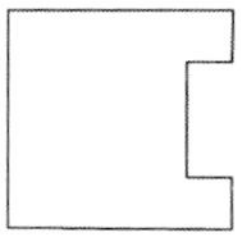

②
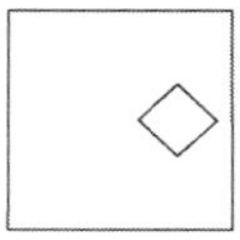

③
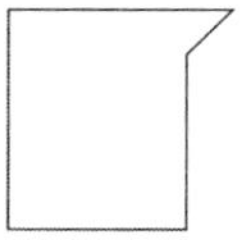

④
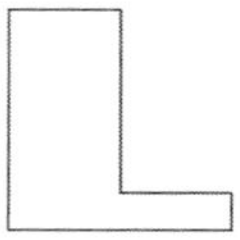

✔ 해설 제시된 종이 접기를 가위로 자른 후의 모양은 ②이다.

Ⅰ46~48Ⅰ 다음 제시된 도형을 선을 따라 절단했을 때 나올 수 없는 모양을 고르시오.

46

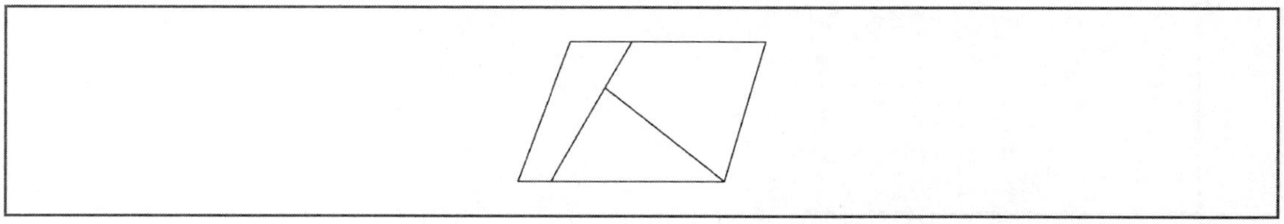

① 

② 

③ 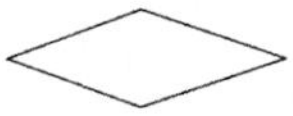

④ 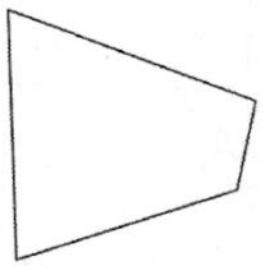

✔해설 제시된 도형을 선에 따라 자르면,

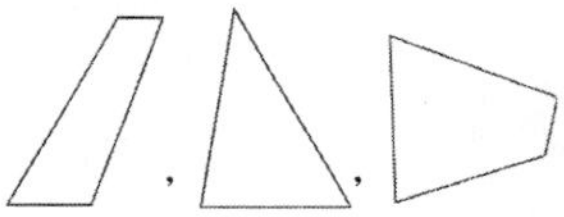 모양이 나온다.

Answer 44.④ 45.② 46.③

47

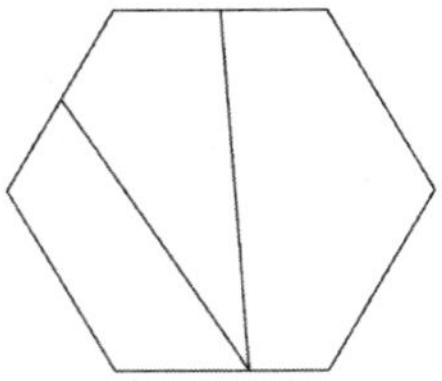

① 

② 

③ 

④ 

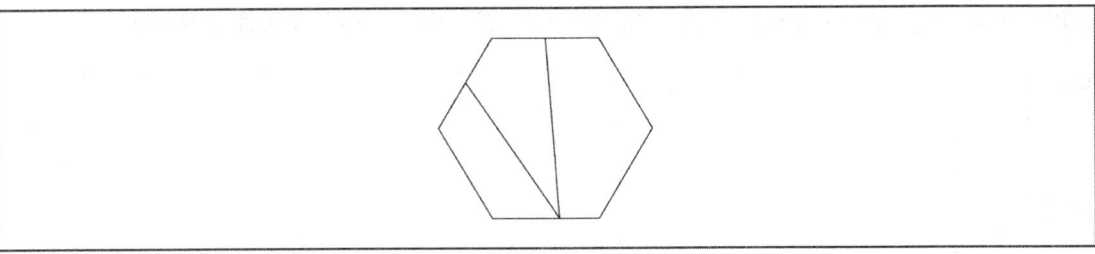

해설 제시된 도형을 선에 따라 자르면,

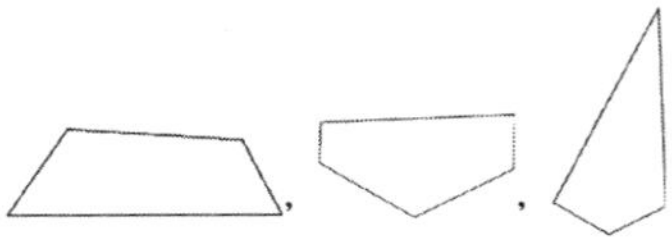 모양이 나온다.

48

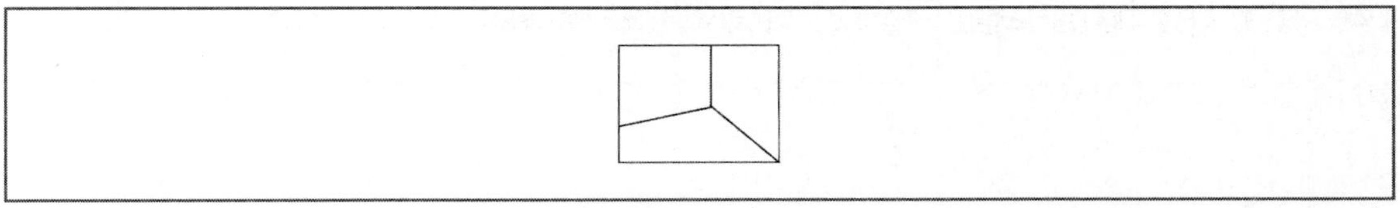

① 

② 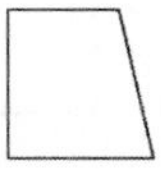

③ 

④ 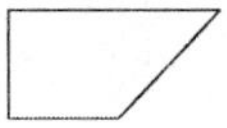

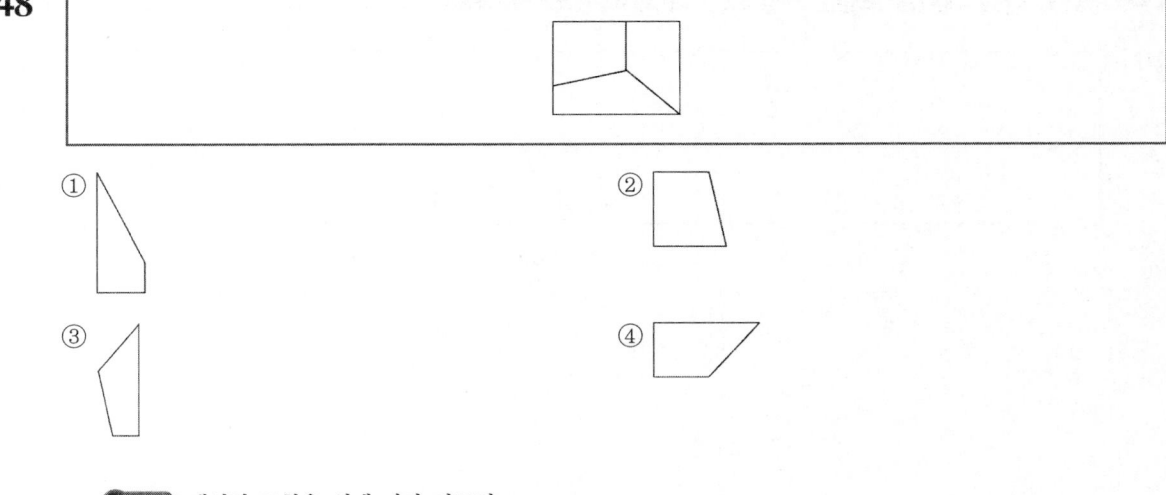

✔ 해설 제시된 도형을 선에 따라 자르면,

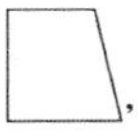, , 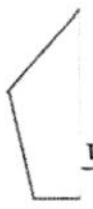 모양이 나온다.

Answer 47.② 48.①

Ⅰ49~50Ⅰ 다음 제시된 도형을 구성하는 데 필요한 조각을 묶은 것을 고르시오.

49

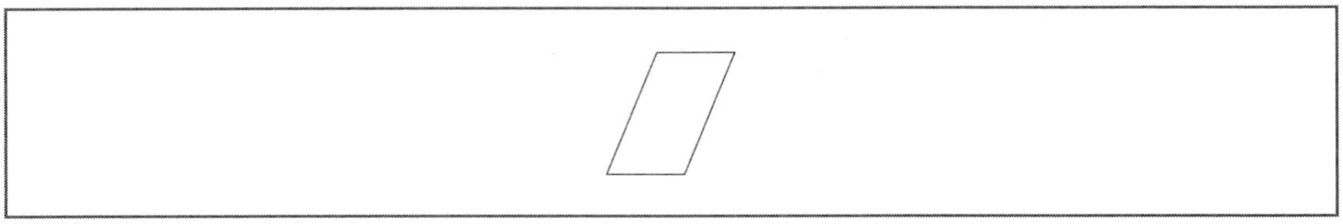

① 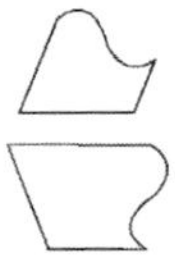

② 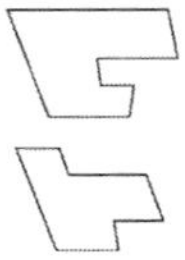

③ 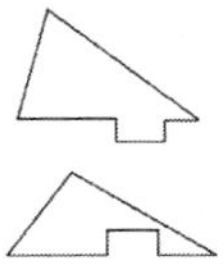

④ 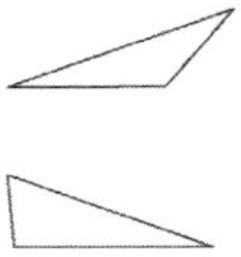

해설

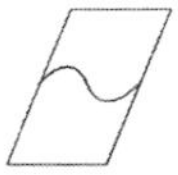

50

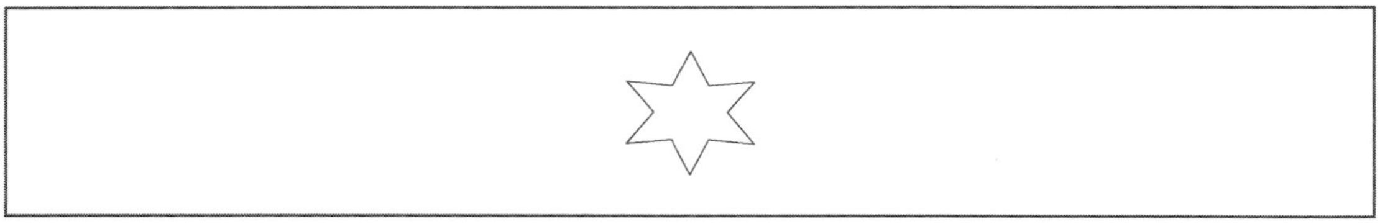

① 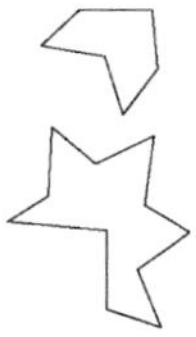

② 

③ 

④ 

해설

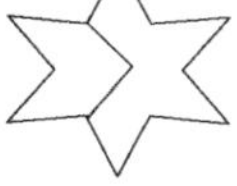

| 51~53 | 다음 제시된 도형 축을 중심으로 회전하면 나타나는 회전체의 모양을 고르시오.

51

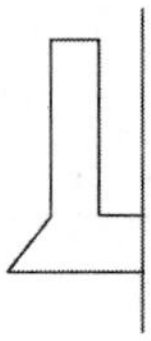

① 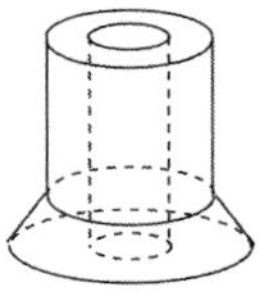

② 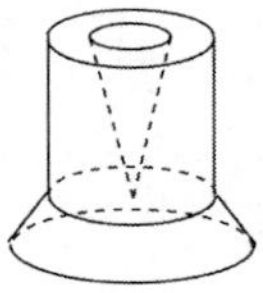

③ 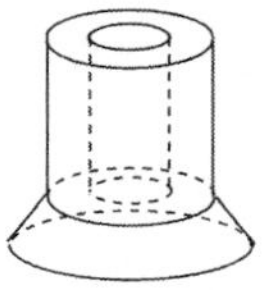

④ 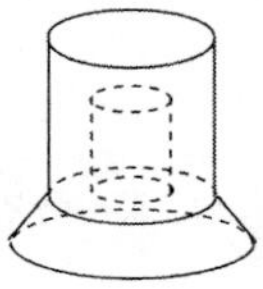

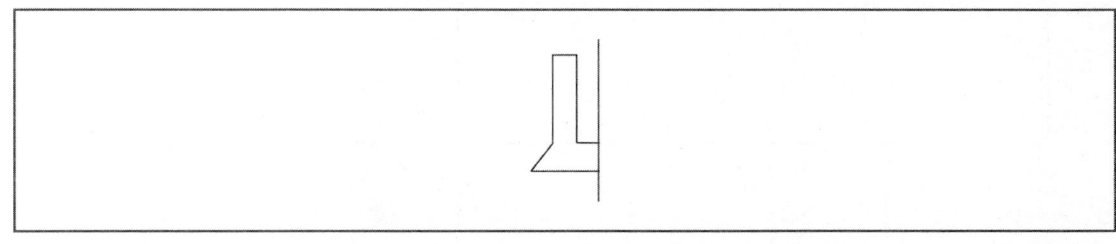

✔ 해설 내부에는 깊은 원기둥형 구멍이 있는 ③ 모양이 나타난다.

52

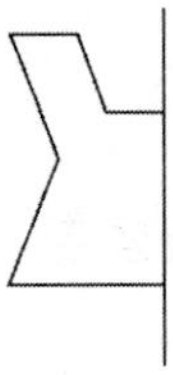

① 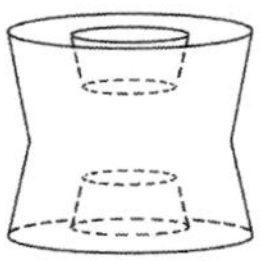

② 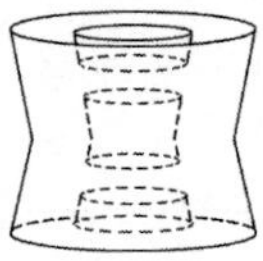

③ 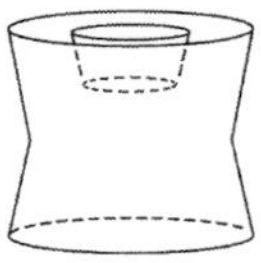

④ 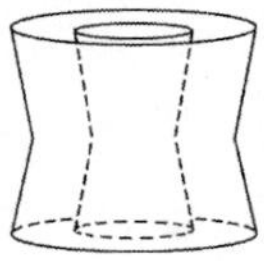

✔ 해설 상단에 얕은 구멍 한 곳이 나타나는 ③ 형태가 나온다.

Answer 49.① 50.② 51.③ 52.③

53

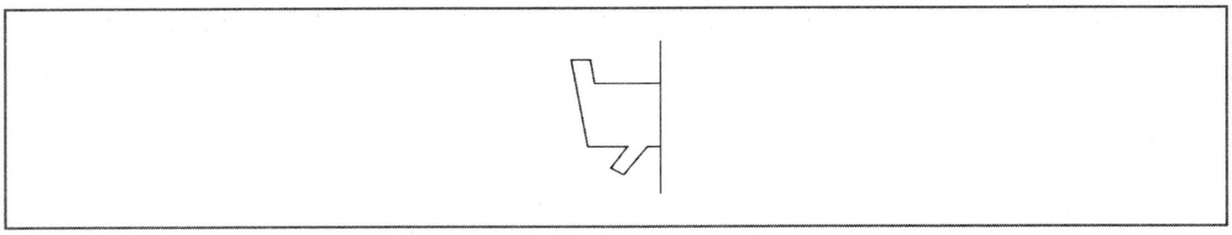

① 

② 

③ 

④ 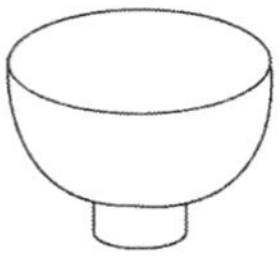

해설 위에 낮은 홈이 있고 하단에는 받침이 있는 ② 형태가 나온다.

▮ 54~55 ▮ 제시된 그림의 조각을 맞출 때 가장 잘 맞는 것을 고르시오.

54

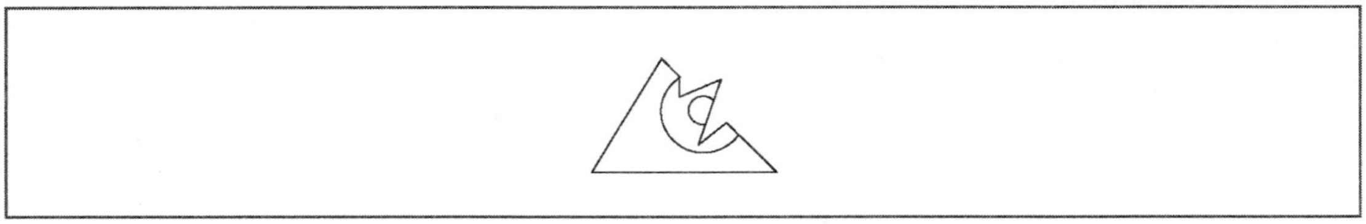

① 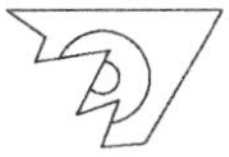

② 

③ 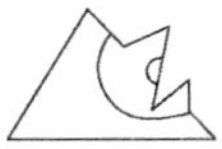

④ 

해설 ③ 조각의 가운데에 있는 원 모양에 주의한다.

55

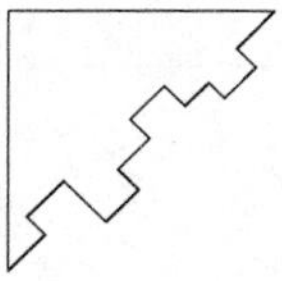

① 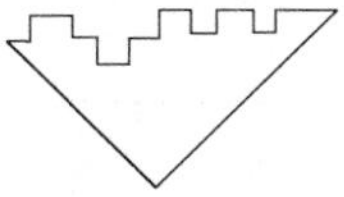

② 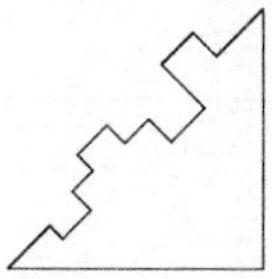

③ 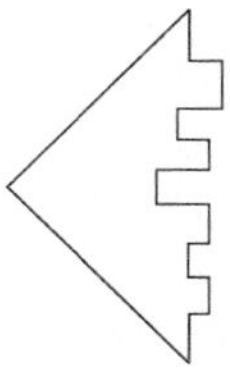

④ 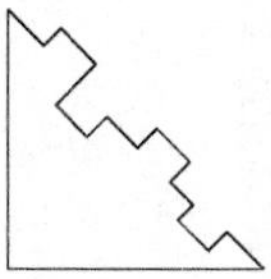

✔ 해설 ④를 반시계 방향으로 90° 돌리면 제시된 그림과 맞아서 직사각형을 이룬다.

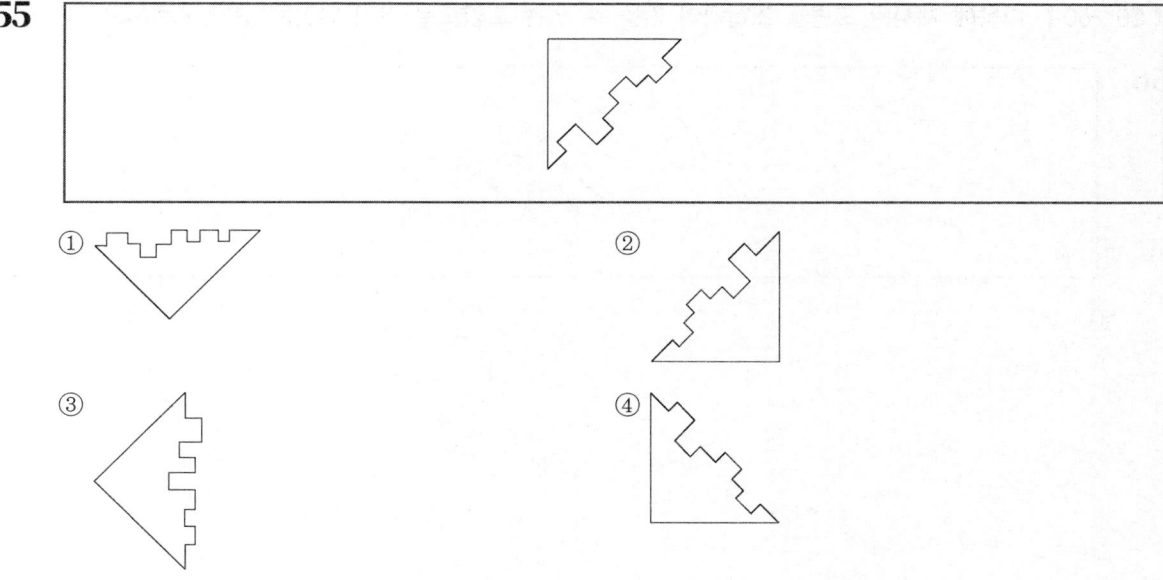

Answer 53.② 54.③ 55.④

Ⅰ56~60Ⅰ 다음에 제시된 도형을 조합하여 만들 수 있는 모양으로 가장 알맞은 것을 고르시오.

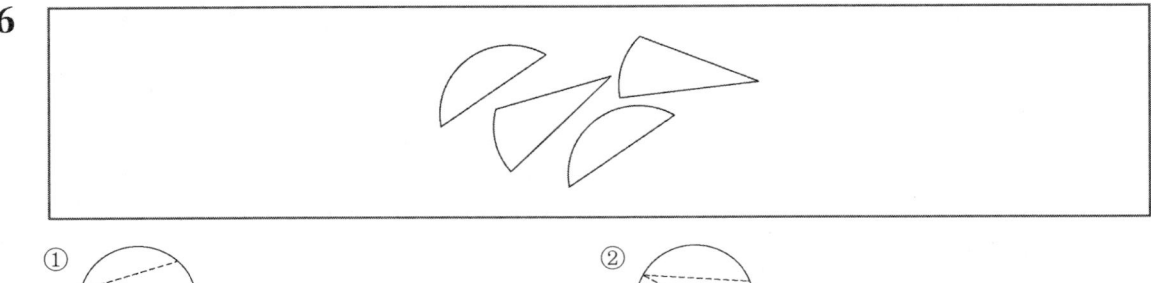

56

① 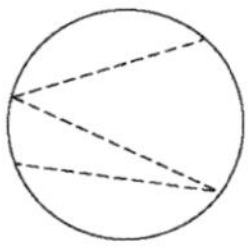

② 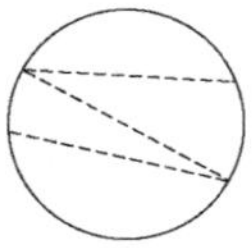

③ 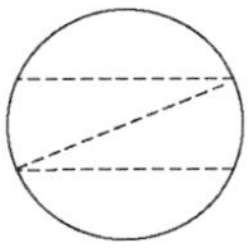

④ 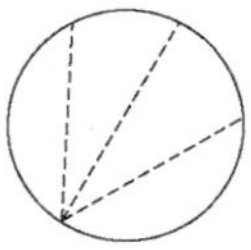

해설 조합하면 ③이 가장 적절하다.

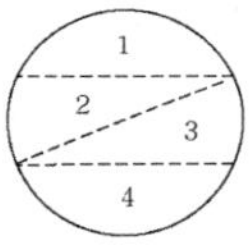

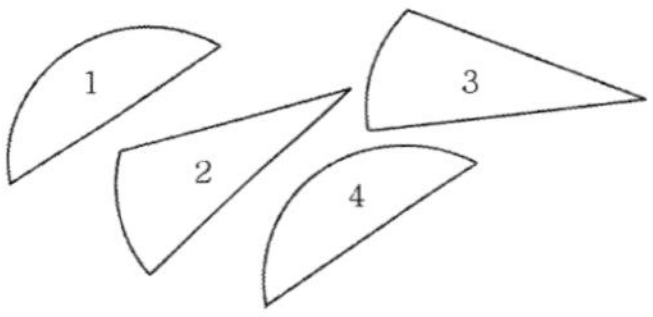

57

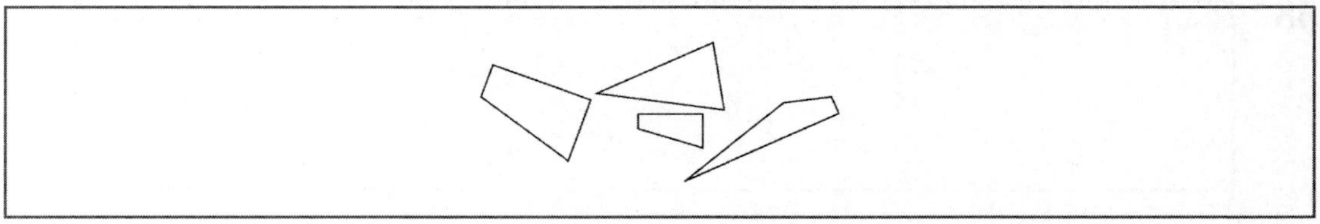

① 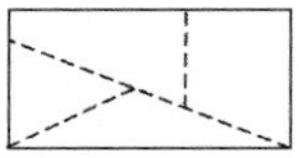

② 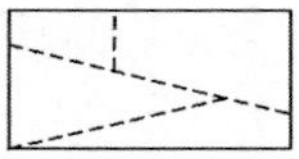

③ 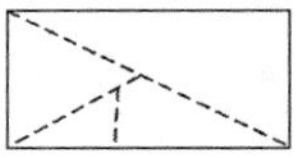

④ 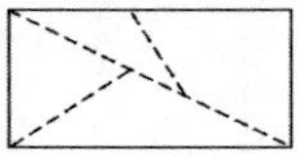

해설 조합하면 ②이 가장 적절하다.

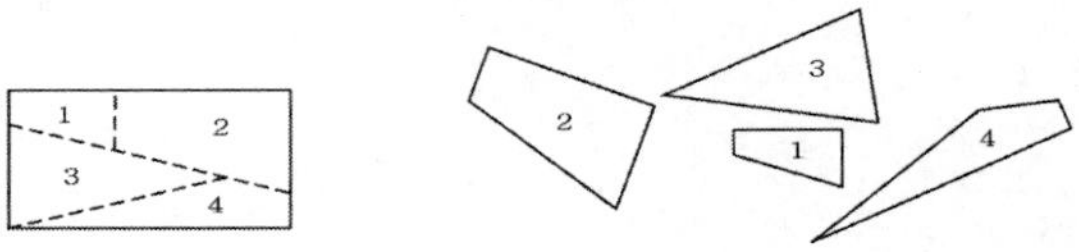

Answer 56.③ 57.②

58

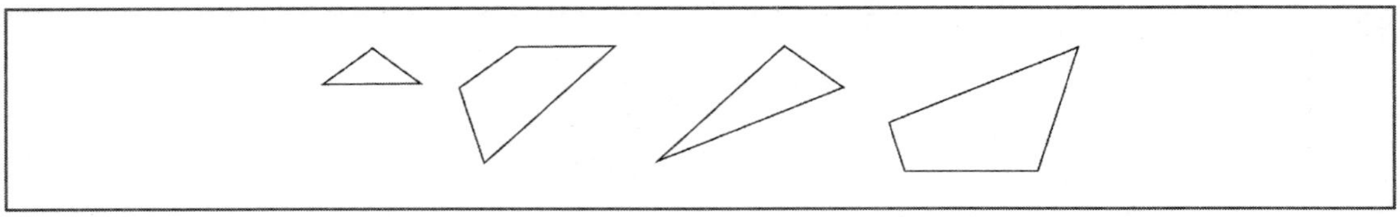

①
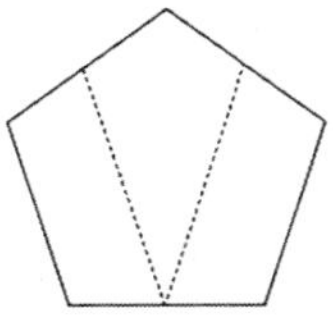

②
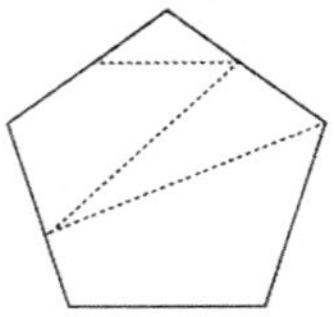

③
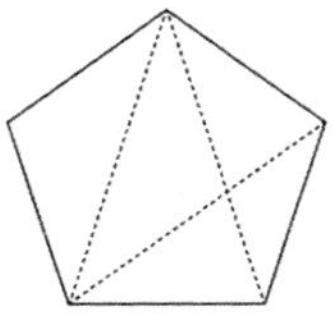

④
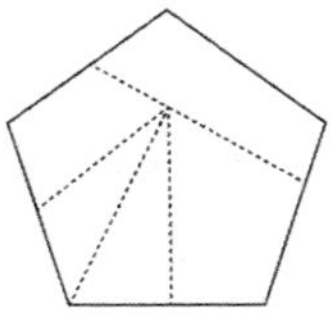

해설 조합하면 ②가 가장 적절하다.

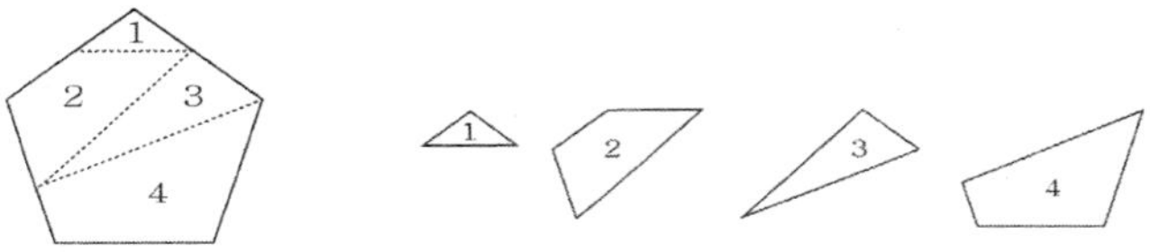

59

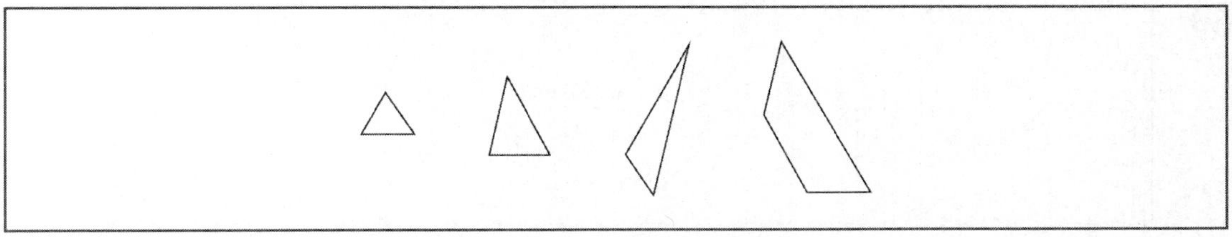

①

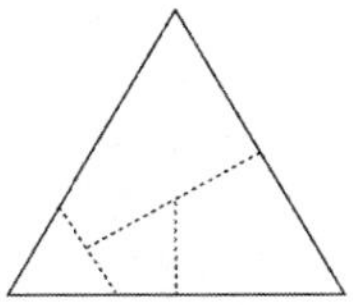

②

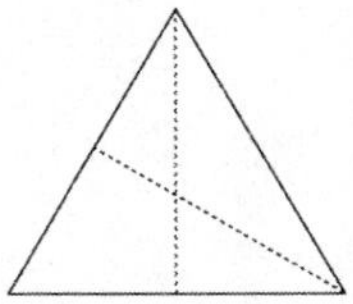

③

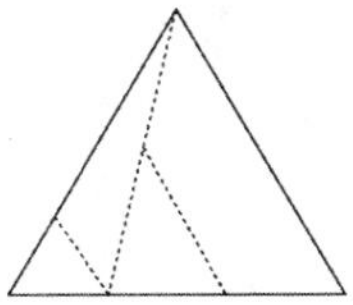

④

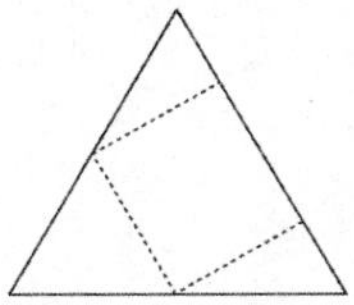

해설 조합하면 ③이 가장 적절하다.

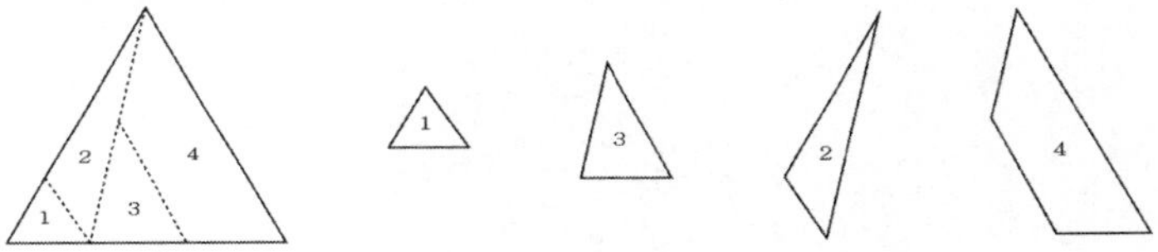

Answer 58.② 59.③

60

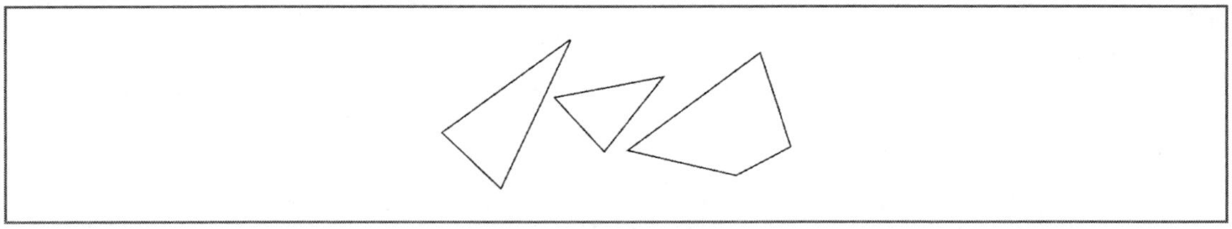

①
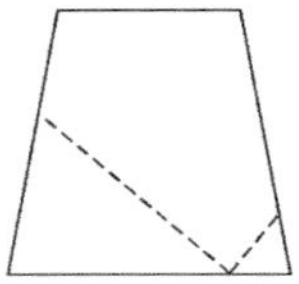

②
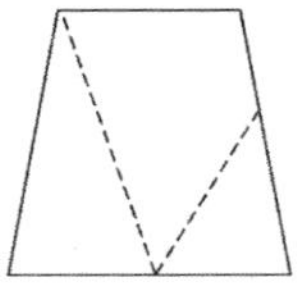

③
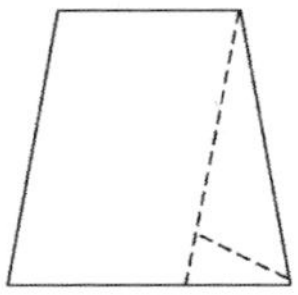

④
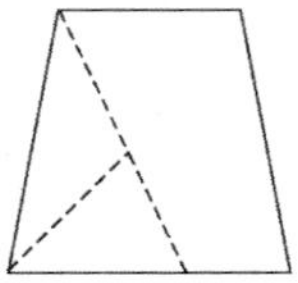

해설 조합하면 ②가 가장 적절하다.

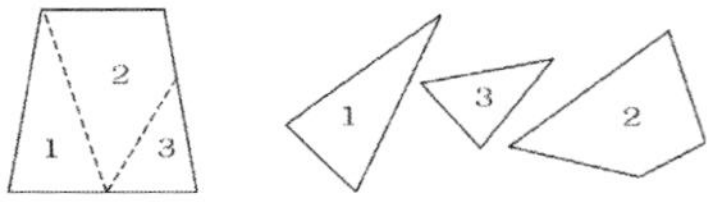

▌61~65▐ 다음 제시된 그림을 순서대로 연결하시오.

61

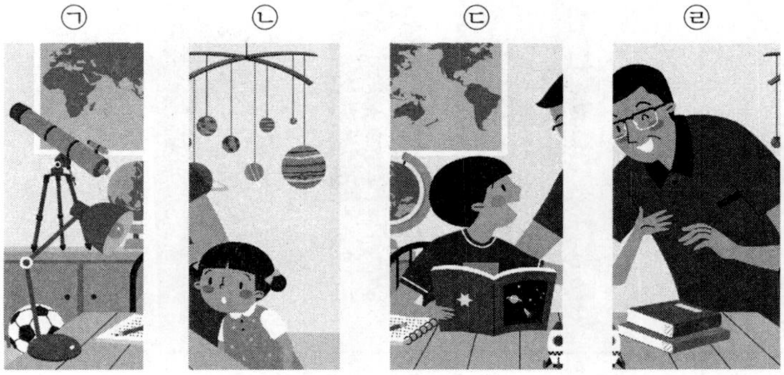

① ㉠㉣㉢㉡ ② ㉠㉢㉣㉡

③ ㉡㉠㉣㉢ ④ ㉠㉣㉡㉢

✔ 해설 사람과 벽면의 지도의 단면을 고려하여 연결한다.

Answer 60.② 61.②

62

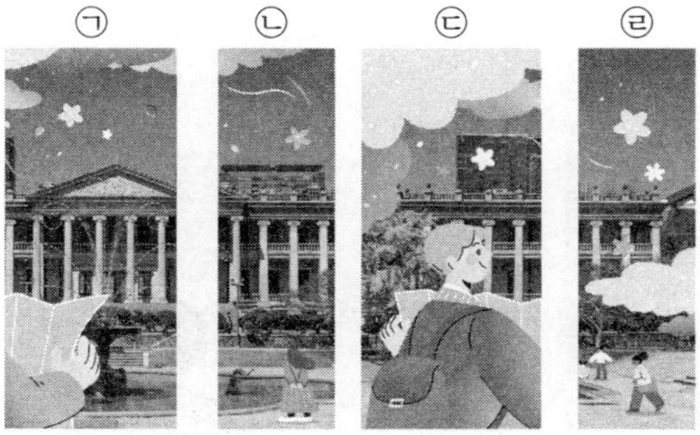

① ㉠㉡㉢㉣
② ㉣㉠㉡㉢
③ ㉢㉠㉡㉣
④ ㉢㉡㉠㉣

✔ 해설 건물과 분수대의 단면을 보고 끊임없이 연결한다.

63

① ㉠㉣㉡㉢　　② ㉡㉢㉠㉣

③ ㉢㉠㉡㉣　　④ ㉣㉠㉡㉢

✔ 해설 난간, 다리, 배 등의 잘려진 단면을 보고 유추하여 그림을 배열한다.

Answer 62.③ 63.②

64

① ㉡㉣㉢㉠

② ㉡㉢㉣㉠

③ ㉡㉠㉢㉣

④ ㉡㉣㉠㉢

✔ 해설 그림에서 중심이 되는 고래를 보고 유추하여 그림을 배열한다.

65

㉠ ㉡ ㉢ ㉣

① ㉡㉢㉣㉠

② ㉡㉣㉠㉢

③ ㉣㉠㉢㉡

④ ㉣㉠㉡㉢

해설

Answer 64.④ 65.③

CHAPTER 04

문제해결력

대표유형 1 명제

(1) 가정과 결론

어떤 명제를 'P이면 Q이다.'처럼 조건문의 형태로 나타낼 때, P는 가정에 해당하고 Q는 결론에 해당한다. 명제 'P이면 Q이다.'는 P → Q로 나타낸다.

(2) 역, 이, 대우

① **명제의 역** … 어떤 명제의 가정과 결론을 서로 바꾼 명제를 그 명제의 역이라고 한다.

예 명제 'P이면 Q이다.'(P → Q)의 역은 'Q이면 P이다.'(Q → P)가 된다.

② **명제의 이** … 어떤 명제의 가정과 결론을 부정한 명제를 그 명제의 이라고 한다. 부정형은 앞에 '∼'을 붙여 나타낸다.

예 명제 'P이면 Q이다.'(P → Q)의 이는 'P가 아니면 Q가 아니다.'(∼P → ∼Q)가 된다.

③ **명제의 대우** … 어떤 명제의 가정과 결론을 서로 바꾼 뒤, 가정과 결론을 모두 부정한 명제를 그 명제의 대우라고 한다. 즉, 어떤 명제의 역인 명제의 이는 처음 명제의 대우가 된다. 처음 명제와 대우 관계에 있는 명제의 참 · 거짓은 항상 일치한다. 그러나 역, 이 관계에 있는 명제는 처음 명제의 참 · 거짓과 항상 일치하는 것은 아니다.

예 명제 'P이면 Q이다.'(P → Q)의 대우는 'Q가 아니면 P가 아니다.'(∼Q → ∼P)가 된다.

팁 명제와 역, 이, 대우의 관계

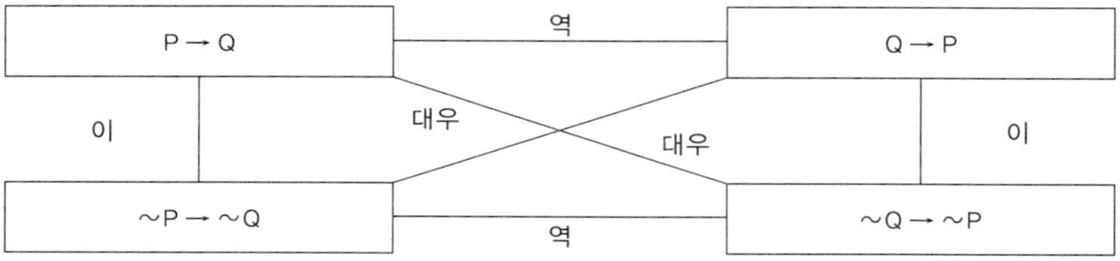

대표유형 2 여러 가지 추론

(1) 연역추론

① **직접추론** … 한 개의 전제에서 새로운 결론을 이끌어 내는 추론이다.

② **간접추론** … 두 개 이상의 전제에서 새로운 결론을 이끌어 내는 추론이다.

㉠ **정언삼단논법** : '모든 A는 B다', 'C는 A다', '따라서 C는 B다'와 같은 형식으로 일반적인 삼단논법이다.

예 • 대전제 : 인간은 모두 죽는다.
• 소전제 : 소크라테스는 인간이다.
• 결론 : 소크라테스는 죽는다.

㉡ **가언삼단논법** : '만일 A라면 B다', 'A이다', '그러므로 B다'라는 형식의 논법이다.

예 • 대전제 : 봄이 오면 뒷 산에 개나리가 핀다.
• 소전제 : 봄이 왔다.
• 결론 : 그러므로 뒷 산에 개나리가 핀다.

㉢ **선언삼단논법** : 'A거나 B이다'라는 형식의 논법이다.

예 • 대전제 : 내일은 눈이 오거나 바람이 분다.
• 소전제 : 내일은 눈이 오지 않는다.
• 결론 : 그러므로 내일은 바람이 분다.

(2) 귀납추론

특수한 사실로부터 일반적이고 보편적인 법칙을 찾아내는 추론 방법이다.

① **통계적 귀납추론** … 어떤 집합의 구성 요소의 일부를 관찰하고 그것을 근거로 하여 같은 종류의 모든 대상들에게 그 속성이 있을 것이라는 결론을 도출하는 방법이다.

② **인과적 귀납추론** … 어떤 일의 결과나 원인을 과학적 지식이나 상식에 의거하여 밝혀내는 방법이다.

③ **완전 귀납추론** … 관찰하고자 하는 집합의 전체 원소를 빠짐없이 관찰함으로써 그 공통점을 결론으로 이끌어 내는 방법이다.

④ **유비추론** … 두 개의 현상에서 일련의 요소가 동일하다는 사실을 바탕으로 그것들의 나머지 요소도 동일하리라고 추측하는 방법이다.

대표유형 3 논리적 오류

(1) 자료적 오류

주장의 전제 또는 논거가 되는 자료를 잘못 판단하여 결론을 이끌어 내거나 원래 적합하지 못한 것임을 알면서도 의도적으로 논거로 삼음으로써 범하게 되는 오류이다.

① **성급한 일반화의 오류** … 제한된 정보, 불충분한 자료, 대표성을 결여한 사례 등 특수한 경우를 근거로 하여 이를 성급하게 일반화하는 오류이다.

② **우연의 오류**(원칙 혼동의 오류) … 일반적으로 그렇다고 해서 특수한 경우에도 그러할 것이라고 잘못 생각하는 오류이다.

③ **무지에의 호소** … 어떤 주장이 반증된 적이 없다는 이유로 받아들여져야 한다고 주장하거나, 결론이 증명된 것이 없다는 이유로 거절되어야 한다고 주장하는 오류이다.

④ **잘못된 유추의 오류** … 부당하게 적용된 유추에 의해 잘못된 결론을 이끌어 내는 오류, 즉 일부분이 비슷하다고 해서 나머지도 비슷할 것이라고 생각하는 오류이다.

⑤ **흑백논리의 오류** … 어떤 주장에 대해 선택 가능성이 두 가지밖에 없다고 생각함으로써 발생하는 오류이다.

⑥ **원인 오판의 오류**(거짓 원인을 내세우는 오류, 선후 인과의 오류, 잘못된 인과 관계의 오류) … 단순히 시간상의 선후관계만 있을 뿐인데 시간상 앞선 것을 뒤에 발생한 사건의 원인으로 보거나 시간상 뒤에 발생한 것을 앞의 사건의 결과라고 보는 오류이다.

⑦ **복합질문의 오류** … 둘 이상으로 나누어야 할 것을 하나로 묶어 질문함으로써, 대답 여하에 관계없이 대답하는 사람이 수긍할 수 없거나 수긍하고 싶지 않은 것까지도 수긍하는 결과를 가져오는 질문 때문에 발생하는 오류이다.

⑧ **논점 일탈의 오류** … 원래의 논점에 관한 결론을 내리지 않고 이와 관계없는 새로운 논점을 제시하여 엉뚱한 결론에 이르게 되는 오류이다.

⑨ **순환 논증의 오류**(선결 문제 해결의 오류) … 논증하는 주장과 동의어에 불과한 명제를 논거로 삼을 때 범하는 오류이다.

⑩ **의도 확대의 오류** … 의도하지 않은 행위의 결과를 의도가 있었다고 판단할 때 생기는 오류이다.

(2) 언어적 오류

언어를 잘못 사용하거나 잘못 이해하는 데서 발생하는 오류이다.

① 애매어의 오류 … 두 가지 이상의 의미로 사용될 수 있는 단어의 의미를 명백히 분리하여 파악하지 않고 혼동함으로써 생기는 오류이다.

② 강조의 오류 … 문장의 한 부분을 불필요하게 강조함으로써 발생하는 오류이다.

③ 은밀한 재정의의 오류 … 용어의 의미를 자의적으로 재정의하여 사용함으로써 생기는 오류이다.

④ 범주 혼동의 오류 … 서로 다른 범주에 속한 것을 같은 범주의 것으로 혼동하는 데서 생기는 오류이다.

⑤ '이다' 혼동의 오류 : 비유적으로 쓰인 표현을 무시하고 사전적 의미로 해석하거나 술어적인 '이다'와 동일성의 '이다'를 혼동해서 생기는 오류이다.

(3) 심리적 오류

어떤 주장에 대해 논리적으로 타당한 근거를 제시하지 않고 심리적인 면에 기대어 상대방을 설득하려고 할 때 발생하는 오류이다.

① 인신공격의 오류(사람에의 논증) … 논거의 부당성을 지적하기보다 그 주장을 한 사람의 인품이나 성격을 비난함으로서 그 주장이 잘못이라고 하는 데서 발생하는 오류이다.

② 동정에 호소하는 오류 … 사람의 동정심을 유발시켜 동의를 꾀할 때 발생하는 오류이다.

③ 피장파장의 오류(역공격의 오류) … 비판받은 내용이 비판하는 사람에게도 역시 동일하게 적용됨을 근거로 비판에서 벗어나려는 오류이다.

④ 힘에 호소하는 오류 … 물리적 힘을 빌어서 논의의 종결을 꾀할 때의 오류이다.

⑤ 대중에 호소하는 오류 … 군중들의 감정을 자극해서 사람들이 자기의 결론에 동조하도록 시도하는 오류이다.

⑥ 원천 봉쇄에 호소하는 오류(우물에 독 뿌리기 식의 오류) … 반론의 가능성이 있는 요소를 원천적으로 비난하여 봉쇄하는 오류이다.

⑦ 정황적 논증의 오류 … 주장이 참인가 거짓인가 하는 문제는 무시한 채 상대방이 처한 정황 또는 상황으로 보아 자기의 생각을 받아들이지 않으면 안된다고 주장하는 오류이다.

대표유형 4 **수·문자·도형추리**

(1) 수열추리

① **등차수열** … 앞의 항에 항상 일정한 수를 더하여 다음 항을 얻는 수열이다. 각 항에 더해지는 일정한 수를 '공차'라고 한다. 첫째 항이 a, 공차가 d인 등차수열의 항수를 n이라 할 때, 더해지는 공차의 개수는 수열의 항수보다 하나씩 작으므로, 등차수열의 일반항은 $a_n = a + (n-1)d$가 된다.

예 첫째 항이 2, 공차가 3인 등차수열은 다음과 같이 전개되며, 일반항 공식에 따라 여섯째 항을 구하면 $a_6 = 2 + (6-1) \times 3 = 17$이 된다.

2	5	8	11	14
	+3	+3	+3	+3

② **등비수열** … 앞의 항에 항상 일정한 수를 곱하여 다음 항을 얻는 수열이다. 각 항에 곱해지는 일정한 수를 '공비'라고 한다. 첫째 항이 a, 공비가 r인 등비수열의 항수를 n이라 할 때, 곱해지는 공비의 개수는 수열의 항수보다 하나씩 작으므로, 등비수열의 일반항은 $a_n = a \times r^{n-1}$가 된다.

예 첫째 항이 2, 공비가 3인 등비수열은 다음과 같이 전개되며, 일반항 공식에 따라 여섯째 항을 구하면 $a_6 = 2 \times 3^{6-1} = 2 \times 3^5 = 486$이 된다.

2	6	18	54	162
	×3	×3	×3	×3

③ **계차수열** … 어떤 수열 a_n의 이웃한 두 항의 차로 이루어진 수열 b_n을 수열 a_n의 계차수열이라고 한다. 계차수열 b_n의 일반항은 $a_{n+1} - a_n = b_n (n = 1,\ 2,\ 3 \cdots)$을 만족한다.

예 수열 a_n의 계차수열 b_n은 다음과 같이 전개되며, 일반항 공식에 따라 다섯째 항을 구하면 $b_5 = a_6 - a_5 = 33 - 23 = 10$이 된다.

a_n	3	5	9	15	23
b_n	+2	+4	+6	+8	
		+2	+2	+2	

④ **조화수열** … 각 항의 역수가 등차수열을 이루는 수열을 말한다. 즉, 분수의 형태로 취하고 있던 수열의 역수를 취하면 등차수열이 되는 수열이 조화수열이다. 조화수열의 일반항은 $a_n = \dfrac{1}{2n-1}$을 만족한다.

예 $1\quad \frac{1}{3}\quad \frac{1}{5}\quad \frac{1}{7}\quad \frac{1}{9}\quad \frac{1}{11}$

⑤ **피보나치수열** … 첫째 항의 값과 둘째 항의 값이 있을 때, 이후의 항들은 이전의 두 항을 더한 값으로 이루어지는 수열이다. 피보나치수열의 일반항은 $a_n + a_{n+1} = a_{n+2}$를 만족한다.

예 1 1 2 3 5 8 13

⑥ **군수열** … 수열 중 몇 개 항씩 묶어서 무리 지었을 때 규칙성을 가지는 수열을 말한다.

예 1 3 1 3 5 1 3 5 7 1 3 5 7 9

위 수열은 (1 3) (1 3 5) (1 3 5 7) (1 3 5 7 9)로 무리 지었을 때 규칙성을 가진다.

⑦ **묶음형 수열** … 각 항이 몇 개씩 묶어서 제시된 묶음에 대한 규칙을 찾아내야 한다.

예 1 2 3 3 4 7 5 6 11

위의 수열은 (1 + 2 = 3), (3 + 4 = 7), (5 + 6 = 11)의 규칙성을 가진다.

⑧ **도형수열** … 원이나 삼각형, 표 등에 숫자가 배열된 응용 형태로 일반 수열과 같이 해결하면 된다.

예

20	?	5
18		10
20	10	8

위 수열은 칠해진 면을 기준으로 시계방향으로 볼 때, ×2, −2, +2가 반복되고 있다. 따라서 ?에 들어갈 수는 40이다.

(2) 문자추리

숫자 대신 한글 자음이나 알파벳 등의 문자 배열에서 일정한 규칙을 찾아 다음에 올 문자를 추리하는 유형이다. 한글 자음이나 알파벳을 순서대로 숫자로 변환하여 규칙을 찾아 적용하면 빠르고 정확하게 풀 수 있다.

예 A C F J O

알파벳을 숫자로 변환하면 다음과 같다.

A	B	C	D	E	F	G	H	I	J	K	L	M	N	O	P	Q	R	S	T	U	…
1	2	3	4	5	6	7	8	9	10	11	12	13	14	15	16	17	18	19	20	21	…

즉 위 문자열은 수열 1 3 6 10 15와 같다고 볼 수 있으며 +2, +3, +4, +5 …의 규칙이 적용되고 있다. 따라서 O 다음에 올 문자를 구하면 15 + 6 = 21이므로 U가 된다.

(3) 도형추리

3 × 3 표 안의 도형이 어떤 규칙을 가지고 변화하는지를 파악하여 빈칸에 들어갈 알맞은 도형을 고르는 유형이다. 행별 또는 열별로 규칙을 가지기도 하고 시계방향 또는 반시계방향으로 규칙을 가지기도 하기 때문에 충분한 문제풀이를 통해 빠른 시간 내에 규칙을 찾아내는 연습이 필요하다.

출제예상문제

1 **다음은 5가지의 영향력을 행사하는 방법과 순정, 석일이의 발언이다. 순정이와 석일이의 발언은 각각 어떤 방법에 해당하는가?**

〈영향력을 행사하는 방법〉

- 합리적 설득 : 논리와 사실을 이용하여 제안이나 요구가 실행 가능하고, 그 제안이나 요구가 과업 목표 달성을 위해 필요하다는 것을 보여주는 방법
- 연합 전술 : 영향을 받는 사람들이 제안을 지지하거나 어떤 행동을 하도록 만들기 위해 다른 사람의 지지를 이용하는 방법
- 영감에 호소 : 이상에 호소하거나 감정을 자극하여 어떤 제안이나 요구사항에 몰입하도록 만드는 방법
- 교환 전술 : 제안에 대한 지지에 상응하는 대가를 제공하는 방법
- 합법화 전술 : 규칙, 공식적 방침, 공식 문서 등을 제시하여 제안의 적법성을 인식시키는 방법

〈발언〉

- 순정 : 이 기획안에 대해서는 이미 개발부와 재정부가 동의했습니다. 여러분들만 지지해준다면 계획을 성공적으로 완수할 수 있을 것입니다.
- 석일 : 이 기획안은 우리 기업의 비전과 핵심가치들을 담고 있습니다. 이 계획이야말로 우리가 그동안 염원했던 가치를 실현함으로써 회사의 발전을 이룩할 수 있는 기획라고 생각합니다. 여러분이 그동안 고생한 만큼 이 계획은 성공적으로 끝마쳐야 합니다.

① 순정 : 합리적 설득, 석일 : 영감에 호소
② 순정 : 연합 전술, 석일 : 영감에 호소
③ 순정 : 연합 전술, 석일 : 합법화 전술
④ 순정 : 영감에 호소, 석일 : 합법화 전술

✔ 해설 ㉠ 순정 : 다른 사람들의 지지를 이용하기 때문에 '연합 전술'에 해당한다.
㉡ 석일 : 기업의 비전과 가치를 언급함으로써 이상에 호소하여 제안에 몰입하도록 하기 때문에 '영감에 호소'에 해당한다.

2 **○○음료회사는 신제품 출시를 위해 시제품 3개를 만들어 전 직원을 대상으로 블라인드 테스트를 진행한 후 기획팀에서 회의를 하기로 했다. 독창성, 대중성, 개인선호도 세 가지 영역에 총 15점 만점으로 진행된 테스트 결과가 다음과 같을 때, 기획팀 직원들의 발언으로 옳지 않은 것은?**

	독창성	대중성	개인선호도	총점
시제품 A	5	2	3	10
시제품 B	4	4	4	12
시제품 C	2	5	5	12

① 우리 회사의 핵심가치 중 하나가 창의성 아닙니까? 저는 독창성 점수가 높은 A를 출시해야 한다고 생각합니다.

② 독창성이 높아질수록 총점이 낮아지는 것을 보지 못하십니까? 저는 그 의견에 반대합니다.

③ 무엇보다 현 시점에서 회사의 재정상황을 타개하기 위해서는 대중성을 고려하여 높은 이윤이 날 것으로 보이는 C를 출시해야 하지 않겠습니까?

④ 저도 대중성과 개인선호도가 높은 C를 출시해야 한다고 생각합니다.

해설 ② 시제품 B는 C에 비해 독창성 점수가 2점 높지만 총점은 같다. 따라서 옳지 않은 발언이다.

Answer 1.② 2.②

3 다음은 ○○전시회의 입장료와 할인 사항에 관한 내용이다. 〈보기〉의 사항 중 5인 입장권을 사용하는 것이 유리한 경우를 모두 고르면?

〈전시회 입장료〉

(단위 : 원)

	평일 (월~금)	주말(토 · 일 및 법정공휴일)
성인	25,800	28,800
청소년 (만 13세 이상 및 19세 미만)	17,800	18,800
어린이 (만 13세 미만)	13,800	13,800

- 평일에 성인 3명 이상 방문 시 전체 요금의 10% 할인(평일은 법정공휴일을 제외한 월~금요일을 의미함)
- 성인, 청소년, 어린이를 구분하지 않는 5인 입장권을 125,000원에 구매 가능(요일 구분 없이 사용 가능하며, 5인 입장권 사용 시 다른 할인 혜택은 적용되지 않음)
- 주말에 한하여 통신사 할인 카드 사용 시 전체 요금의 15% 할인(단, 통신사 할인 카드는 乙과 丙만 가지고 있음)

〈보기〉

㉠ 甲이 3월 1일(법정공휴일)에 자신을 포함한 성인 4명 및 청소년 3명과 전시회 관람
㉡ 乙이 법정공휴일이 아닌 화요일에 자신을 포함한 성인 6인과 청소년 2인과 전시회 관람
㉢ 丙이 토요일에 자신을 포함한 성인 5명과 청소년 2명과 전시회 관람
㉣ 丁이 법정공휴일이 아닌 목요일에 자신을 포함한 성인 5명 및 어린이 1명과 전시회 관람

① ㉠　　② ㉡
③ ㉡㉢　　④ ㉢

해설 ㉠ 성인 4명(28,800×4)+청소년 3명(18,800×3)=171,600원
5인 입장권 구매 시=162,600원
㉡ 성인 6명(25,800×6)+청소년 2명(17,800×2)×평일 10% 할인=171,360원
5인 입장권 구매 시=186,400원
㉢ 성인 5명(28,800×5)+청소년 2명(18,800×2)×주말 통신사 15% 할인=154,360원
5인 입장권 구매 시=162,600원
㉣ 성인 5명(25,800×5명)+어린이 1명(13,800)×평일 10% 할인=128,520원
5인 입장권 구매 시=138,800원

4 다음 〈조건〉에 따를 때 바나나우유를 구매한 사람을 바르게 짝지은 것은?

〈조건〉

- 남은 우유는 10개이며, 흰우유, 초코우유, 바나나우유, 딸기우유, 커피우유 각각 두 개씩 남아 있다.
- 독미, 민희, 영진, 호섭 네 사람이 남은 열 개의 우유를 모두 구매하였으며, 이들이 구매한 우유의 수는 모두 다르다.
- 우유를 전혀 구매하지 않은 사람은 없으며, 같은 종류의 우유를 두 개 구매한 사람도 없다.
- 독미와 영진이가 구매한 우유 중에 같은 종류가 하나 있다.
- 영진이와 민희가 구매한 우유 중에 같은 종류가 하나 있다.
- 독미와 민희가 동시에 구매한 우유의 종류는 두 가지이다.
- 독미는 딸기우유와 바나나우유는 구매하지 않았다.
- 영진이는 흰우유와 커피우유는 구매하지 않았다.
- 호섭이는 딸기우유를 구매했다.
- 민희는 총 네 종류의 우유를 구매했다.

① 민희, 호섭
② 독미, 영진
③ 민희, 영진
④ 영진, 호섭

✔ 해설 독미는 민희와 같은 종류의 우유를 2개 구매하였고, 영진이와도 같은 종류의 우유를 하나 구매하였다. 따라서 독미는 우유를 3개 이상을 구매하게 되는데 딸기우유와 바나나우유를 구매하지 않았다고 했으므로 흰우유, 초코우유, 커피우유를 구매했다. 독미와 영진이가 구매한 우유 중에 같은 종류가 하나 있다고 하였고 영진이가 흰우유와 커피우유를 구매하지 않았다고 하였으므로 영진이는 초코우유를 구매했다. 이로서 초코우유는 독미와 영진이가 구매하였고, 민희는 4종류의 우유를 구매했다고 했으므로 초코우유를 제외한 흰우유, 바나나우유, 딸기우유, 커피우유를 구매하였다. 민희와 영진이가 구매한 우유 중에 같은 종류가 하나 있다고 하였는데 그 우유가 바나나우유이다. 따라서 바나나우유를 구매한 사람은 민희와 영진이다.

Answer 3.① 4.③

5 서원이는 1월 전액 현금으로만 다음 표와 같이 지출하였다. 만약 서원이가 1월에 A ~ C 신용카드 중 하나만을 발급받아 할인 전 금액이 표와 동일하도록 그 카드로만 지출하였다면 신용카드별 할인혜택에 근거한 할인 후 예상청구액이 가장 적은 카드부터 순서대로 바르게 나열한 것은?

〈표〉 1월 지출내역

(단위 : 만 원)

분류	세부항목		금액	합계
교통비	버스 · 지하철 요금		8	20
	택시 요금		2	
	KTX 요금		10	
식비	외식비	평일	10	30
		주말	5	
	카페 지출액		5	
	식료품 구입비	대형마트	5	
		재래시장	5	
의류구입비	온라인		15	30
	오프라인		15	
여가 및 자기계발비	영화관람료(1만원/회×2회)		2	30
	도서구입비 (2만원/권×1권, 1만5천원/권×2권, 1만원/권×3권)		8	
	학원 수강료		20	

〈신용카드별 할인혜택〉

○ A 신용카드

- 버스, 지하철, KTX 요금 20% 할인(단, 할인액의 한도는 월 2만원)
- 외식비 주말 결제액 5% 할인
- 학원 수강료 15% 할인
- 최대 총 할인한도액은 없음
- 연회비 1만 5천 원이 발급 시 부과되어 합산됨

○ B 신용카드
- 버스, 지하철, KTX 요금 10% 할인(단, 할인액의 한도는 월 1만원)
- 온라인 의류구입비 10% 할인
- 도서구입비 권당 3천 원 할인(단, 권당 가격이 1만 2천 원 이상인 경우에만 적용)
- 최대 총 할인한도액은 월 3만 원
- 연회비 없음

○ C 신용카드
- 버스, 지하철, 택시 요금 10% 할인(단, 할인액의 한도는 월 1만 원)
- 카페 지출액 10% 할인
- 재래시장 식료품 구입비 10% 할인
- 영화관람료 회당 2천원 할인(월 최대 2회)
- 최대 총 할인한도액은 월 4만 원
- 연회비 없음

※ 할부나 부분청구는 없으며, A ~ C 신용카드는 매달 1일부터 말일까지의 사용분에 대하여 익월 청구됨

① A – B – C　　② A – C – B
③ B – A – C　　④ B – C – A

해설 할인내역을 정리하면

○ A 신용카드
- 교통비 20,000원
- 외식비 2,500원
- 학원수강료 30,000원
- 연회비 15,000원
- 할인합계 37,500원

○ B 신용카드
- 교통비 10,000원
- 온라인 의류구입비 15,000원
- 도서구입비 9,000원
- 할인합계 30,000원

○ C 신용카드
- 교통비 10,000원
- 카페 지출액 5,000원
- 재래시장 식료품 구입비 5,000원
- 영화관람료 4,000원
- 할인합계 24,000원

Answer 5.①

6 **두 가지 직업을 동시에 가지는 사람들(일명 투잡)이 최근에 많아졌다. 지은, 수정, 효미는 각각 두 가지씩 직업을 가지고 있는데 직업의 종류는 은행원, 화가, 소설가, 교사, 변호사, 사업가 6가지이다. 세 명에 대하여 다음 사항을 알고 있을 때, 효미의 직업은 무엇인가?**

> ㉠ 사업가는 은행원에게 대출 절차를 상담하였다.
> ㉡ 사업가와 소설가와 지은이는 같이 골프를 치는 친구이다.
> ㉢ 화가는 변호사에게서 법률적인 충고를 받았다.
> ㉣ 은행원은 화가의 누이동생과 결혼하였다.
> ㉤ 수정은 소설가에게서 소설책을 빌렸다.
> ㉥ 수정과 효미는 화가와 어릴 때부터 친구였다.

① 교사, 소설가
② 은행원, 소설가
③ 변호사, 사업가
④ 교사, 변호사

✔ 해설

직업 \ 사람	지은	수정	효미
변호사	×	o	×
사업가	×	o	×
화가	o	×	×
은행원	×	×	o
소설가	×	×	o
교사	o	×	×

위에서 효미는 소설가로 결정되므로 답은 ①, ② 가운데 하나이다.
그런데 지은이는 교사이므로 효미는 은행원, 소설가이다.

7 **다음은 '갑'지역의 친환경농산물 인증심사에 대한 자료이다. 2023년부터 인증심사원 1인당 연간 심사할 수 있는 농가수가 상근직은 400호, 비상근직은 250호를 넘지 못하도록 규정이 바뀐다고 할 때, 〈조건〉을 근거로 예측한 내용 중 옳지 않은 것은?**

2022년 '갑' 지역의 인증기관별 인증현황

(단위 : 호, 명)

인증기관	심사 농가수	승인 농가수	인증심사원		
			상근	비상근	합
A	2,540	542	4	2	6
B	2,120	704	2	3	5
C	1,570	370	4	3	7
D	1,878	840	1	2	3
계	8,108	2,456	11	10	21

※ 1) 인증심사원은 인증기관 간 이동이 불가능하고 추가고용을 제외한 인원변동은 없음.
2) 각 인증기관은 추가 고용 시 최소인원만 고용함.

〈조건〉

- 인증기관의 수입은 인증수수료가 전부이고, 비용은 인증심사원의 인건비가 전부라고 가정한다.
- 인증수수료 : 승인농가 1호당 10만 원
- 인증심사원의 인건비는 상근직 연 1,800만 원, 비상근직 연 1,200만 원이다.
- 인증기관별 심사 농가수, 승인 농가수, 인증심사원 인건비, 인증수수료는 작년과 동일하다.

① 2022년에 인증기관 B의 수수료 수입은 인증심사원 인건비 보다 적다.

② 2023년 인증기관 A가 추가로 고용해야 하는 인증심사원은 최소 2명이다.

③ 인증기관 D가 2023년에 추가로 고용해야 하는 인증심사원을 모두 상근으로 충당한다면 적자이다.

④ 만약 정부가 '갑'지역에 2022년 추가로 필요한 인증심사원을 모두 상근으로 고용하게 하고 추가로 고용되는 상근 심사원 1인당 보조금을 연 600만 원씩 지급한다면 보조금 액수는 연간 5,000만 원 이상이다.

해설 ④ A지역에는 (4 × 400호) + (2 × 250호) = 2,100이므로 440개의 심사 농가 수에 추가의 인증심사원이 필요하다. 그런데 모두 상근으로 고용할 것이고 400호 이상을 심사할 수 없으므로 추가로 2명의 인증심사원이 필요하다. 그리고 같은 원리로 B지역도 2명, D지역에서는 3명의 추가의 상근 인증심사원이 필요하다. 따라서 총 7명을 고용해야 하며 1인당 지급되는 보조금이 연간 600만 원이라고 했으므로 보조금 액수는 4,200만 원이 된다.

Answer 6.② 7.④

8 **다음은 영업사원인 윤석씨가 오늘 미팅해야 할 거래처 직원들과 방문해야 할 업체에 관한 정보이다. 다음의 정보를 모두 반영하여 하루의 일정을 짠다고 할 때 순서가 올바르게 배열된 것은? (단, 장소 간 이동시간은 없는 것으로 가정한다)**

> 〈거래처 직원들의 요구 사항〉
>
> • A거래처 과장 : 회사 내부 일정으로 인해 미팅은 10시~12시 또는 16~18시까지 2시간 정도 가능합니다.
> • B거래처 대리 : 12시부터 점심식사를 하거나, 18시부터 저녁식사를 하시죠. 시간은 2시간이면 될 것 같습니다.
> • C거래처 사원 : 외근이 잡혀서 오전 9시부터 10시까지 1시간만 가능합니다.
> • D거래처 부장 : 외부일정으로 18시부터 저녁식사만 가능합니다.
>
> 〈방문해야 할 장소와 가능시간〉
>
> • E서점 : 14~18시, 소요시간은 2시간
> • F은행 : 12~16시, 소요시간은 1시간
> • G미술관 관람 : 하루 3회(10시, 13시, 15시), 소요시간은 1시간

① C거래처 사원 – A거래처 과장 – B거래처 대리 – E서점 – G미술관 – F은행 – D거래처 부장
② C거래처 사원 – A거래처 과장 – F은행 – B거래처 대리 – G미술관 – E서점 – D거래처 부장
③ C거래처 사원 – G미술관 – F은행 – B거래처 대리 – E서점 – A거래처 과장 – D거래처 부장
④ C거래처 사원 – A거래처 과장 – B거래처 대리 – F은행 – G미술관 – E서점 – D거래처 부장

✔ 해설 C거래처 사원(9시~10시) – A거래처 과장(10시~12시) – B거래처 대리(12시~14시) – F은행(14시~15시) – G미술관(15시~16시) – E서점(16~18시) – D거래처 부장(18시~)
① E서점까지 들리면 16시가 되는데, 그 이후에 G미술관을 관람할 수 없다.
② F은행까지 들리면 13시가 되는데, B거래처 대리 약속은 18시에 가능하다.
③ G미술관 관람을 마치고 나면 11시가 되는데 F은행은 12시에 가야 한다. 1시간 기다려서 F은행 일이 끝나면 13시가 되는데, B거래처 대리 약속은 18시에 가능하다.

9 **한 마을에 약국이 A, B, C, D, E 다섯 군데가 있다. 다음의 조건에 따를 때 문을 연 약국에 해당하는 곳이 바르게 나열된 것은?**

> • A와 B 모두 문을 열지는 않았다.
> • A가 문을 열었다면, C도 문을 열었다.
> • A가 문을 열지 않았다면, B가 문을 열었거나 C가 문을 열었다.
> • C는 문을 열지 않았다.
> • D가 문을 열었다면, B가 문을 열지 않았다.
> • D가 문을 열지 않았다면, E도 문을 열지 않았다.

① A
② B
③ A, E
④ D, E

✔ 해설
• A와 B 모두 문을 열지는 않았다. → A 또는 B가 문을 열었다.
• A가 문을 열었다면, C도 문을 열었다. → A가 문을 열지 않으면 C도 문을 열지 않는다.
• A가 문을 열지 않았다면, B가 문을 열었거나 C가 문을 열었다. → B가 문을 열었다.
• C는 문을 열지 않았다. → C가 열지 않았으므로 A도 열지 않았다.
• D가 문을 열었다면, B가 문을 열지 않았다. → B가 문을 열었으므로 D는 열지 않았다.
• D가 문을 열지 않았다면, E도 문을 열지 않았다.
∴ A, C, D, E는 문을 열지 않았다.

Answer 8.④ 9.②

10 다음의 (가), (나)는 100만 원을 예금했을 때 기간에 따른 이자에 대한 표이다. 이에 대한 설명으로 옳은 것은? (단, 예금할 때 약정한 이자율은 변하지 않는다)

구분	1년	2년	3년
(가)	50,000원	100,000원	150,000원
(나)	40,000원	81,600원	124,864원

> ㉠ (가)는 단순히 원금에 대한 이자만을 계산하는 이자율이 적용되었다.
> ㉡ (가)의 경우, 매년 물가가 5% 상승할 경우(원금+이자)의 구매력을 모든 기간에 같다.
> ㉢ (나)의 경우, 매년 증가하는 이자액은 기간이 길어질수록 커진다.
> ㉣ (나)와 달리 (가)와 같은 이자율 계산 방법은 현실에서는 볼 수 없다.

① ㉠, ㉢
② ㉠, ㉣
③ ㉡, ㉣
④ ㉡, ㉢

해설 ㉡ (가)의 경우 매년 물가가 5% 상승하면 두 번째 해부터 구매력은 점차 감소한다.
㉣ 금융 기관에서는 단리 뿐 아니라 복리 이자율이 적용되는 상품 또한 판매하고 있다.

┃11~15┃ 다음 제시된 도식 기호들(☺, ☻, ◙, ☼)은 일정한 규칙에 따라 문자들을 변화시킨다. 각 물음에 따라 (　) 안에 들어갈 것을 고르시오.

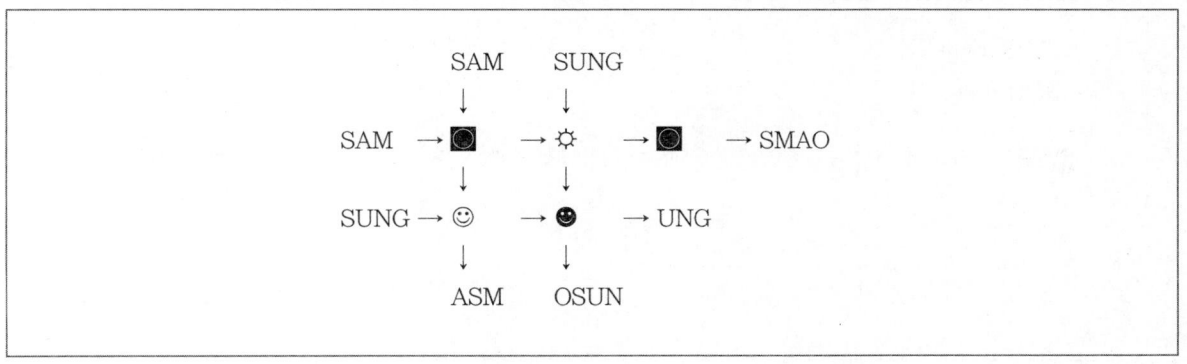

	SAM	SUNG		
	↓	↓		
SAM →	◙	→ ☼	→ ◙	→ SMAO
	↓	↓		
SUNG →	☺	→ ☻	→ UNG	
	↓	↓		
	ASM	OSUN		

11

KIMM → ☺ → ☺ → (　)

① IMMK　② MMKI
③ MMIK　④ KMMI

✔해설 ㉠ ☺ : 맨 앞자리의 문자를 맨 뒤로 보낸다.
㉡ ☻ : 맨 끝자리 문자를 삭제한다.
㉢ ◙ : 맨 앞자리의 문자와 맨 끝자리의 문자를 바꾼다.
㉣ ☼ : 맨 앞자리 문자에 O를 더한다.
② KIMM → IMMK → MMKI의 과정을 거친다.

12

JLPOKKI → ◙ → ☻ → (　)

① ILPOKKJ　② POKKJI
③ JLPOKKI　④ ILPOKK

✔해설 ④ JLPOKKI → ILPOKKJ → ILPOKK의 과정을 거친다.

Answer 10.① 11.② 12.④

13

BOURGEOIS → ☼ → ◙ → ☺ → (　　)

① BOURGEOIOS
② SBOURGEOIO
③ OBOURGEOIS
④ RGEOIOSBOU

✔ 해설 ① BOURGEOIS → OBOURGEOIS → SBOURGEOIO → BOURGEOIOS의 과정을 거친다.

14

YOUI → ☻ → (　　) → UOY

① ☺
② ☻
③ ◙
④ ☼

✔ 해설 ③ YOUI → YOU의 과정을 거쳐 UOY이 되기 위해서는 맨 앞자리의 문자와 맨 끝자리의 문자를 바꾸는 도식 ◙가 들어가야 한다.

15

PPONGGJ → ☼ → ◙ → ☺ → (　　)

① JPPONGG
② PPONGGOJ
③ PPONGG
④ OPPONGGJ

✔ 해설 ② PPONGGJ → OPPONGGJ → JPPONGGO → PPONGGOJ의 과정을 거친다.

| 16~17 | 다음의 말이 참일 때 항상 참인 것을 고르시오.

16

> • 철수의 아버지는 운전을 한다.
> • 운전하는 모든 사람이 난폭하지는 않다.
> • 난폭한 사람은 참을성이 없다.
> • 영수의 아버지는 난폭하다.

① 철수의 아버지는 난폭하지 않다.
② 운전하는 사람은 모두 난폭하다.
③ 영수의 아버지는 참을성이 없다.
④ 영수의 아버지는 난폭하지 않다.

✔해설 운전하는 사람은 난폭할 수도 있고 그렇지 않을 수도 있다. 따라서 철수의 아버지가 난폭한지 아닌지는 알 수 없다. 영수의 아버지는 난폭하므로 참을성이 없다.

17

> • A는 배구를 못하지만 B보다 야구를 잘한다.
> • B는 C보다 배구를 잘한다.
> • D는 C보다 배구를 못하지만 A보다 야구를 잘한다.

① C는 야구를 못한다.
② A가 배구를 가장 못한다.
③ D는 B보다 야구를 잘한다.
④ 배구를 가장 잘하는 사람은 C이다.

✔해설 잘하는 순서
㉠ 배구 : B〉C〉D
㉡ 야구 : D〉A〉B

Answer 13.① 14.③ 15.② 16.③ 17.③

▌18~19▐ 다음의 말이 전부 진실일 때 항상 거짓인 것을 고르시오.

18

- 희철과 경훈 중 점수가 높은 사람은 희철이다.
- 영철은 희철과 경훈보다 높은 점수를 받았고 세 사람보다 상민의 점수가 높다.
- 호동은 희철이보다 높은 점수를 받았다.
- 수근은 장훈보다 높은 점수를 받고 희철이보다 낮은 점수를 받았다.

① 희철의 점수는 4위 안에 든다.

② 상민의 점수가 호동의 점수보다 높다.

③ 영철은 수근의 점수보다 낮다.

④ 장훈의 점수는 7명 중 가장 낮다.

✔ 해설 점수 : 상민 > 영철 > 희철 > 경훈, 호동 > 희철 > 수근 > 장훈
영철의 점수는 수근의 점수보다 높다.

19

- 민수는 25살이다.
- 민수는 2년 터울의 여동생이 2명 있다.
- 영민이는 29살이다.
- 영민이는 3년 터울의 여동생이 2명 있다.

① 영민이의 첫째 동생이 동생들 중 나이가 가장 많다.

② 영민이의 둘째 동생과 민수의 첫째 동생은 나이가 같다.

③ 민수의 막내동생이 가장 어리다.

④ 민수는 영민이의 첫째 동생보다는 나이가 많다.

✔ 해설 ④ 영민이의 첫째 동생은 26살, 민수는 25살로 영민이의 첫째 동생이 민수보다 나이가 많다.

┃20～27┃ 다음에 제시된 전제에 따라 결론을 바르게 추론한 것을 고르시오.

20

> • 오전에 반드시 흐리거나 해가 뜰 것이다.
> • 오전에 해가 뜨지 않았다.
> • 그러므로 ______________

① 오전에 비가 왔다.
② 오전에 해가 떴다.
③ 오전에 흐렸다.
④ 날씨를 알 수 없다.

✔해설 ③ 오전에 반드시 흐리거나 해가 뜬다고 했으나 해가 뜨지 않았으므로 흐린 것이 맞다.

21

> • 영희, 민정, 지현이는 각각 샤프, 지우개, 볼펜을 좋아한다.
> • 민정이는 볼펜을, 지현이는 샤프를 좋아한다.
> • 그러므로 ______________

① 영희는 볼펜을 좋아한다.
② 영희는 지우개를 좋아한다.
③ 영희는 어떤 것도 좋아하지 않는다.
④ 영희가 무엇을 좋아하는지 알 수 없다.

✔해설 ② 영희, 민정, 지현이는 각각 샤프, 지우개, 볼펜을 좋아하고, 민정이가 볼펜을, 지현이가 샤프를 좋아하므로 영희는 지우개를 좋아함을 알 수 있다.

Answer 18.③ 19.④ 20.③ 21.②

22

• 음악듣기를 좋아하는 사람은 책 읽기를 좋아하지 않는다.
• 책 읽기를 좋아하지 않는 사람은 온순한 사람이 아니다.
• 음악듣기를 좋아하지 않는 사람은 혼자 있는 것을 좋아하지 않는다.
• 그러므로 ____________________

① 혼자 있는 것을 좋아하지 않는 사람은 온순하다.
② 책 읽는 것을 좋아하는 사람은 혼자 있는 것을 좋아한다.
③ 온순한 사람은 음악듣기를 좋아하는 사람이다.
④ 음악듣기를 좋아하는 사람은 온순한 사람이 아니다.

✔ 해설 ④ 온순한 사람은 책 읽기를 좋아하고, 책 읽는 것을 좋아하는 사람은 음악듣기를 좋아하지 않고, 음악듣기를 좋아하지 않는 사람은 혼자 있는 것을 좋아하지 않는다.

23

• 철수네 화원에서 키우는 꽃은 모두 노랗다.
• 내가 산 꽃은 철수네 화원에서 키운 것이다.
• 그러므로 ____________________

① 내가 산 꽃은 빨간색이다.
② 내가 산 꽃은 빨간색이 아니다.
③ 내가 산 꽃은 노란색이다.
④ 내가 산 꽃은 노란색이 아니다.

✔ 해설 ③ 내가 산 꽃은 철수네 화원에서 키운 것이고, 철수네 화원에서 키우는 꽃은 모두 노란색이다.

24

> • 군주가 오직 한 사람만을 신임하면 나라를 망친다.
> • 군주가 사람을 신임하지 않으면 나라를 망친다.
> • 그러므로 ____________________

① 어느 군주가 나라를 망치지 않았다면, 그는 오직 한 사람만을 신임한 것이다.
② 어느 군주가 나라를 망치지 않았다면, 그는 사람을 신임하지 않았다는 것이다.
③ 어느 군주가 나라를 망치지 않았다면, 그는 오직 한 사람만을 신임한 것은 아니다.
④ 어느 군주가 오직 한 사람만을 신임하지 않았다면, 그는 나라를 망치지 않은 것이다.

✔해설 ①② 군주가 오직 한 사람만을 신임하거나, 사람을 신임하지 않으면 나라를 망친다.
④ 명제가 참일지라도 이는 참이 아닐 수도 있다. 즉 군주가 오직 한 사람만을 신임하지 않았다는 것은 여러 사람을 신임한 것일 수 있으며 이때에는 나라를 망치지 않으나, 한 사람만을 신임하지 않았다는 것이 그 누구도 신임하지 않은 것일 때에는 나라를 망치게 된다.

25

> • 만약 오늘 눈이 오지 않는다면 길은 깨끗할 것이다.
> • 길이 깨끗했다.
> • 그러므로 ____________________

① 어제 눈이 오지 않았다.
② 오늘 눈이 오지 않았다.
③ 지금 눈이 오고 있다.
④ 오늘 눈이 오지 않을 것이다.

✔해설 ② '오늘 눈이 오지 않는다면 길은 깨끗할 것이다.'라고 전제되어 있으므로 오늘 눈이 오지 않았다.

Answer 22.④ 23.③ 24.③ 25.②

26

> • 준서는 영어 성적이 윤재보다 20점 더 높다.
> • 영건이의 점수는 준서보다 10점 낮다.
> • 그러므로 ____________________

① 영건이와 윤재의 점수 차이는 10점이다.
② 윤재의 점수가 가장 높다.
③ 영건이의 점수가 가장 높다.
④ 준서의 점수는 윤재의 점수보다 낮다.

✔해설 준서의 점수 = 윤재의 점수 + 20점, 영건이의 점수 = 준서의 점수 − 10점
그러므로 높은 점수의 순서는 준서 > 영건 > 윤재이며 영건이와 윤재는 10점 차이이다.

27

> • 모든 신부는 사후의 세계를 믿는다.
> • 어떤 무신론자는 사후의 세계를 의심한다.
> • 그러므로 ____________________

① 사후의 세계를 믿는 사람은 신부이다.
② 사후의 세계를 믿지 않으면 신부가 아니다.
③ 사후의 세계를 의심하면 무신론자이다.
④ 사후의 세계를 의심하지 않으면 무신론자가 아니다.

✔해설 ① 모든 신부는 사후의 세계를 믿으나 사후의 세계를 믿는다고 해서 모두 신부인 것은 아니다.
③ 어떤 무신론자는 사후의 세계를 의심하므로, 사후의 세계를 의심한다고 모두 무신론자는 아니다.
④ 제시된 명제의 대우는 "무신론자는 사후의 세계를 의심한다"로 제시된 전제는 "어떤 무신론자는 사후의 세계를 의심한다"이므로 옳지 않다.

28 용의자 A, B, C, D 4명이 있다. 이들 중 A, B, C는 조사를 받는 중이며 D는 아직 추적 중이다. 4명 중에서 한 명만이 진정한 범인이며, A, B, C의 진술 중 한명의 진술만이 참일 때 범인은 누구인가?

- A : B가 범인이다.
- B : 내가 범인이다.
- C : D가 범인이다.

① A　　② B
③ C　　④ D

해설 만약 B가 범인이라면 A와 B의 진술이 참이어야 한다. 하지만 문제에서 한명의 진술만이 참이라고 했으므로 A, B는 거짓을 말하고 있고 C의 진술이 참이다. 따라서 범인은 D이다.

29 A, B, C, D, E는 4시에 만나서 영화를 보기로 약속했다. 이들이 도착한 것이 다음과 같다면 옳은 것은?

- A 다음으로 바로 B가 도착했다.
- B는 D보다 늦게 도착했다.
- B보다 늦게 온 사람은 한 명뿐이다.
- D는 가장 먼저 도착하지 못했다.
- 동시에 도착한 사람은 없다.
- E는 C보다 일찍 도착했다.

① D는 두 번째로 약속장소에 도착했다.
② C는 약속시간에 늦었다.
③ A는 가장 먼저 약속장소에 도착했다.
④ E는 제일 먼저 도착하지 못했다.

해설 약속장소에 도착한 순서는 E-D-A-B-C 순이고, 제시된 사실에 따르면 C가 가장 늦게 도착하긴 했지만 약속시간에 늦었는지는 알 수 없다.

Answer 26.① 27.② 28.④ 29.①

30 다음에 제시된 정보를 종합할 때, 물음에 알맞은 개수는 몇 개인가?

- 홍보팀에서는 테이블, 의자, 서류장을 다음과 같은 수량으로 구입하였다.
- 테이블 5개와 의자 10개의 가격은 의자 5개와 서류장 10개의 가격과 같다.
- 의자 5개와 서류장 15개의 가격은 의자 5개와 테이블 10개의 가격과 같다.
- 서류장 10개와 의자 10개의 가격은 테이블 몇 개의 가격과 같은가?

① 8개　　② 9개
③ 10개　　④ 11개

해설 두 번째 정보에서 테이블 1개와 의자 1개는 서류장 2개의 가격과 같음을 알 수 있다.
세 번째 정보에서 두 번째 정보를 대입하면 테이블 2개와 의자 1개는 의자 5개와 서류장 15개의 가격과 같아지게 된다. 따라서 테이블 1개는 의자 1개와 서류장 1개의 가격과 같아진다는 것을 알 수 있다.
그러므로 서류장 2개와 의자 2개는 테이블 2개와 같은 가격이 된다. 결국 서류장 10개와 의자 10개의 가격은 테이블 10개의 가격과 같다.

31 다음은 '갑' 기업 토론 면접상황이다. 다음 중 한 팀이 될 수 있는 사람들은 누구인가?

- A, B, C, D, E, F의 여섯 명의 신입사원들이 있다.
- 신입사원들은 모두 두 팀 중 한 팀에 속해야 한다.
- 한 팀에 3명씩 두 팀으로 나눠야 한다.
- A와 B는 한 팀이 될 수 없다.
- E는 C 또는 F와 한 팀이 되어야 한다.

① A, B, C　　② A, B, F
③ A, C, E　　④ A, C, F

해설 우선 A와 B를 다른 팀에 배치하고 C, D, E, F를 두 명씩 각 팀에 배치하되 C, E, F는 한 팀이 될 수 없고 C와 E 또는 E와 F가 한 팀이 되어야 하므로 (A, C, E/B, D, F), (B, C, E/A, D, F), (A, E, F/B, C, D), (B, E, F/A, C, D)의 네 가지 경우로 나눌 수 있다.

32 다음 조건을 따를 때, 아름이가 구입한 과일은 무엇인가?

> 민정, 아름, 소희, 재정이가 과일가게를 방문하여 과일을 구매하였다. 잠시 과일을 가게에 맡기고 다른 곳에 들른 사이 4명 모두 영수증을 잃어버리고 말았다. 각 사람당 한 가지의 과일만 구매하였다.
> - 과일가게를 방문한 4명의 구매목록은 사과, 귤, 배, 키위였다.
> - 아름이는 사과나 귤을 구입하지 않았다.
> - 민정이는 사과와 키위 알레르기가 있다.
> - 재정이는 배를 구입하지 않았다.
> - 소희는 사과를 구입했다.
> - 민정이는 귤을 구입했다.

① 사과　　② 귤
③ 배　　④ 키위

해설

	민정	아름	소희	재정
사과	x	x	o	x
귤	o	x	x	x
배	x	o	x	x
키위	x	x	x	o

33 다음 제시문에서 범하고 있는 논리적 오류와 다른 논리적 오류는?

> 나치는 상대성이론을 비난했다. 상대성이론의 창시자 아인슈타인이 유대인이기 때문이었다.

① 종교의 기원은 미신적 성격을 갖고 있다. 때문에 오늘날의 고등 종교도 미신에 지나지 않는다.
② 멘델의 유전학을 받아들이라고? 그 사람은 수도사 출신이잖아? 절대 받아들이면 안 돼.
③ 그 사람을 채용하는 것에 반대합니다. 그는 지방대 출신이지 않습니까? 업무능력이 떨어지는 사람임이 분명합니다.
④ 우리 아테네 시민 모두가 볼 때 소크라테스는 아주 이상한 사람입니다. 그에게 유죄판결을 내리는 것은 당연합니다.

해설 제시문은 어떤 사실의 기원이 갖는 문제를 그 사실도 지니고 있다고 생각하는 '발생학적 오류'를 범하고 있다. ④는 대중에 호소하는 오류를 범하고 있다.

Answer 30.③ 31.③ 32.③ 33.④

34 다음에서 발견할 수 있는 논리적 오류에 대한 설명이 바른 것은?

> 나는 이전에 빨간 양말을 신고서 오디션에 합격하였다. 나는 내일 오디션에 합격하기 위해서 빨간 양말을 신을 것이다.

① 대체적으로 그렇다고 해서 특별한 경우에도 그럴 것이라고 생각하고 있다.
② 두 사건 사이에는 인과관계가 없는데 두 사건이 시간적으로 선후관계가 성립한다고 생각하여 한 사건이 다른 사건의 원인이라 여기고 있다.
③ 어떤 주장이 증명되지 못했기 때문에 거짓이라고 추론하거나, 반박되지 않았기 때문에 참이라고 추론하고 있다.
④ 대화 중 어떤 말을 지나치게 강조하여 의미를 변경하거나 왜곡하고 있다.

✔ 해설 잘못된 인과관계의 오류(원인 오판, 거짓 원인의 오류) … 전혀 인과관계가 없는 단순한 선후 관계를 인과관계가 있는 것으로 잘못 추리하는 오류

35 다음 제시된 글에서 범하고 있는 논리적 오류는?

> 이것은 위대한 그림이다. 왜냐하면 모든 훌륭한 미술 평론가가 평하고 있기 때문이다. 훌륭한 미술 평론가란 이런 위대한 그림을 평하는 이이다.

① 논점일탈의 오류
② 원칙혼동의 오류
③ 순환논증의 오류
④ 흑백논리의 오류

✔ 해설 순환논증의 오류(선결문제 요구의 오류) … 전제로부터 어떤 새로운 결론이 도출된 것이 아니라, 전제와 결론이 동어 반복으로 이루어진 오류

| 36~37 | 다음 중 논리적 오류의 성격이 나머지와 다른 하나를 고르시오.

36 ① 아버지는 외로운 존재이다. 왜냐하면 아버지는 쓸쓸하고 외롭기 때문이다.

② 공부를 하지 않았음에도 시험을 운 좋게 잘 본 철수는 전날 밤 집이 불타는 꿈을 꾼 것이 그 요인이었다고 말한다.

③ 테니스 선수 진호는 경기 당일에 면도를 하지 않는다. 면도를 하지 않았을 때 진호는 늘 이겼다. 진호는 내일 경기를 위해 면도를 하지 않을 것이다.

④ 생선 먹고 체했을 때 주문을 외우면 괜찮아진다는 속신(俗信)을 나는 믿는다. 어저께 생선 먹고 체했을 때 주문을 외웠더니 정말 속이 괜찮아졌다.

해설 ① 순환논증의 오류
②③④ 잘못된 인과관계의 오류

37 ① 김OO 선생은 아주 유명 학원의 수학강사이다. 그러나 그의 강의를 믿을 수 없다. 그가 얼마나 욕을 잘하고 남을 잘 속이는지는 알 만한 사람은 다 안다.

② 당신은 지금 신의 존재를 입증하지 못하고 있지 않소. 그러니 신은 존재한다고 말할 수 없는 것 아니요.

③ 이OO 의원은 국립대학교 특별법 제정을 강력하게 주장하고 있다. 그러나 그의 주장에는 문제가 있다. 그 역시 국립대학교 출신이기 때문이다.

④ 당신은 내가 게으르다고 비난하는데 그것은 잘못된 거야. 당신 자신을 돌아봐. 아침에 일어나면 이부자리 하나 정리도 안하면서 어떻게 내가 게으르다고 말할 수 있지.

해설 ② 무지에 호소하는 오류 : 어떤 주장이 반증되지 못했기 때문에 참이라 하던가, 그 주장이 증명되지 못했기 때문에 거짓이라고 추리하는 오류이다.
①③④ 인신공격의 오류 : 상대방 주장을 반박하려는 논증으로, 상대의 주장과 무관한 개인의 성향(인격, 권위, 재산, 사상, 행실)에 대해 부정적인 발언을 하면서 그 사람의 주장이 정당하지 못하다는 것을 보여주려고 하는 경우를 말한다.

Answer 34.② 35.③ 36.① 37.②

| 38~40 | 다음 제시된 숫자의 배열을 보고 규칙을 적용하여 빈칸에 들어갈 알맞은 숫자를 고르시오.

38

6　8　12　2　(　)　−4　24

① 15　② 16
③ 17　④ 18

✔ 해설　홀수 항은 +6, 짝수 항은 −6의 규칙을 가진다.

39

1　2　2　4　8　32　(　)

① 253　② 254
③ 255　④ 256

✔ 해설　앞의 두 항을 곱한 것이 다음 항이 된다.
따라서 $8 \times 32 = 256$

40

3　6　0　9　−3　12　(　)

① −3　② −4
③ −5　④ −6

✔ 해설　+3, −6, +9, −12, +15, −18 규칙을 가진다.
따라서 $12 - 18 = -6$

▌41~44▐ 다음의 일정한 규칙에 의해 배열된 수나 문자를 추리하여 (   ) 안에 알맞은 것을 고르시오.

41

8 3 2　　14 4 3　　20 6 3　　(　　) 7 4

① 25　　② 27

③ 30　　④ 34

✔해설 규칙성을 찾으면 $8=(3\times2)+2$, $14=(4\times3)+2$, $20=(6\times3)+2$이므로 (　　)$=(7\times4)+2$이므로 (　　) 안에 들어갈 수는 30이다.

42

Q − O − M − K − I − (　　)

① H　　② G

③ F　　④ E

✔해설 각 문자의 차는 2이다.

43

S − N − K − J − E − (　　)

① A　　② B

③ C　　④ D

✔해설 각 문자의 차가 5, 3, 1의 순서로 바뀌고 있다.

44

ㄱ − ㅋ − ㅈ − ㅅ − ㅁ − (　)

① ㄴ　　② ㄷ

③ ㅂ　　④ ㅇ

✔해설 처음 문자에 10이 더해진 후 2씩 줄어들고 있다.

Answer 38.④ 39.④ 40.④ 41.③ 42.② 43.② 44.④

| 45~48 | 다음의 빈칸에 들어갈 알맞은 수를 고르시오.

45

$4 \circ 8 = 5 \quad 7 \circ 8 = 1 \quad 9 \circ 5 = 9 \quad 3 \circ (7 \circ 2) = (\quad)$

① 6　② 13
③ 19　④ 24

해설 계산법칙을 유추하면 두 수를 곱한 후 십의자리 수와 일의자리 수를 더한 것에서 일의 자리만 생각한 것이다.

46

$2 * 3 = 3 \quad 4 * 7 = 21 \quad 5 * 8 = 32 \quad 7 * (5 * 3) = (\quad)$

① 70　② 72
③ 74　④ 76

해설 계산법칙을 유추하면 두 수를 곱한 후 두 번째 수를 뺀 것이다.

47

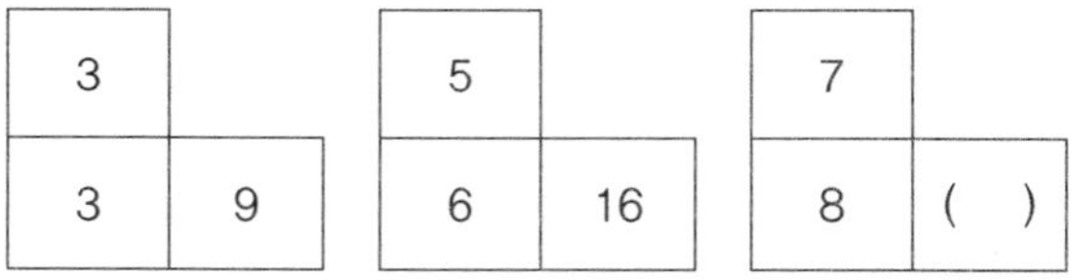

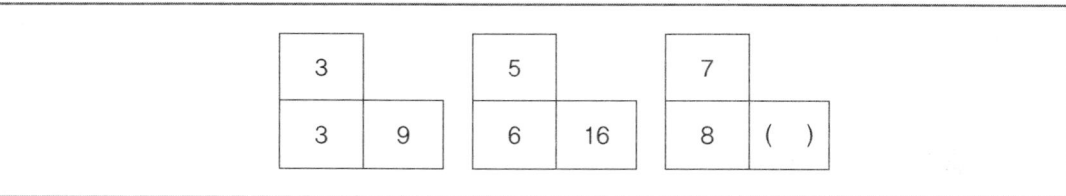

① 22　② 25
③ 28　④ 31

해설

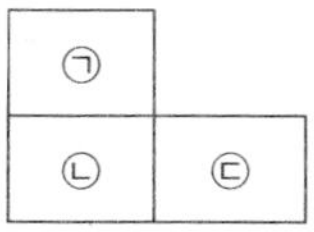

∴ ㉢ = ㉠ × 2 + ㉡

48

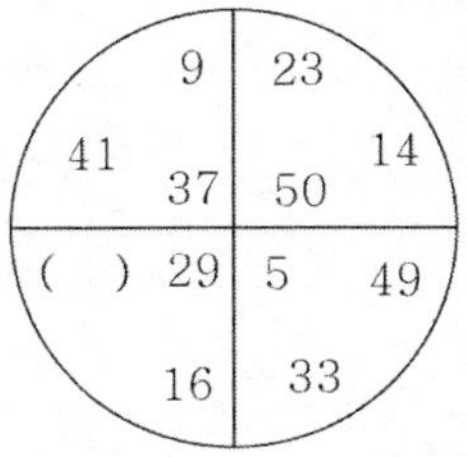

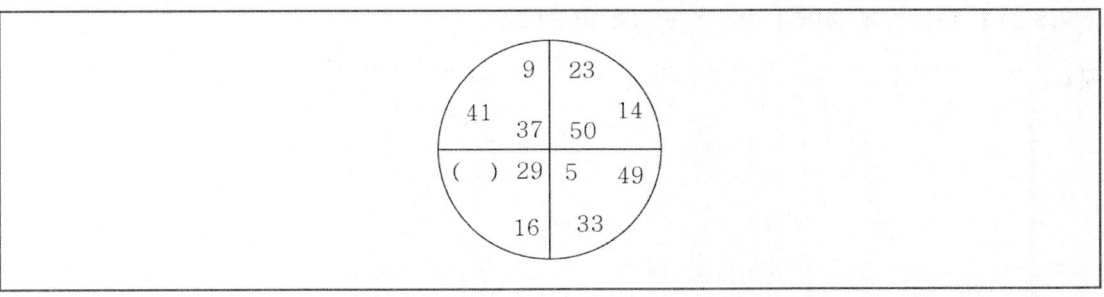

① 42　　② 41
③ 40　　④ 39

✔해설 원의 나누어진 한 부분의 숫자의 합은 87이다.

49 **다음 색칠된 곳의 숫자에서부터 시계방향으로 진행하면서 숫자와의 관계를 고려하여 ? 표시된 곳에 들어갈 알맞은 숫자를 고르시오.**

5488	392	
		28
76832	1075648	?

① 2　　② 4
③ 6　　④ 8

✔해설 각 숫자에 $\frac{1}{14}$가 곱해지면서 변하고 있다.

Answer 45.① 46.② 47.① 48.① 49.①

┃50~51┃ 다음 ?에 들어갈 알맞은 숫자를 고르시오.

50

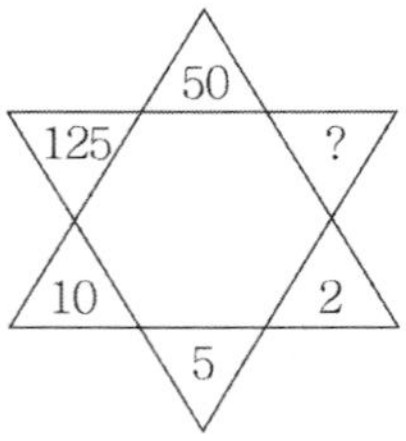

① 21　　② 23

③ 25　　④ 27

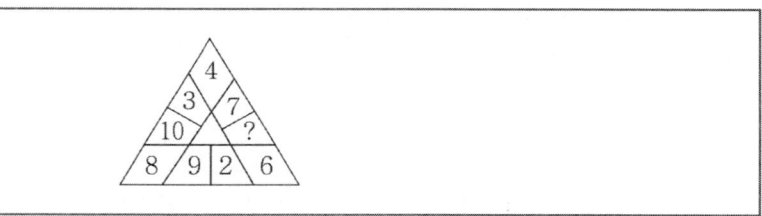

✔해설 마주보고 있는 숫자를 곱하면 모두 250이 된다.

51

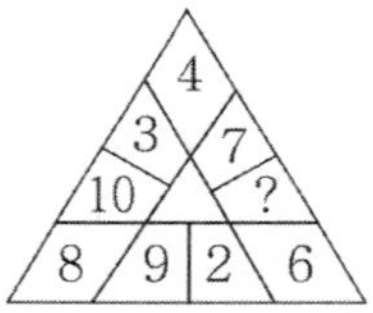

① 5　　② 8

③ 11　　④ 14

✔해설 한 변의 숫자를 더하면 모두 25가 되어야 한다.

▎52~57▎ 다음 도형들의 일정한 규칙을 찾아 ? 표시된 부분에 들어갈 도형을 고르시오.

52

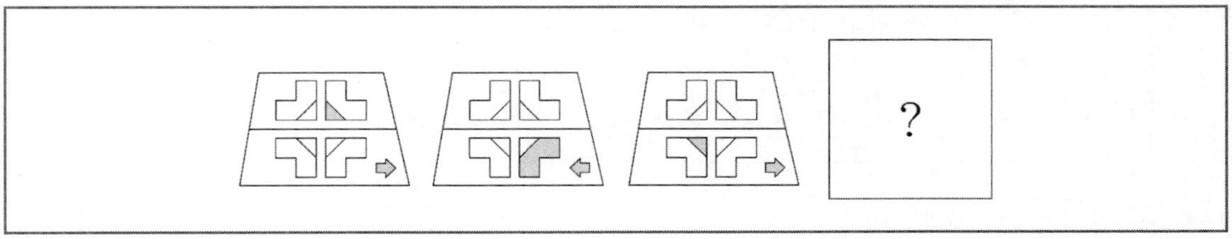

① 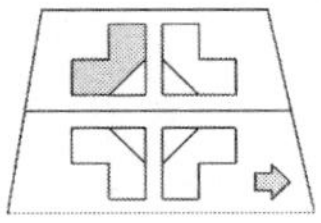

② 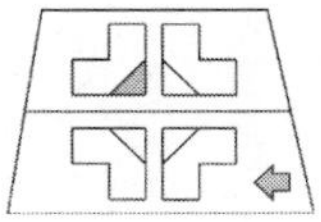

③ 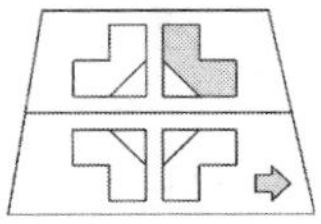

④ 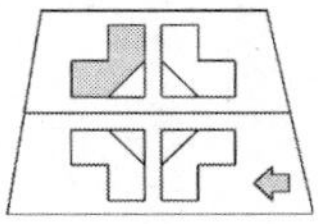

해설 중앙에 있는 도형들이 한 개씩 시계방향으로 안쪽, 바깥쪽 순으로 색칠이 되고 있으며, 화살표는 오른쪽, 왼쪽을 번갈아 가면서 나타나고 있다.

53

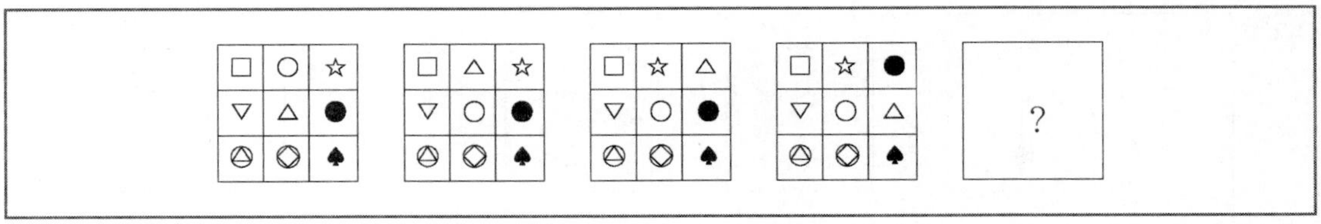

① 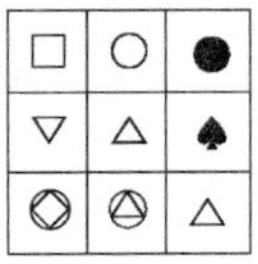

② 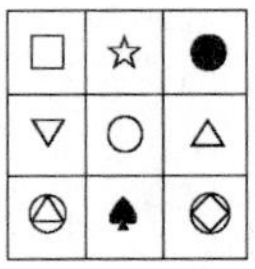

③ 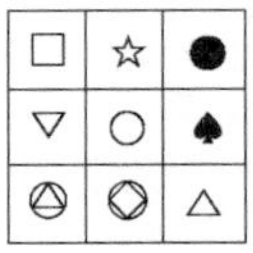

④ 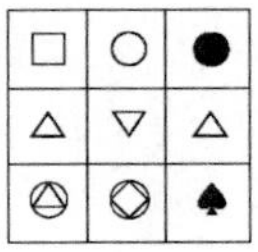

해설 ③ △ 도형이 시계방향으로 인접한 부분의 도형과 자리를 바꾸어 가면서 이동하고 있다.

Answer 50.③ 51.② 52.④ 53.③

54

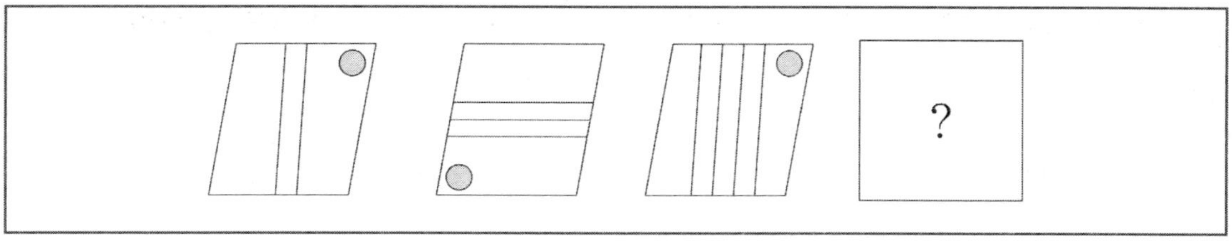

① 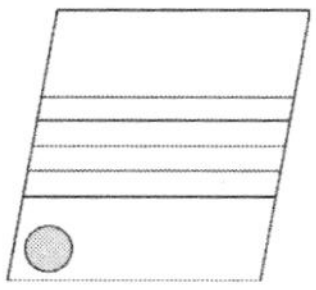

② 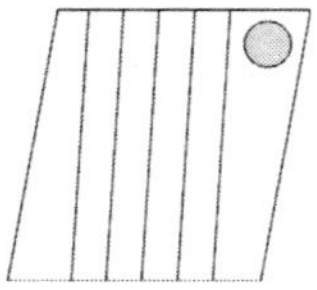

③ 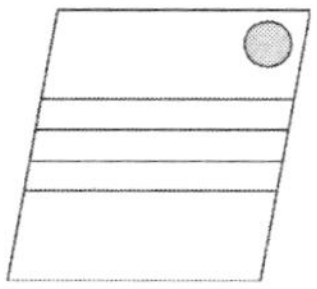

④ 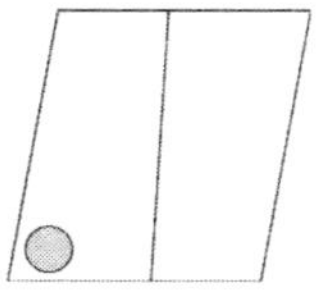

✔ 해설 사각형 안쪽에 있는 실선의 개수가 오름차순으로 늘어나고 있으며, 실선의 방향이 세로, 가로 순으로 반복되고 있다. 사각형 안쪽에 있는 원은 오른쪽 위, 왼쪽 아래 순으로 반복되고 있다.

55

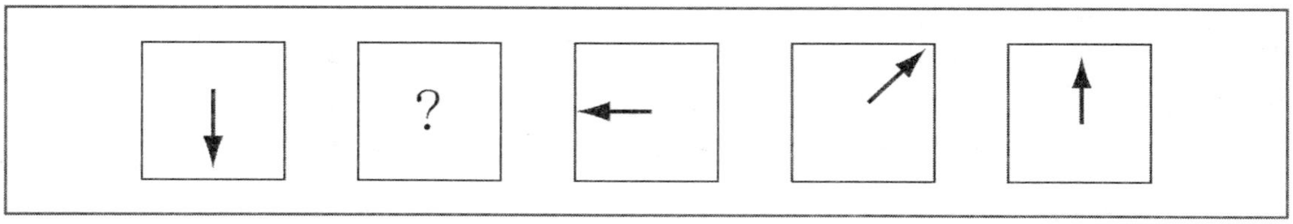

① 

② 

③ 

④ 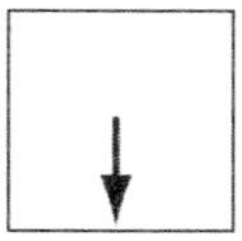

✔ 해설 제시된 도형의 경우 세 개의 도형을 보고 규칙성을 찾아야 한다. 세 개의 도형을 관찰해 보면 화살표 모양은 135° 나아갔다가 45°로 다시 되돌아오는 패턴을 반복하고 있다.

56

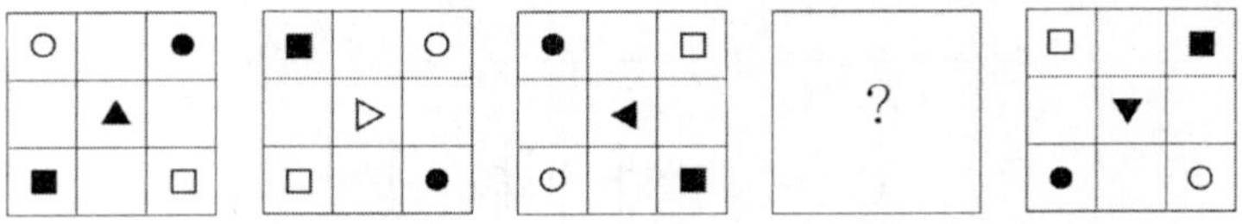

① 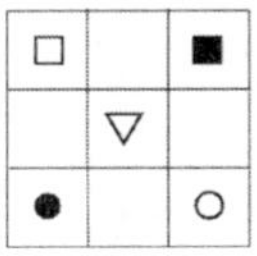

② 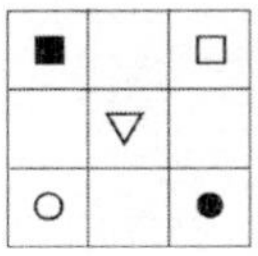

③ 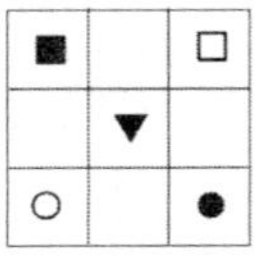

④ 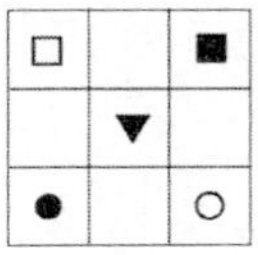

✔해설 제시된 도형은 시계방향으로 90˚→180˚→270˚→360˚ 순으로 회전하며, 삼각형은 홀수에만 색칠 되는 패턴을 반복하고 있다.

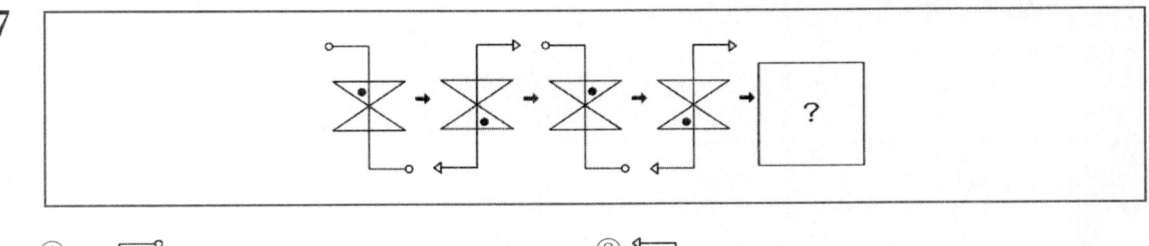

57

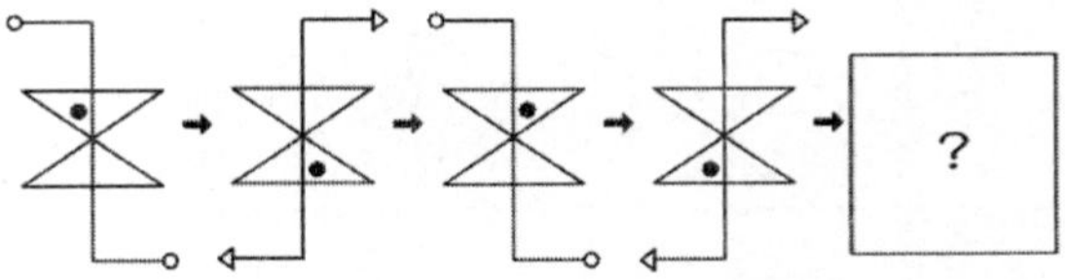

① 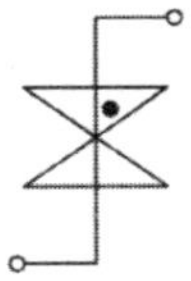

② 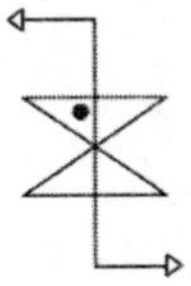

③ 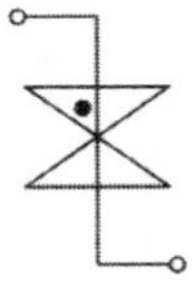

④ 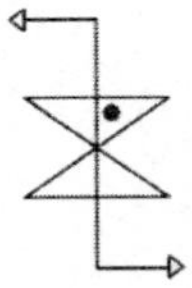

✔해설 ③ 제시된 도형의 경우 첫 번째, 세 번째와 두 번째, 네 번째 도형으로 나누어 생각할 수 있다. 첫 번째, 세 번째 도형의 경우 모양은 같은 채 삼각형에 있는 검은색 원의 위치만 바뀌고 있으므로 다섯 번째에는 검은색 원이 왼쪽에 위치해야 한다.

Answer 54.① 55.③ 56.① 57.③

| 58~60 | 다음 빈칸에 들어갈 알맞은 모양으로 옳은 것을 고르시오.

58

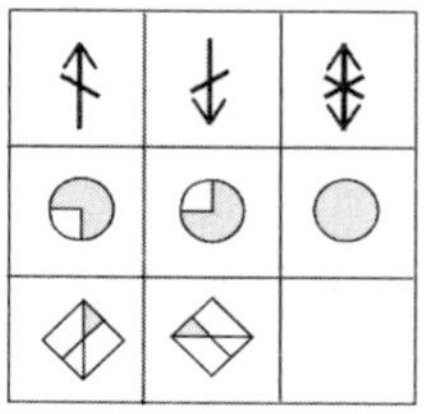

① 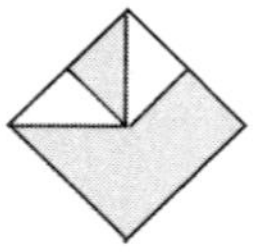

② 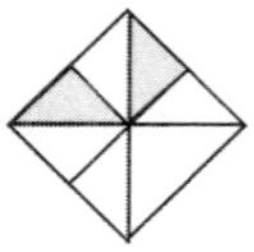

③ 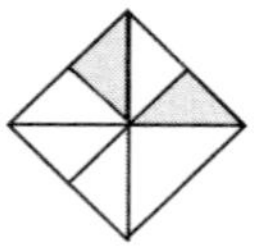

④ 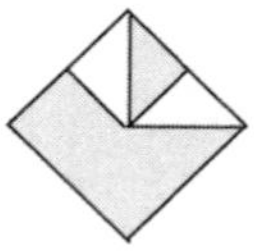

해설 1열과 2열의 합이 3열이 되고 있다.

59

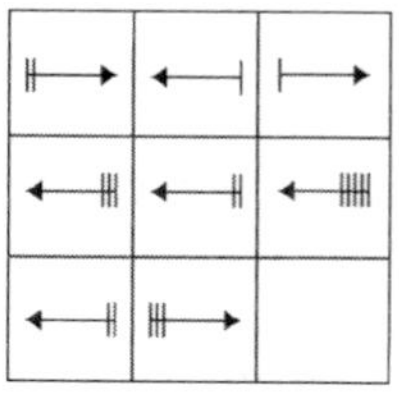

① 

② 

③ 

④ 

해설 1열과 2열을 서로 계산하여 3열이 나오는 관계인데 화살표의 방향이 같으면 덧셈을, 화살표의 방향이 반대이면 뺄셈을 하며, 화살표 끝의 작대기가 숫자의 크기를 의미한다.

60

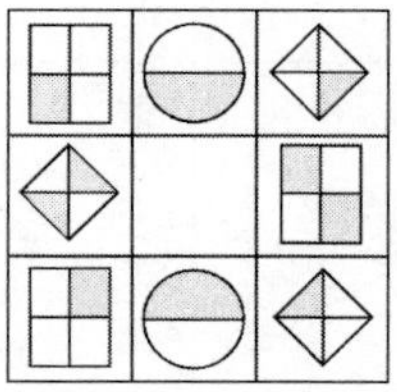

① 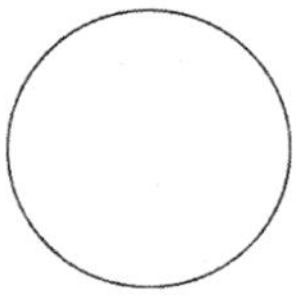

② 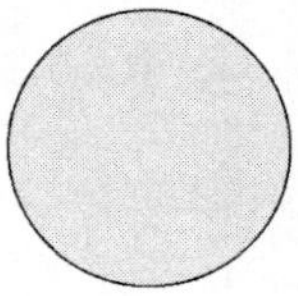

③ 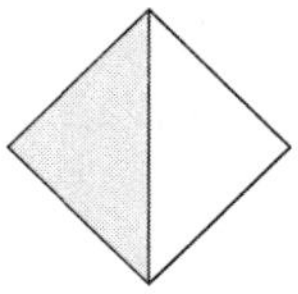

④ 

✔해설 각 행과 열의 가운데 부분은 양 옆의 도형의 전체 면적에 대한 색칠한 부분의 상대적 비율의 합을 나타낸다.

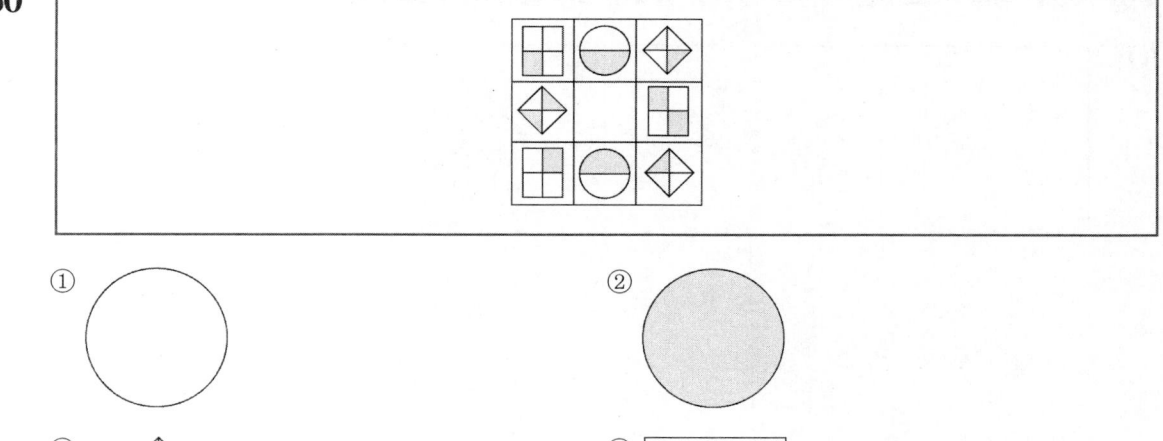

Answer 58.② 59.② 60.②

▌61~65▐ 다음 ? 표시된 부분에 들어갈 알맞은 모양의 도형을 고르시오.

61

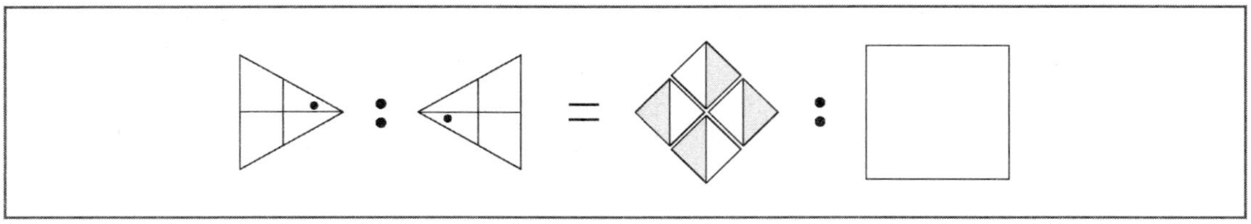

①

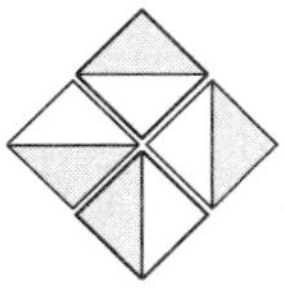

②

③

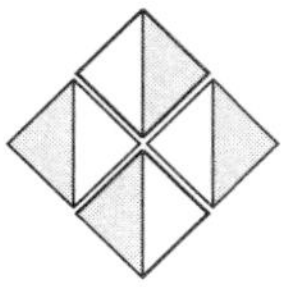

④

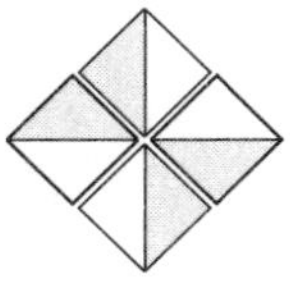

해설 두 그림의 관계는 180˚회전 관계다.

62

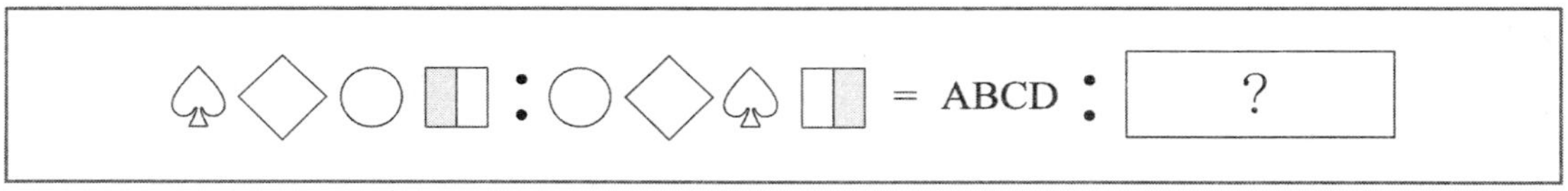

① CBAD

② CBDA

③ CADᗺ

④ CBAᗡ

해설 순서대로 대입하여 비교하여 바뀐 부분을 찾으면 된다.

63

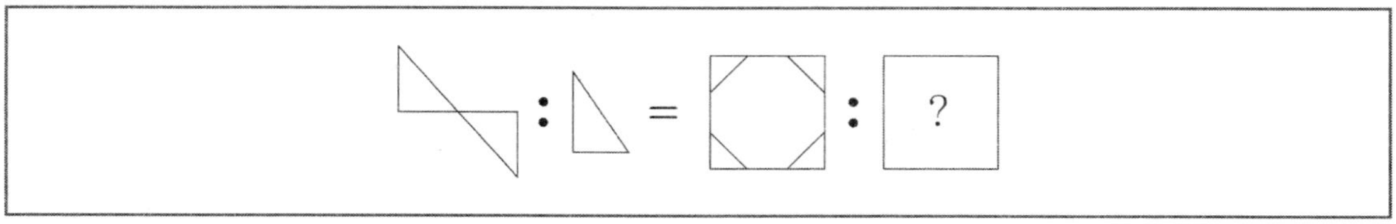

① 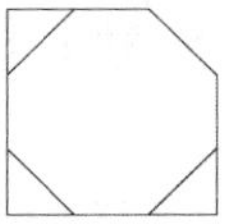

② 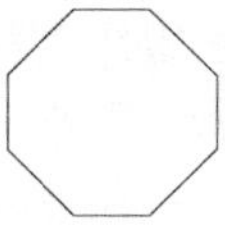

③ 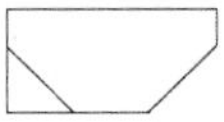

④ 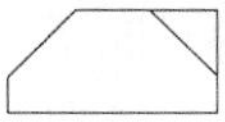

해설 오른쪽 도형은 왼쪽 도형에서 삼각형을 1개 뺀 것이다.

64

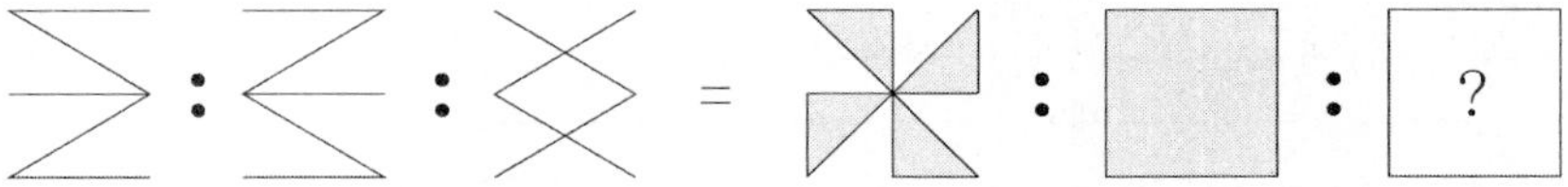

① 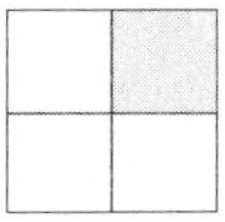

② 

③ 

④ 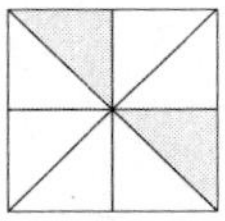

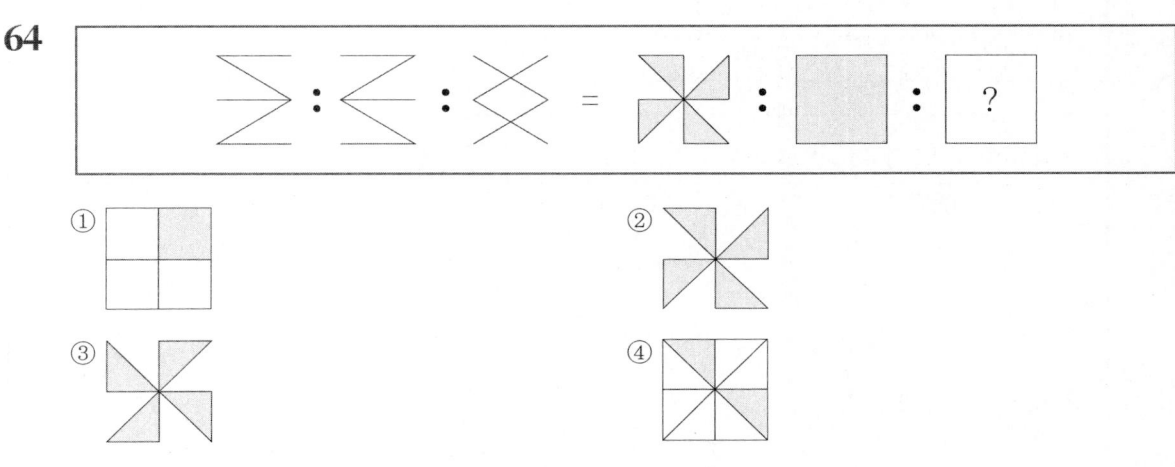

해설 처음 그림과 두 번째 그림을 합쳤을 때 겹치는 부분을 삭제한 것이 세 번째 그림이 된다.

65

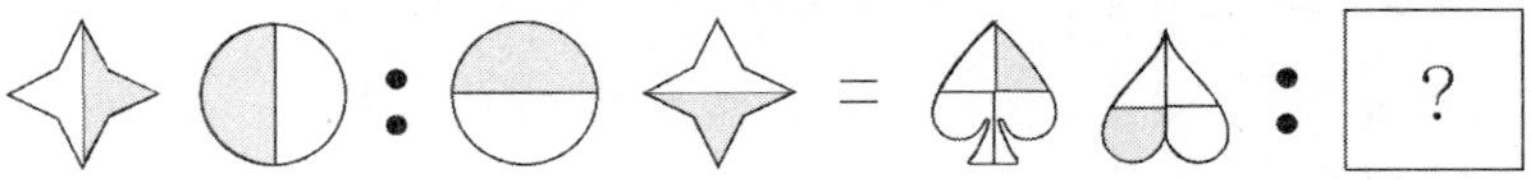

① 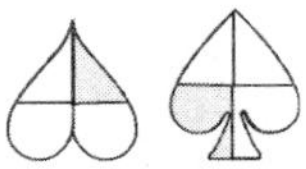

② 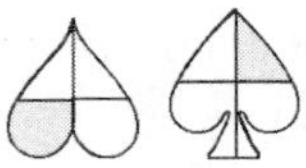

③ 

④ 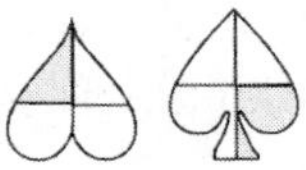

해설 도형의 위치가 바뀌고 내부에 색칠된 것은 시계방향으로 90° 회전한 것이다.

Answer 61.③ 62.④ 63.① 64.③ 65.④

66 유아용품 홍보팀의 사원 은이씨는 일산 킨텍스에서 열리는 유아용품박람회에 참여하고자 한다. 당일 회의 후 출발해야 하며 회의 종료 시간은 오후 3시이다.

장소	일시
일산 킨텍스 제2전시장	2022. 1. 20(금) PM 15:00~19:00 * 입장가능시간은 종료 2시간 전 까지

오시는 길

지하철 : 4호선 대화역(도보 30분 거리)

버스 : 8109번, 8407번(도보 5분 거리)

• 회사에서 버스정류장 및 지하철역까지 소요시간

출발지	도착지	소요시간	
회사	×× 정류장	도보	15분
		택시	5분
	지하철역	도보	30분
		택시	10분

• 일산 킨텍스 가는 길

교통편	출발지	도착지	소요시간
지하철	강남역	대화역	1시간 25분
버스	×× 정류장	일산 킨텍스 정류장	1시간 45분

위의 제시 상황을 보고 은이씨가 선택할 교통편으로 가장 적절한 것은?

① 도보 – 지하철
② 도보 – 버스
③ 택시 – 지하철
④ 택시 – 버스

✔ 해설 ④ 택시로 버스정류장까지 이동해서 버스를 타고 가게 되면 택시(5분), 버스(1시간 45분), 도보(5분)으로 1시간 55분이 걸린다.

① 도보–지하철 : 도보(30분), 지하철(1시간 25분), 도보(30분)이므로 총 2시간 25분이 걸린다.

② 도보–버스 : 도보(15분), 버스(1시간 45분), 도보(5분)이므로 총 2시간 5분이 걸린다.

③ 택시–지하철 : 택시(10분), 지하철(1시간 25분), 도보(30분)이므로 총 2시간 5분이 걸린다.

67 **다음 중 공문서 작성에 대한 설명으로 가장 적절하지 못한 것은?**

① 공문서나 유가증권 등에 금액을 표시할 때에는 한글로 기재하고 그 옆에 괄호를 넣어 숫자로 표기한다.

② 날짜는 숫자로 표기하되 년, 월, 일의 글자는 생략하고 그 자리에 온점(.)을 찍어 표시한다.

③ 첨부물이 있는 경우에는 붙임 표시문 끝에 1자 띄우고 "끝."이라고 표시한다.

④ 공문서의 본문이 끝났을 경우에는 1자를 띄우고 "끝."이라고 표시한다.

해설 공문서 금액 표시
아라비아 숫자로 쓰고, 숫자 다음에 괄호를 하여 한글로 기재한다.
예) 123,456원의 표시 : 금 123,456(금 일십이만삼천사백오십육원)

68 **당신은 팀장님께 업무 지시내용을 수행하고 결과물을 보고 드렸다. 하지만 팀장님께서는 "최대리 업무를 이렇게 처리하면 어떡하나? 누락된 부분이 있지 않은가."라고 말하였다. 이에 대해 당신이 행할 수 있는 가장 부적절한 대처 자세는?**

① "죄송합니다. 제가 잘 모르는 부분이라 이수혁 과장님께 부탁을 했는데 과장님께서 실수를 하신 것 같습니다."

② "주의를 기울이지 못해 죄송합니다. 어느 부분을 수정보완하면 될까요?"

③ "지시하신 내용을 제가 충분히 이해하지 못하였습니다. 내용을 다시 한 번 여쭤보아도 되겠습니까?"

④ "부족한 내용을 보완하는 자료를 취합하기 위해서 하루정도가 더 소요될 것 같습니다. 언제까지 재작성하여 드리면 될까요?"

해설 상사가 부탁한 지시사항을 다른 사람에게 부탁하는 것은 옳지 못하며 설사 그렇다고 해도 그 일의 과오에 대해 책임을 전가하는 것은 지양해야 할 자세이다.

Answer 66.④ 67.① 68.①

69 **다음 자료를 보고 주어진 상황에 대한 물음에 답하시오.**

〈근로소득에 대한 간이 세액표〉

월 급여액(천 원) [비과세 및 학자금 제외]		공제대상 가족 수				
이상	미만	1	2	3	4	5
2,500	2,520	38,960	29,280	16,940	13,570	10,190
2,520	2,540	40,670	29,960	17,360	13,990	10,610
2,540	2,560	42,380	30,640	17,790	14,410	11,040
2,560	2,580	44,090	31,330	18,210	14,840	11,460
2,580	2,600	45,800	32,680	18,640	15,260	11,890
2,600	2,620	47,520	34,390	19,240	15,680	12,310
2,620	2,640	49,230	36,100	19,900	16,110	12,730
2,640	2,660	50,940	37,810	20,560	16,530	13,160
2,660	2,680	52,650	39,530	21,220	16,960	13,580
2,680	2,700	54,360	41,240	21,880	17,380	14,010
2,700	2,720	56,070	42,950	22,540	17,800	14,430
2,720	2,740	57,780	44,660	23,200	18,230	14,850
2,740	2,760	59,500	46,370	23,860	18,650	15,280

※ 갑근세는 제시되어 있는 간이 세액표에 따름

※ 주민세＝갑근세의 10%

※ 국민연금＝급여액의 4.50%

※ 고용보험＝국민연금의 10%

※ 건강보험＝급여액의 2.90%

※ 교육지원금＝분기별 100,000원(매 분기별 첫 달에 지급)

박○○ 사원의 5월 급여내역이 다음과 같고 전월과 동일하게 근무하였으나, 특별수당은 없고 차량지원금으로 100,000원을 받게 된다면, 6월에 받게 되는 급여는 얼마인가? (단, 원 단위 절삭)

(주) 서원플랜테크 5월 급여내역			
성명	박○○	지급일	5월 12일
기본급여	2,240,000	갑근세	39,530
직무수당	400,000	주민세	3,950
명절 상여금		고용보험	11,970
특별수당	20,000	국민연금	119,700
차량지원금		건강보험	77,140
교육지원		기타	
급여계	2,660,000	공제합계	252,290
		지급총액	2,407,710

① 2,443,910 ② 2,453,910
③ 2,463,910 ④ 2,473,910

해설

기본급여	2,240,000	갑근세	46,370
직무수당	400,000	주민세	4,630
명절 상여금		고용보험	12,330
특별수당		국민연금	123,300
차량지원금	100,000	건강보험	79,460
교육지원		기타	
급여계	2,740,000	공제합계	266,090
		지급총액	2,473,910

70 다음은 통신사별 시행하는 통화 요금제 방식이다. 다음과 같은 방식으로 영희가 한 달에 174시간통화를 한다면 어느 통신사를 사용하는 것이 유리한가?

요금제		A 사	B 사	C 사	D 사
50시간까지	기본요금	2,000원	2,600원	1,800원	시간 상관없이 5,500원
50시간이후	30분 단위요금	14원	11.5원	15.1원	

① A사 ② B사
③ C사 ④ D사

해설 A : 2,000+(174−50)×2×14=5,472원
B : 2,600+(174−50)×2×11.5=5,452원
C : 1,800+(174−50)×2×15.1=5,544.8원
D : 5,500원

Answer 69.④ 70.②

CHAPTER

05 관찰탐구력

대표유형 1 기호·문자·숫자 비교

숫자 · 문자 · 기호 등을 불규칙하게 나열해 놓고 좌우를 비교하는 유형이다. 시각적인 차이점을 정확히 찾아내는 능력을 파악하며, 비교적 간단한 문제들이 출제된다. 그러나 빠르게 찾아낼 수 있는 집중력이 더욱 필요한 파트이다. 한글, 알파벳, 로마자, 세 자리 숫자, 전각기호 등이 나왔고, 아랍어도 출제되었다. 사전에 비슷한 유형의 문제를 풀어보는 것이 중요하며 가장 직관적으로 접해야 하는 파트이다. 전체적인 것을 보고 문제를 해결하려고 하지 말고, 특징적인 부분을 파악하여 해결하는 연습을 하면 빠른 시간 안에 풀 수 있다.

예제풀이

짝지어진 문자가 서로 다른 것은?

① abcdefghijklmn – abcdefghijklmn
② 가갸거겨고교구규그기 – 가갸거겨고교구규그기
③ 13421423455543 – 13421423455543
④ 小貪大失 – 小僨大失

[해설]
①②③④를 좌우를 비교했을 때, ④는 '小貪大失 – 小僨大失' 밑줄 친 글자가 다르다. 이렇게 양쪽을 비교하는 문제가 출제된다.

답 ④

대표유형 2 특정 문자·숫자·기호 찾기

큰 지문에 다양한 문자 · 숫자 · 기호들을 섞어놓고 문제에서 제시한 문자 · 숫자 · 기호를 지문 안에서 찾는 유형이다.

① 제시되지 않은 문자 또는 모형 고르기

② 제시된 문자 또는 기호가 모두 몇 번 제시되었는지 개수 찾기

예제풀이

다음에서 마늘은 몇 번 제시되었나?

마음	마을	마늘	마야	마약	마우	마술
마부	마력	마루	마늘	말다	마당	마마
마디	마감	마개	마린	마크	마임	마중
마취	망상	막차	마하	막리	막간	막내

① 1번　　② 2번
③ 3번　　④ 4번

[해설]
아래의 표를 보면 마늘은 두 번 제시되었다.

마음	마을	마늘	마야	마약	마우	마술
마부	마력	마루	마늘	말다	마당	마마
마디	마감	마개	마린	마크	마임	마중
마취	망상	막차	마하	막리	막간	막내

답 ②

출제예상문제

| 1~3 | 다음 제시된 문자열과 다른 것을 고르시오.

1

음료가뜨거우니주의바람

① 음료가뜨거우니주의바람 ② 음로가뜨거우니주의바람
③ 음료가뜨거우니주의바람 ④ 음료가뜨거우니주의바람

해설 ② 음로가뜨거우니주의바람

2

서늘한바람이불기시작한다

① 서늘한바람이븚기시작한다 ② 서늘한바람이불기시작한다
③ 서늘한바람이불기시작한다 ④ 서늘한바람이불기시작한다

해설 ① 서늘한바람이븚기시작한다

3

심각한피해를안기고떠난태풍

① 심각한피해를안기고떠난태풍 ② 심각한피해를안기고떠난태풍
③ 심각한피해를안기고떠난태풍 ④ 심각한피해를안기고떠녀난태풍

해설 ④ 심각한피해를안기고떠녀난태풍

▌4~16▐ 다음 제시된 문자를 서로 비교하여 다른 것을 고르시오.

4 ① cmpsoweirpk – cmpsoweirpk ② cporpoweik – cporqowejk
③ nodcvjpdpori – nodcvjpdpori ④ 제배뎅터펜제 – 제배뎅터펜제

해설 ② cporpoweik – cporqowejk

5 ① fjsdfopjorp – fjsdfopjorp ② 54896315 – 54896315
③ 소수득별준 – 소수특별준 ④ 웬걸왠지웽왱 – 웬걸왠지웽왱

해설 ③ 소수득별준–소수특별준

6 ① sadflkjdlksjf – sadflkjdlksjf ② 철수책상철책상 – 철수책상철책상
③ 15149528479 – 15149528479 ④ 頂上會談報道局 – 頂上會淡報道局

해설 ④ 頂上會談報道局 – 頂上會淡報道局

7 ① 거너더러머버서 – 거너더러머버서
② 까따빠꾸꼬끼놓 – 까따빠꾸꼬끼놓
③ 쿵퉁펑렁톨융풍 – 쿵퉁펑랑툴융풍
④ 돌놀물솔홀설롤 – 돌놀물솔홀설롤

해설 ③ 쿵퉁펑렁톨융풍 – 쿵퉁펑랑툴융풍

Answer 1.② 2.① 3.④ 4.② 5.③ 6.④ 7.③

8 ① ERWRWTGSGDGD – ERWRWTGSGDGD
② 316456545478796 – 316456545478796
③ 공농동롱망방상앙장 – 공농동롭망방상앙장
④ 898532342515636 – 898532342515636

✔ 해설 ③ 공농동롱망방상앙장 – 공농동롭망방상앙장

9 ① 11111111110000 – 11111111110000
② 11110101011111 – 11110101011111
③ 10101110000100 – 10101110000100
④ 10000011010101 – 10001111010101

✔ 해설 ④ 10000011010101 – 10001111010101

10 ① 쥴율뷸슐컹청평콩충탕 – 쥴율뷸슐컹청평콩충탕
② ABEFGDHSHFHDFH – ABEFGDHSHTHDFH
③ 4652132164985654 – 4652132164985654
④ 다라마고도나방가라하 – 다라마고도나방가라하

✔ 해설 ② ABEFGDHSHFHDFH – ABEFGDHSHTHDFH

11 ① XZBEFGWERBEREY – XZBEFGWERBEREY
② QVDNJKYKRYJWASH – QVDNJKYKTLJWASH
③ YMHGMEFBEDBNCE – YMHGMEFBEDBNCE
④ NVDENERGEWRTJYR – NVDENERGEWRTJYR

✔ 해설 ② QVDNJKYKRYJWASH – QVDNJKYKTLJWASH

12 ① 家多龐偵怒奈茄浬 – 家多龐偵怒奈茄浬
② 茶遐呼誠亭露徠秋 – 茶遐呼誠山牧徠秋
③ 調丁失畺娼封膏桃 – 調丁失畺娼封膏桃
④ 表右懿督黎竅尸蘿 – 表右懿督黎竅尸蘿

✔해설 ② 茶遐呼誠亭露徠秋 – 茶遐呼誠<u>山牧</u>徠秋

13 ① 31526587951356 – 31526587951356
② PTRIFDNFHRUT – PTRIFDNHFRUT
③ 95325712563015 – 95325712563015
④ 가갸거겨고교구규그 – 가갸거겨고교구규그

✔해설 ② PTRIFDNFHRUT – PTRIFDN<u>HF</u>RUT

14 ① ㄱㅅㅇㅌㅊㄴㄷㄱㅅㅁㅇㄷㄱ – ㄱㅅㅇㅌㅊㄴㄷㄱㅈㅇㅁㄷㄱ
② ㅂㅋㅌㅅㄴㅇㅁㄹㅅㅈㄱㅍㅂ – ㅂㅋㅌㅅㄴㅇㅁㄹㅅㅈㄱㅍㅂ
③ ㅊㅈㅋㅂㅌㅍㅅㅇㅁㄹㄷㄱㄴ – ㅊㅈㅋㅂㅌㅍㅅㅇㅁㄹㄷㄱㄴ
④ ㅇㅅㄱㅋㄷㅌㅂㅎㅁㅋㅊㅌㅈ – ㅇㅅㄱㅋㄷㅌㅂㅎㅁㅋㅊㅌㅈ

✔해설 ① ㄱㅅㅇㅌㅊㄴㄷㄱㅅㅁㅇㄷㄱ – ㄱㅅㅇㅌㅊㄴㄷㄱ<u>ㅈㅇㅁ</u>ㄷㄱ

15 ① 自玄音魚石米首比艮 – 自玄音魚舌米首比艮
② 龜鼠虍豸子勹亠爿屮 – 龜鼠虍豸子勹亠爿屮
③ 自至肉臣隹靑雨魚麻 – 自至肉臣隹靑雨魚麻
④ 髟龍豆豕米食舌肉赤 – 髟龍豆豕米食舌肉赤

✔해설 ① 自玄音魚石米首比艮 – 自玄音魚<u>舌</u>米首比艮

Answer 8.③ 9.④ 10.② 11.② 12.② 13.② 14.① 15.①

16 ① ◈◑◑▨▧▦▩◉◐▣ – ◈◑◑▨▧▦▩◉◐▣

② ♣◉◈▣◐♤♠♡♥♧▷ – ♣◉◈▣◐♤♠♡♥♧▷

③ ♩♪♪♬♩♪♬♪♩♬♩♬ – ♩♪♪♬♩♪♬♪♩♬♩♬

④ ∈∋⊂⊃∋⊃∈⊂∈∋⊂ – ∈∋⊂⊃⊃∋⊂∈∈∋⊂

✔ 해설 ④ ∈∋⊂⊃∋⊃∈⊂∈∋⊂ – ∈∋⊂⊃⊃∋⊂∈∈∋⊂

17 ① ▤▥▨▦▧▤▥▧▨ – ▤▥▨▦▧▤▥▧▨

② ◆◇◆◇◇◆◇◆◇ – ◆◇◆◇◇◆◇◆◇

③ ☆★☆☆★★○★☆ – ☆★☆☆☆★○★☆

④ ▣□□▣▣□▣■□ – ▣□□▣▣□▣■□

✔ 해설 ② ☆★☆☆★★○★☆ – ☆★☆☆☆★○★☆

18 ① в ы ъ э а в г ъ ш – в ы ъ э а в г ъ ш

② aqwfjopniqmxllgkd – aqwfjopnipnxllgkd

③ 鉫淚忓梮蕑氣浉玕 – 鉫淚忓梮蕑氣浉玕

④ ①②⑦①④⑨③⑤ – ①②⑦①④⑨③⑤

✔ 해설 ② aqwfjopniqmxllgkd – aqwfjopnipnxllgkd

19 ① 19364895 – 19364895

② あこどてゃぎぷっ – あごどてゃぎぷづ

③ 奴ナ八尼巴多尓ㄍ – 奴ナ八尼巴多尓ㄍ

④ Т Д И Ж Й Ї е Ц Ќ Ў о ў – Т Д И Ж Й Ї е Ц Ќ Ў о ў

✔ 해설 ② あこどてゃぎぷっ – あごどてゃぎぷづ

▌20~21 ▌ 다음에서 제시되지 않은 문자를 고르시오.

K	R	W	C	B	R	C
W	Q	Y	E	I	H	F
D	S	H	F	C	R	H
C	B	C	W	Q	Y	I
J	G	T	D	Z	W	R
N	Y	M	F	D	C	E
T	Y	G	V	V	R	W

20 ① A ② Y
③ S ④ T

해설

K	R	W	C	B	R	C
W	Q	Y	E	I	H	F
D	S	H	F	C	R	H
C	B	C	W	Q	Y	I
J	G	T	D	Z	W	R
N	Y	M	F	D	C	E
T	Y	G	V	V	R	W

21 ① C ② F
③ L ④ M

해설

K	R	W	C	B	R	C
W	Q	Y	E	I	H	F
D	S	H	F	C	R	H
C	B	C	W	Q	Y	I
J	G	T	D	Z	W	R
N	Y	M	F	D	C	E
T	Y	G	V	V	R	W

Answer 16.④ 17.③ 18.② 19.② 20.① 21.③

▍22~24▍ 다음 제시된 두 글을 비교하여 각 문장이 서로 같으면 ①, 다르면 ②를 선택하시오.

22

> 개는 옛날부터 집을 지키거나 망을 보는 용도로 사육(飼育)되어 왔으며, 고대 이집트에서는 특히 규방(閨房)을 지키는 용도로 사육되었다. 투견(鬪犬)의 역사(歷史)도 로마시대까지 거슬러 올라간다. 또 이 시대에는 군용견(軍用犬)으로서 전쟁터에서 쓰이기도 하였다. 유럽의 민속(民俗)에서는 개가 유령(幽靈), 악령(惡靈), 신(神) 및 죽음을 고하는 천사(天使)를 볼 수 있는 힘을 가졌다고 믿기도 하였다.

> 개는 옛날부터 집을 지키거나 망을 보는 용도로 사육(飼育)되어 왔으며, 고대 이집트에서는 특히 규방(閨房)을 지키는 용도로 사육되었다. 투견(鬪犬)의 역사(歷史)도 로마시대까지 거슬러 올라간다. 또 이 시대에는 군용견(軍用犬)으로서 전쟁터에서 쓰이기도 하였다. 유럽의 민속(民俗)에서는 개가 유령(幼齡), 악령(惡靈), 신(神) 및 죽음을 고하는 천사(天使)를 볼 수 있는 힘을 가졌다고 믿기도 하였다.

① 같다 ② 다르다

해설

> 개는 옛날부터 집을 지키거나 망을 보는 용도로 사육(飼育)되어 왔으며, 고대 이집트에서는 특히 규방(閨房)을 지키는 용도로 사육되었다. 투견(鬪犬)의 역사(歷史)도 로마시대까지 거슬러 올라간다. 또 이 시대에는 군용견(軍用犬)으로서 전쟁터에서 쓰이기도 하였다. 유럽의 민속(民俗)에서는 개가 유령(<u>幽靈</u>), 악령(惡靈), 신(神) 및 죽음을 고하는 천사(天使)를 볼 수 있는 힘을 가졌다고 믿기도 하였다.

> 개는 옛날부터 집을 지키거나 망을 보는 용도로 사육(飼育)되어 왔으며, 고대 이집트에서는 특히 규방(閨房)을 지키는 용도로 사육되었다. 투견(鬪犬)의 역사(歷史)도 로마시대까지 거슬러 올라간다. 또 이 시대에는 군용견(軍用犬)으로서 전쟁터에서 쓰이기도 하였다. 유럽의 민속(民俗)에서는 개가 유령(<u>幼齡</u>), 악령(惡靈), 신(神) 및 죽음을 고하는 천사(天使)를 볼 수 있는 힘을 가졌다고 믿기도 하였다.

23

> 우리 지구가 속해 있는 태양계는 태양을 중심으로 현재 8개 행성이 포함되어 있다. 수성, 금성, 지구, 화성, 목성, 토성, 천왕성, 해왕성이 그것으로 이들은 모두 다른 공전 주기를 갖고 태양 주위를 돌고 있다.

> 우리 지구가 속해 있는 태양계는 태양을 중심으로 현재 8개 행성이 포함되어 있다. 수성, 금성, 지구, 화성, 목성, 토성, 천왕성, 해왕성이 그것으로 이들은 모두 같은 공전 주기를 갖고 태양 주위를 돌고 있다.

① 같다　　② 다르다

해설

> 우리 지구가 속해 있는 태양계는 태양을 중심으로 현재 8개 행성이 포함되어 있다. 수성, 금성, 지구, 화성, 목성, 토성, 천왕성, 해왕성이 그것으로 이들은 모두 다른 공전 주기를 갖고 태양 주위를 돌고 있다.

> 우리 지구가 속해 있는 태양계는 태양을 중심으로 현재 8개 행성이 포함되어 있다. 수성, 금성, 지구, 화성, 목성, 토성, 천왕성, 해왕성이 그것으로 이들은 모두 같은 공전 주기를 갖고 태양 주위를 돌고 있다.

Answer 22.② 23.②

24

삼국유사에 처음 실린 단군신화를 보면 처음에 하늘나라 임금인 환인의 아들 환웅이 인간세상을 보다가 그 중 태백산 신단수에 내려와 곰과 호랑이에게 쑥과 마늘을 주고 각각 100일 동안 동굴 안에서 빛을 보지 않으면 사람이 된다고 했다. 곰은 참을성이 많아 삼칠일(三七日)을 견뎌 여자가 되었지만 호랑이는 그만 참지 못하고 동굴 밖을 뛰쳐나가 사람이 되지 못했다.

삼국유사에 처음 실린 단군신화를 보면 처음에 하늘나라 임금인 환인의 아들 환웅이 인간세상을 보다가 그 중 태백산 신단수에 내려와 곰과 호랑이에게 쑥과 마늘을 주고 각각 100일 동안 동굴 안에서 빛을 보지 않으면 사람이 된다고 했다. 곰은 참을성이 많아 삼칠일(三七日)을 견뎌 여자가 되었지만 호랑이는 그만 참지 못하고 동굴 밖을 뛰쳐나가 사람이 되지 못했다.

① 같다　　② 다르다

해설

삼국유사에 처음 실린 단군신화를 보면 처음에 하늘나라 임금인 환인의 아들 환웅이 인간세상을 보다가 그 중 태백산 신단수에 내려와 곰과 호랑이에게 쑥과 마늘을 주고 각각 100일 동안 동굴 안에서 빛을 보지 않으면 사람이 된다고 했다. 곰은 참을성이 많아 삼칠일(三七日)을 견뎌 여자가 되었지만 호랑이는 그만 참지 못하고 동굴 밖을 뛰쳐나가 사람이 되지 못했다.

삼국유사에 처음 실린 단군신화를 보면 처음에 하늘나라 임금인 환인의 아들 환웅이 인간세상을 보다가 그 중 태백산 신단수에 내려와 곰과 호랑이에게 쑥과 마늘을 주고 각각 100일 동안 동굴 안에서 빛을 보지 않으면 사람이 된다고 했다. 곰은 참을성이 많아 삼칠일(三七日)을 견뎌 여자가 되었지만 호랑이는 그만 참지 못하고 동굴 밖을 뛰쳐나가 사람이 되지 못했다.

| 25~26 | 다음 제시된 글을 읽고 물음에 답하시오.

> 우리나라는 예부터 유교의 영향을 많이 받은 국가로 제사를 지내는 전통 또한 유교의 영향이라 할 수 있다. 제사는 돌아가신 조상께 음식을 바치며 기원을 드리거나 추모하는 의식을 말하는데 주로 1년 중에 명절과 돌아가신 기일에 각각 지내며 이때는 온 가족이 함께 모여 음식을 만들고 의식을 행한다. 조선시대 때는 민간에서는 물론 국가적인 차원에서도 제사를 지냈는데 종묘 · 사직에 제사를 지낸 것이 그것이다.

25 위 글에서 '유교'라는 단어는 모두 몇 번 나오는가?

① 1번　　② 2번

③ 3번　　④ 4번

해설

> 우리나라는 예부터 유교의 영향을 많이 받은 국가로 제사를 지내는 전통 또한 유교의 영향이라 할 수 있다. 제사는 돌아가신 조상께 음식을 바치며 기원을 드리거나 추모하는 의식을 말하는데 주로 1년 중에 명절과 돌아가신 기일에 각각 지내며 이때는 온 가족이 함께 모여 음식을 만들고 의식을 행한다. 조선시대 때는 민간에서는 물론 국가적인 차원에서도 제사를 지냈는데 종묘 · 사직에 제사를 지낸 것이 그것이다.

26 위 글은 모두 몇 문장으로 이루어져 있는가?

① 1문장　　② 2문장

③ 3문장　　④ 4문장

해설 위 글은 모두 3문장으로 이루어져 있다.

Answer 24.① 25.② 26.③

| 27~28 | 다음 제시된 글을 읽고 물음에 답하시오.

> 따라서 예부터 사람들은 바둑은 각자의 성품과 도량을 표현하며 바둑 한 판 한 판에서 발생하는 상황들이 인생의 흥망성쇠와 희노애락과 비슷하여 인격수양에 도움이 된다고 여겼다. 우리나라에서 바둑에 대한 기사가 처음 나온 것은 삼국시대로 중국의 「구당서(舊唐書)」에는 '고구려는 바둑 · 투호의 유희를 좋아한다.'고 나와 있고, 「후한서(後漢書)」에는 '백제의 풍속은 말타고 활쏘는 것을 중히 여기며 역사서적도 사랑한다. 토호 · 저포와 여러 유희가 있는데 바둑을 더 숭상한다.'고 기록되어 있다.

27 위 글에서 '바둑'이라는 단어는 모두 몇 번 나오는가?

① 3번　　② 5번

③ 7번　　④ 9번

✔해설

> 따라서 예부터 사람들은 바둑은 각자의 성품과 도량을 표현하며 바둑 한 판 한 판에서 발생하는 상황들이 인생의 흥망성쇠와 희노애락과 비슷하여 인격수양에 도움이 된다고 여겼다. 우리나라에서 바둑에 대한 기사가 처음 나온 것은 삼국시대로 중국의 「구당서(舊唐書)」에는 '고구려는 바둑 · 투호의 유희를 좋아한다.'고 나와 있고, 「후한서(後漢書)」에는 '백제의 풍속은 말타고 활쏘는 것을 중히 여기며 역사서적도 사랑한다. 토호 · 저포와 여러 유희가 있는데 바둑을 더 숭상한다.'고 기록되어 있다.

28 위 글은 모두 몇 문장으로 이루어져 있는가?

① 3문장　　② 5문장

③ 7문장　　④ 9문장

✔해설 위 글은 모두 3문장으로 이루어져 있다.

| 29~30 | 다음 제시된 문자가 반복되는 개수를 고르시오.

기린	굴레	그늘	그네	사진	먹방	나루
사진	먹쇠	장가	굴레	돌쇠	사진	그루
연필	마술	먹방	사진	처남	사과	기린
굴레	지루	난방	처남	연장	그네	장가
그늘	사과	연장	먹쇠	사진	나루	장난
그루	처남	돌쇠	굴레	지루	장난	난방
마술	그네	장가	사진	그늘	연필	먹방

29

돌쇠

① 1개 ② 2개
③ 3개 ④ 4개

해설 둘째줄 1개, 여섯 번째 줄 1개가 있다. '돌쇠'는 총 2개가 있다.

30

사진

① 4개 ② 5개
③ 6개 ④ 7개

해설 둘째 줄 2개, 첫째 · 셋째 · 다섯째 · 일곱째 줄에 각 1개가 있다.
'사진'은 총 6개가 있다.

Answer 27.② 28.① 29.② 30.③

❙ 31~32 ❙ 다음 제시된 단어와 같은 단어의 개수를 모두 고르시오.

마음	마을	마물	마약	마술	마력	마귀	마하
마찰							
마부	마을	마력	마늘	마당	마중	마부	마임
마음							
마취	마감	마하	마찰	마간	마패	마지	마무
마파							
마치	마비	마름	마다	마사	마루	마개	마감
마당							
마루	마치	마비	마다	마감	마강	마상	마임
마귀							
마지	마개	마하	마늘	마루	마을	마약	마술
마패							

31

마을　　마주　　마인　　마전　　마정

① 1개　　② 2개
③ 3개　　④ 4개

해설 마을만 3개가 제시되어 있다. 마주, 마린, 마전, 마정은 0개이다.

32

마루　　마개　　마부　　마제　　마정

① 4개　　② 5개
③ 6개　　④ 7개

해설 마루 3개, 마개 2개, 마부 2개가 제시되어 있다.

▌33~35▐ 다음에 제시된 단어의 개수를 모두 고르시오.

자각	자폭	자갈	자의	자격	자립	자유
자기	자극	자녀	자주	자성	자라	자랑
자조	자료	자고	자만	자취	자모	자멸
자색	자본	자비	자재	자질	자수	자동
자신	자연	자원	자괴	자음	자작	자개
자매	자세	자태	자존	자력	자판	자간
자문	자주	자진	자상	자신	자극	자해

33

자동　자각　자극　자녀　자의

① 3개　② 4개
③ 5개　④ 6개

해설 자동, 자각, 자녀, 자의는 1개씩, 자극은 2개가 제시되어 있다.

34

자아　자속　자조　자애　자백

① 1개　② 2개
③ 3개　④ 없음

해설 자조만 1개 제시되어 있다.

35

자연　자극　자력　자작　자수

① 1개　② 2개
③ 3개　④ 6개

해설 자연, 자력, 자작, 자수 1개씩, 자극 2개가 제시되어 있다.

Answer 31.③ 32.④ 33.④ 34.① 35.④

| 36~37 | 다음 보기를 참고하여 제시된 단어를 바르게 표기한 것을 고르시오.

a = 소	b = 전	c = 원	d = 결
e = 망	f = 명	g = 리	h = 해
i = 개	j = 성	k = 설	l = 특

36

망 명 소 원 해 성

① e f a c h j
② e a f c h j
③ e f c a h j
④ e c f a h j

✔ 해설 망 명 소 원 해 성 – e f a c h j

37

원 성 특 전 해 결

① c j l b h d
② c l j b h d
③ c j l h b d
④ c j l b d h

✔ 해설 원 성 특 전 해 결 – c j l b h d

▌38~40▐ 주어진 보기를 참고하여 제시된 단어가 바르게 표기된 것을 고르시오.

1＝이	2＝상	3＝대	4＝명	5＝학
6＝공	7＝생	8＝교	9＝경	0＝보

38

이 경 상 교 대 학

① 1 9 2 8 3 5 ② 1 9 7 6 3 5
③ 1 9 7 8 3 5 ④ 1 9 2 6 3 5

해설 이 경 상 교 대 학 － 1 9 2 8 3 5

39

대 명 공 이 생 상

① 3 9 0 1 2 7 ② 3 4 6 1 7 2
③ 3 4 0 1 2 7 ④ 3 9 6 1 7 2

해설 대 명 공 이 생 상 － 3 4 6 1 7 2

40

상 생 경 명 교 공 보

① 2 7 4 9 6 8 0 ② 2 7 9 4 8 6 0
③ 2 7 4 9 8 6 0 ④ 2 7 9 4 6 8 0

해설 상 생 경 명 교 공 보 － 2 7 9 4 8 6 0

Answer 36.① 37.① 38.① 39.② 40.②

▌41~45▐ 다음은 한글의 자음과 모음을 영문 알파벳의 대문자와 소문자로 대응한 것이다. 이를 참고하여 제시된 단어를 알파벳으로 바르게 표기한 것을 고르시오.

ㄱ	ㄴ	ㄷ	ㄹ	ㅁ	ㅂ	ㅅ	ㅇ	ㅈ	ㅊ	ㅋ	ㅌ	ㅍ	ㅎ
A	B	C	D	E	F	G	H	I	J	K	L	M	N
ㅏ	ㅑ	ㅓ	ㅕ	ㅗ	ㅛ	ㅜ	ㅠ	ㅡ	ㅣ	ㅔ	ㅐ	ㅖ	ㅒ
a	b	c	d	e	f	g	h	i	j	k	l	m	n

41

우리나라

① HgDjBaDa
② HhDiBaDa
③ HgDiBaDc
④ HhDlBaDa

✔ 해설 ㅇ→H, ㅜ→g, ㄹ→D, ㅣ→j, ㄴ→B, ㅏ→a, ㄹ→D, ㅏ→a

42

엘리트주의

① HkDDjLiIgHij
② HkDDjLiIgHjj
③ HkDDjLjIgHij
④ HkDDiLiIgHij

✔ 해설 ㅇ→H, ㅔ→k, ㄹ→D, ㄹ→D, ㅣ→j, ㅌ→L, ㅡ→i, ㅈ→I, ㅜ→g, ㅇ→H, ㅡ→i, ㅣ→j

43

건강한신체

① AcBAaHNAbGjBJk

② AcBAaHNaBGjBJk

③ AcBAaHNaBGjBJk

④ AcBAaHNaBGiBJk

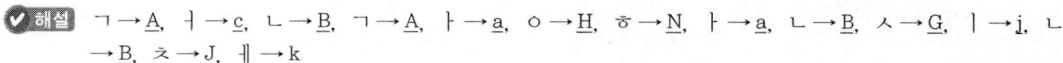

해설 ㄱ → A, ㅓ → c, ㄴ → B, ㄱ → A, ㅏ → a, ㅇ → H, ㅎ → N, ㅏ → a, ㄴ → B, ㅅ → G, ㅣ → j, ㄴ → B, ㅊ → J, ㅔ → k

44

인적성검사

① HjBjcAGcHAcEGa

② HjBIcACcHAcEGa

③ HjBIcAGcHAcEGe

④ HjBIcAGcHAcEGa

해설 ㅇ → H, ㅣ → j, ㄴ → B, ㅈ → I, ㅓ → c, ㄱ → A, ㅅ → G, ㅓ → c, ㅇ → H, ㄱ → A, ㅓ → c, ㅁ → E, ㅅ → G, ㅏ → a

45

안데르센님

① HaBCkdIGkBBjE

② HaBCkDiGkBBjE

③ HaBCKDIGkBBjE

④ HaBCkDlGkBBjE

해설 ㅇ → H, ㅏ → a, ㄴ → B, ㄷ → C, ㅔ → k, ㄹ → D, ㅡ → i, ㅅ → G, ㅔ → k, ㄴ → B, ㄴ → B, ㅣ → j, ㅁ → E

Answer 41.① 42.① 43.③ 44.④ 45.②

▎46~50▎ 다음 제시된 문자들을 뒤에서부터 거꾸로 쓴 것을 고르시오.

46

QIAXEZWIHAD

① DAHWIZEXAIQ
② DAHIWZEXAIQ
③ DAHIWEZXAIQ
④ DAHIWZEXIAQ

해설 QIAXEZWIHAD를 거꾸로 쓰면 DAHIWZEXAIQ가 된다.

47

$\pi\ \rho\ \kappa\ \delta\ \varepsilon\ \xi\ \iota\ \tau\ \lambda\ \omega$

① $\omega\ \lambda\ \iota\ \tau\ \xi\ \varepsilon\ \delta\ \kappa\ \rho\ \pi$
② $\omega\ \lambda\ \tau\ \iota\ \varepsilon\ \xi\ \delta\ \kappa\ \rho\ \pi$
③ $\omega\ \lambda\ \tau\ \iota\ \xi\ \varepsilon\ \kappa\ \rho\ \delta\ \pi$
④ $\omega\ \lambda\ \tau\ \iota\ \xi\ \varepsilon\ \delta\ \kappa\ \rho\ \pi$

해설 $\pi\ \rho\ \kappa\ \delta\ \varepsilon\ \xi\ \iota\ \tau\ \lambda\ \omega$ 를 거꾸로 쓰면 $\omega\ \lambda\ \tau\ \iota\ \xi\ \varepsilon\ \delta\ \kappa\ \rho\ \pi$가 된다.

48

101111110001100111001

① 100110101100011111101
② 100111001100011111011
③ 100111001100011111101
④ 100111010100011111101

해설 101111110001100111001을 거꾸로 쓰면 100111001100011111101이 된다.

49

덩기덕쿵더덕더러구쿠

① 쿠구러더덕더쿵덕기덩
② 쿠구러머덕더쿵덕기덩
③ 쿠구러더덕더쿵덕키덩
④ 쿠구러더덬더쿵덕기덩

해설 덩기덕쿵더덕더러구쿠를 거꾸로 쓰면 쿠구러더덕더쿵덕기덩가 된다.

50

쿵쾅쿵쾅두근두근킹콩

① 콩킹근두근두쿵쾅쾅쿵
② 콩킹근두근두쾅쿵쿵쾅
③ 콩킹근두근두쾅쿵쾅쿵
④ 콩킹근두두근쾅쿵쾅쿵

해설 쿵쾅쿵쾅두근두근킹콩을 거꾸로 쓰면 콩킹근두근두쾅쿵쾅쿵이 된다.

Answer 46.② 47.④ 48.③ 49.① 50.③

PART

02

인성검사

CHAPTER

01 인성검사의 개요

1 인성(성격)검사의 개념과 목적

인성이란 개인을 특징짓는 평범하고 일상적인 사회적 이미지, 즉 지속적이고 일관된 공적 성격(Public－personality)이며, 환경에 대응함으로써 선천적 · 후천적 요소의 상호작용으로 결정화된 심리적 · 사회적 특성 및 경향을 의미한다.

인성검사는 직무능력검사를 실시하는 대부분의 기관에서 병행하여 실시하고 있으며, 인성검사만 독자적으로 실시하는 기관도 있다.

채용기관에서는 인성검사를 통하여 각 개인이 어떠한 성격 특성이 발달되어 있고, 어떤 특성이 얼마나 부족한지, 그것이 해당 직무의 특성 및 조직문화와 얼마나 맞는지를 알아보고 이에 적합한 인재를 선발하고자 한다. 또한 개인의 성격에 적합한 직무 배분과 부족한 부분을 교육을 통해 보완하도록 할 수 있다.

인성검사의 측정요소는 검사방법에 따라 차이가 있다. 또한 각 기관들이 사용하고 있는 인성검사는 기존에 개발된 인성검사 방법에 각 기관의 인재상을 적용하여 자신들에게 적합하게 재개발하여 사용하는 경우가 많다. 그러므로 기관에서 요구하는 인재상을 파악하여 그에 따른 대비책을 준비하는 것이 바람직하다. 본서에서 제시된 인성검사는 크게 '특성'과 '유형'의 측면에서 측정하게 된다.

2 성격의 특성

(1) 정서적 측면

정서적 측면은 정신상태가 얼마나 안정되어 있는지 또는 불안정한지를 측정한다.

정서의 상태는 직무수행이나 대인관계와 관련하여 태도나 행동으로 드러난다. 그러므로 정서적 측면을 측정하는 것에 의해, 장래 조직 내의 인간관계에 어느 정도 잘 적응할 수 있을까(또는 적응하지 못할까)를 예측하는 것이 가능하다.

그렇기 때문에, 정서적 측면의 결과는 채용 시에 상당히 중시된다. 아무리 능력이 좋아도 장기적으로 조직 내의 인간관계에 잘 적응할 수 없다고 판단되는 인재는 기본적으로는 채용되지 않는다.

일반적으로 인성검사는 채용과는 관계없다고 생각하나 정서적으로 조직에 적응하지 못하는 인재는 채용단계에서 가려내지는 것을 유의하여야 한다.

① 민감성(신경도) … 꼼꼼함, 섬세함, 성실함 등의 요소를 통해 일반적으로 신경질적인지 또는 자신의 존재를 위협받는다는 불안을 갖기 쉬운지를 측정한다.

질문	전혀 그렇지 않다	그렇지 않다	그렇다	매우 그렇다
• 배려를 하는 편이다. • 어지러진 방에 있으면 불안하다. • 실패 후에는 불안하다. • 세세한 것까지 신경쓴다. • 이유 없이 불안할 때가 있다.				

▶측정결과

㉠ '그렇다'가 많은 경우(상처받기 쉬운 유형) : 사소한 일에 신경 쓰고 다른 사람의 사소한 한마디 말에 상처를 받기 쉽다.

- 면접관의 심리 : '동료들과 잘 지낼 수 있을까?', '실패할 때마다 위축되지 않을까?'
- 면접대책 : 다소 신경질적이라도 능력을 발휘할 수 있다는 평가를 얻도록 한다. 주변과 충분한 의사소통이 가능하고, 결정한 것을 실행할 수 있다는 것을 보여주어야 한다.

㉡ '그렇지 않다'가 많은 경우(정신적으로 안정적인 유형) : 사소한 일에 신경 쓰지 않고 금방 해결하며, 주위 사람의 말에 과민하게 반응하지 않는다.

- 면접관의 심리 : '계약할 때 필요한 유형이고, 사고 발생에도 유연하게 대처할 수 있다.'
- 면접대책 : 일반적으로 '민감성'의 측정치가 낮으면 플러스 평가를 받으므로 더욱 자신감 있는 모습을 보여준다.

② 자책성(과민도) … 자신을 비난하거나 책망하는 정도를 측정한다.

질문	전혀 그렇지 않다	그렇지 않다	그렇다	매우 그렇다
• 후회하는 일이 많다. • 자신이 하찮은 존재라 생각된다. • 문제가 발생하면 내탓이라고 생각한다. • 무슨 일이든지 끙끙대며 진행하는 경향이 있다. • 온순한 편이다.				

▶측정결과

㉠ '그렇다'가 많은 경우(자책하는 유형) : 비관적이고 후회하는 유형이다.

- 면접관의 심리 : '끙끙대며 괴로워하고, 일을 진행하지 못할 것 같다.'
- 면접대책 : 기분이 저조해도 항상 의욕을 가지고 생활하는 것과 책임감이 강하다는 것을 보여준다.

㉡ '그렇지 않다'가 많은 경우(낙천적인 유형) : 기분이 항상 밝은 편이다.

- 면접관의 심리 : '안정된 대인관계를 맺을 수 있고, 외부의 압력에도 흔들리지 않는다.'
- 면접대책 : 일반적으로 '자책성'의 측정치가 낮아야 좋은 평가를 받는다.

③ 기분성(불안도) … 기분의 굴곡이나 감정적인 면의 미숙함이 어느 정도인지를 측정하는 것이다.

질문	전혀 그렇지 않다	그렇지 않다	그렇다	매우 그렇다
• 다른 사람의 의견에 자신의 결정이 흔들리는 경우가 많다. • 기분이 쉽게 변한다. • 종종 후회한다. • 다른 사람보다 의지가 약한 편이다. • 쉽증을 잘 내는 편이라는 말을 자주 듣는다.				

▶측정결과

㉠ **'그렇다'가 많은 경우**(감정의 기복이 많은 유형) : 의지력보다 기분에 따라 행동하기 쉽다.

- 면접관의 심리 : '감정적인 것에 약하며, 상황에 따라 생산성이 떨어지지 않을까?'
- 면접대책 : 주변 사람들과 항상 협조하여 한결같은 상태로 일할 수 있다는 평가를 받도록 한다.

㉡ **'그렇지 않다'가 많은 경우**(감정의 기복이 적은 유형) : 감정의 기복이 없고, 안정적이다.

- 면접관의 심리 : '안정적으로 업무에 임할 수 있다.'
- 면접대책 : 기분성의 측정치가 낮으면 플러스 평가를 받으므로 자신감을 가지고 면접에 임한다.

④ 독자성(개인도) … 주변에 대한 견해나 관심, 자신의 견해나 생각에 어느 정도의 속박감을 가지고 있는지를 측정한다.

질문	전혀 그렇지 않다	그렇지 않다	그렇다	매우 그렇다
• 창의적 사고방식을 가지고 있다. • 융통성이 없는 편이다. • 혼자 있는 편이 많은 사람과 있는 것보다 편하다. • 개성적이라는 말을 듣는다. • 교제는 번거로운 것이라고 자주 생각한다.				

▶측정결과

㉠ **'그렇다'가 많은 경우** : 자기의 관점을 중요하게 생각하는 유형으로, 주위의 상황보다 자신의 느낌과 생각을 중시한다.

- 면접관의 심리 : '제멋대로 행동하지 않을까?'
- 면접대책 : 주위 사람과 협조하여 일을 진행할 수 있다는 것과 상식에 얽매이지 않는다는 인상을 심어준다.

㉡ **'그렇지 않다'가 많은 경우** : 상식적으로 행동하고 주변 사람의 시선에 신경을 쓴다.

- 면접관의 심리 : '다른 직원들과 협조하여 업무를 진행할 수 있겠다.'
- 면접대책 : 협조성이 요구되는 기업체에서는 플러스 평가를 받을 수 있다.

⑤ 자신감(자존심도) … 자기 자신에 대해 얼마나 긍정적으로 평가하는지를 측정한다.

질문	전혀 그렇지 않다	그렇지 않다	그렇다	매우 그렇다
• 다른 사람보다 능력이 뛰어나다고 생각한다. • 다소 반대의견이 있어도 나만의 생각으로 행동할 수 있다. • 나는 다른 사람보다 기가 센 편이다. • 동료가 나를 모욕해도 무시할 수 있다. • 일을 목적한 대로 할 수 있다고 생각한다.				

▶측정결과

㉠ **'그렇다'가 많은 경우** : 자기 능력이나 외모 등에 자신감이 있고, 비판당하는 것을 좋아하지 않는다.

- 면접관의 심리 : '자만하여 지시에 잘 따를 수 있을까?'
- 면접대책 : 다른 사람의 조언을 잘 받아들이고, 겸허하게 반성하는 면이 있다는 것을 보여주고, 동료들과 잘 지내며 리더의 자질이 있다는 것을 강조한다.

㉡ **'그렇지 않다'가 많은 경우** : 자신감이 없고 다른 사람의 비판에 약하다.

- 면접관의 심리 : '패기가 부족하지 않을까?', '쉽게 좌절하지 않을까?'
- 면접대책 : 극도의 자신감 부족으로 평가되지는 않는다. 그러나 마음이 약한 면은 있지만 의욕적으로 일을 하겠다는 마음가짐을 보여준다.

⑥ 고양성(분위기에 들뜨는 정도) … 자유분방함, 명랑함과 같이 감정(기분)의 높고 낮음의 정도를 측정한다.

질문	전혀 그렇지 않다	그렇지 않다	그렇다	매우 그렇다
• 침착하지 못한 편이다. • 다른 사람보다 쉽게 우쭐해진다. • 모든 사람이 아는 유명인사가 되고 싶다. • 모임이나 집단에서 분위기를 이끄는 편이다. • 취미 등이 오랫동안 지속되지 않는 편이다.				

▶측정결과

㉠ **'그렇다'가 많은 경우** : 자극이나 변화를 원하고 기분을 들뜨게 하는 사람과 친밀하게 지내는 경향이 있다.

- 면접관의 심리 : '일을 진행하는 데 변덕스럽지 않을까?'
- 면접대책 : 밝은 태도는 플러스 평가를 받을 수 있지만, 착실한 업무능력이 요구되는 직종에서는 마이너스 평가가 될 수 있다. 따라서 자기조절이 가능하다는 것을 보여준다.

㉡ **'그렇지 않다'가 많은 경우** : 감정이 항상 일정하고, 속을 드러내 보이지 않는다.

- 면접관의 심리 : '안정적인 업무 태도를 기대할 수 있겠다.'
- 면접대책 : '고양성'의 낮음은 대체로 플러스 평가를 받을 수 있다. 그러나 '무엇을 생각하고 있는지 모르겠다' 등의 평을 듣지 않도록 주의한다.

⑦ 허위성(진위성) … 필요 이상으로 자기를 좋게 보이려 하거나 기업체가 원하는 '이상형'에 맞춘 대답을 하고 있는지, 없는지를 측정한다.

질문	전혀 그렇지 않다	그렇지 않다	그렇다	매우 그렇다
• 약속을 깨뜨린 적이 한 번도 없다. • 다른 사람을 부럽다고 생각해 본 적이 없다. • 꾸지람을 들은 적이 없다. • 사람을 미워한 적이 없다. • 화를 낸 적이 한 번도 없다.				

▶측정결과

㉠ **'그렇다'가 많은 경우** : 실제의 자기와는 다른, 말하자면 원칙으로 해답할 가능성이 있다.

- 면접관의 심리 : '거짓을 말하고 있다.'
- 면접대책 : 조금이라도 좋게 보이려고 하는 '거짓말쟁이'로 평가될 수 있다. '거짓을 말하고 있다.'는 마음 따위가 전혀 없다 해도 결과적으로는 정직하게 답하지 않는다는 것이 되어 버린다. '허위성'의 측정 질문은 구분되지 않고 다른 질문 중에 섞여 있다. 그러므로 모든 질문에 솔직하게 답하여야 한다. 또한 자기 자신과 너무 동떨어진 이미지로 답하면 좋은 결과를 얻지 못한다. 그리고 면접에서 '허위성'을 기본으로 한 질문을 받게 되므로 당황하거나 또다른 모순된 답변을 하게 된다. 겉치레를 하거나 무리한 욕심을 부리지 말고 '이런 사회인이 되고 싶다.'는 현재의 자신보다, 조금 성장한 자신을 표현하는 정도가 적당하다.

㉡ **'그렇지 않다'가 많은 경우** : 냉정하고 정직하며, 외부의 압력과 스트레스에 강한 유형이다. '대쪽 같음'의 이미지가 굳어지지 않도록 주의한다.

(2) 행동적인 측면

행동적 측면은 인격 중에 특히 행동으로 드러나기 쉬운 측면을 측정한다. 사람의 행동 특징 자체에는 선도 악도 없으나, 일반적으로는 일의 내용에 의해 원하는 행동이 있다. 때문에 행동적 측면은 주로 직종과 깊은 관계가 있는데 자신의 행동 특성을 살려 적합한 직종을 선택한다면 플러스가 될 수 있다.

행동 특성에서 보여 지는 특징은 면접장면에서도 드러나기 쉬운데 본서의 모의 TEST의 결과를 참고하여 자신의 태도, 행동이 면접관의 시선에 어떻게 비치는지를 점검하도록 한다.

① **사회적 내향성** … 대인관계에서 나타나는 행동경향으로 '낯가림'을 측정한다.

질문	선택
A : 파티에서는 사람을 소개받은 편이다. B : 파티에서는 사람을 소개하는 편이다.	
A : 처음 보는 사람과는 어색하게 시간을 보내는 편이다. B : 처음 보는 사람과는 즐거운 시간을 보내는 편이다.	
A : 친구가 적은 편이다. B : 친구가 많은 편이다.	
A : 자신의 의견을 말하는 경우가 적다. B : 자신의 의견을 말하는 경우가 많다.	
A : 사교적인 모임에 참석하는 것을 좋아하지 않는다. B : 사교적인 모임에 항상 참석한다.	

▶측정결과

㉠ **'A'가 많은 경우** : 내성적이고 사람들과 접하는 것에 소극적이다. 자신의 의견을 말하지 않고 조심스러운 편이다.

- 면접관의 심리 : '소극적인데 동료와 잘 지낼 수 있을까?'
- 면접대책 : 대인관계를 맺는 것을 싫어하지 않고 의욕적으로 일을 할 수 있다는 것을 보여준다.

㉡ **'B'가 많은 경우** : 사교적이고 자기의 생각을 명확하게 전달할 수 있다.

- 면접관의 심리 : '사교적이고 활동적인 것은 좋지만, 자기주장이 너무 강하지 않을까?'
- 면접대책 : 협조성을 보여주고, 자기주장이 너무 강하다는 인상을 주지 않도록 주의한다.

② **내성성(침착도)** … 자신의 행동과 일에 대해 침착하게 생각하는 정도를 측정한다.

질문	선택
A : 시간이 걸려도 침착하게 생각하는 경우가 많다. B : 짧은 시간에 결정을 하는 경우가 많다.	
A : 실패의 원인을 찾고 반성하는 편이다. B : 실패를 해도 그다지(별로) 개의치 않는다.	
A : 결론이 도출되어도 몇 번 정도 생각을 바꾼다. B : 결론이 도출되면 신속하게 행동으로 옮긴다.	
A : 여러 가지 생각하는 것이 능숙하다. B : 여러 가지 일을 재빨리 능숙하게 처리하는 데 익숙하다.	

▶측정결과

㉠ **'A'가 많은 경우** : 행동하기 보다는 생각하는 것을 좋아하고 신중하게 계획을 세워 실행한다.
- 면접관의 심리 : '행동으로 실천하지 못하고, 대응이 늦은 경향이 있지 않을까?'
- 면접대책 : 발로 뛰는 것을 좋아하고, 일을 더디게 한다는 인상을 주지 않도록 한다.

㉡ **'B'가 많은 경우** : 차분하게 생각하는 것보다 우선 행동하는 유형이다.
- 면접관의 심리 : '생각하는 것을 싫어하고 경솔한 행동을 하지 않을까?'
- 면접대책 : 계획을 세우고 행동할 수 있는 것을 보여주고 '사려깊다'라는 인상을 남기도록 한다.

③ **신체활동성** … 몸을 움직이는 것을 좋아하는가를 측정한다.

질문	선택
A : 민첩하게 활동하는 편이다. B : 준비행동이 없는 편이다.	
A : 일을 척척 해치우는 편이다. B : 일을 더디게 처리하는 편이다.	
A : 활발하다는 말을 듣는다. B : 얌전하다는 말을 듣는다.	
A : 몸을 움직이는 것을 좋아한다. B : 가만히 있는 것을 좋아한다.	

▶측정결과

㉠ **'A'가 많은 경우** : 활동적이고, 몸을 움직이게 하는 것이 컨디션이 좋다.
- 면접관의 심리 : '활동적으로 활동력이 좋아 보인다.'
- 면접대책 : 활동하고 얻은 성과 등과 주어진 상황의 대응능력을 보여준다.

㉡ **'B'가 많은 경우** : 침착한 인상으로, 차분하게 있는 타입이다.
- 면접관의 심리 : '좀처럼 행동하려 하지 않아 보이고, 일을 빠르게 처리할 수 있을까?'

④ 지속성(노력성) … 무슨 일이든 포기하지 않고 끈기 있게 하려는 정도를 측정한다.

질문	선택
A : 일단 시작한 일은 시간이 걸려도 끝까지 마무리한다. B : 일을 하다 어려움에 부딪히면 단념한다.	
A : 끈질긴 편이다. B : 바로 단념하는 편이다.	
A : 인내가 강하다는 말을 듣는다. B : 금방 싫증을 낸다는 말을 듣는다.	

▶측정결과

㉠ 'A'가 많은 경우 : 시작한 것은 어려움이 있어도 포기하지 않고 인내심이 높다.

- 면접관의 심리 : '한 가지의 일에 너무 구애되고, 업무의 진행이 원활할까?'
- 면접대책 : 인내력이 있는 것은 플러스 평가를 받을 수 있지만 집착이 강해 보이기도 한다.

㉡ 'B'가 많은 경우 : 뒤끝이 없고 조그만 실패로 일을 포기하기 쉽다.

- 면접관의 심리 : '질리는 경향이 있고, 일을 정확히 끝낼 수 있을까?'
- 면접대책 : 지속적인 노력으로 성공했던 사례를 준비하도록 한다.

⑤ 신중성(주의성) … 자신이 처한 주변상황을 즉시 파악하고 자신의 행동이 어떤 영향을 미치는지를 측정한다.

질문	선택
A : 여러 가지로 생각하면서 완벽하게 준비하는 편이다. B : 행동할 때부터 임기응변적인 대응을 하는 편이다.	
A : 신중해서 타이밍을 놓치는 편이다. B : 준비 부족으로 실패하는 편이다.	
A : 자신은 어떤 일에도 신중히 대응하는 편이다. B : 순간적인 충동으로 활동하는 편이다.	
A : 시험을 볼 때 끝날 때까지 재검토하는 편이다. B : 시험을 볼 때 한 번에 모든 것을 마치는 편이다.	

▶측정결과

㉠ 'A'가 많은 경우 : 주변 상황에 민감하고, 예측하여 계획 있게 일을 진행한다.

- 면접관의 심리 : '너무 신중해서 적절한 판단할 수 있을까?', '앞으로의 상황에 불안을 느끼지 않을까?'
- 면접대책 : 예측을 하고 실행을 하는 것은 플러스 평가가 되지만, 너무 신중하면 일의 진행이 정체될 가능성을 보이므로 추진력이 있다는 강한 의욕을 보여준다.

㉡ 'B'가 많은 경우 : 주변 상황을 살펴보지 않고 착실한 계획 없이 일을 진행시킨다.

- 면접관의 심리 : '실패하는 일이 많지 않을까?', '판단이 빠르고 유연한 사고를 할 수 있을까?'
- 면접대책 : 사전준비를 중요하게 생각하고 있다는 것 등을 보여주고, 경솔한 인상을 주지 않도록 한다. 또한 판단력이 빠르거나 유연한 사고 덕분에 일 처리를 잘 할 수 있다는 것을 강조한다.

(3) 의욕적인 측면

의욕적인 측면은 의욕의 정도, 활동력의 유무 등을 측정한다. 여기서의 의욕이란 우리들이 보통 말하고 사용하는 '하려는 의지'와는 조금 뉘앙스가 다르다. '하려는 의지'란 그 때의 환경이나 기분에 따라 변화하는 것이지만, 여기에서는 조금 더 변화하기 어려운 특징, 말하자면 정신적 에너지의 양으로 측정하는 것이다.

의욕적 측면은 행동적 측면과는 다르고, 전반적으로 어느 정도 점수가 높은 쪽을 선호한다. 모의검사의 의욕적 측면의 결과가 낮다면, 평소 일에 몰두할 때 조금 의욕 있는 자세를 가지고 서서히 개선하도록 노력해야 한다.

① **달성의욕** … 목적의식을 가지고 높은 이상을 가지고 있는지를 측정한다.

질문	선택
A : 경쟁심이 강한 편이다. B : 경쟁심이 약한 편이다.	
A : 어떤 한 분야에서 1등이 되고 싶다고 생각한다. B : 어느 분야에서든 성실하게 임무를 진행하고 싶다고 생각한다.	
A : 규모가 큰 일을 해보고 싶다. B : 맡은 일에 충실히 임하고 싶다.	
A : 아무리 노력해도 실패한 것은 아무런 도움이 되지 않는다. B : 가령 실패했을 지라도 나름대로의 노력이 있었으므로 괜찮다.	
A : 높은 목표를 설정하여 수행하는 것이 의욕적이다. B : 실현 가능한 정도의 목표를 설정하는 것이 의욕적이다.	

▶측정결과

㉠ **'A'가 많은 경우** : 큰 목표와 높은 이상을 가지고 승부욕이 강한 편이다.
- 면접관의 심리 : '열심히 일을 해줄 것 같은 유형이다.'
- 면접대책 : 달성의욕이 높다는 것은 어떤 직종이라도 플러스 평가가 된다.

㉡ **'B'가 많은 경우** : 현재의 생활을 소중하게 여기고 비약적인 발전을 위하여 기를 쓰지 않는다.
- 면접관의 심리 : '외부의 압력에 약하고, 기획입안 등을 하기 어려울 것이다.'
- 면접대책 : 일을 통하여 하고 싶은 것들을 구체적으로 어필한다.

② **활동의욕** … 자신에게 잠재된 에너지의 크기로, 정신적인 측면의 활동력이라 할 수 있다.

질문	선택
A : 하고 싶은 일을 실행으로 옮기는 편이다. B : 하고 싶은 일을 좀처럼 실행할 수 없는 편이다.	
A : 어려운 문제를 해결해 가는 것이 좋다. B : 어려운 문제를 해결하는 것을 잘하지 못한다.	
A : 일반적으로 결단이 빠른 편이다. B : 일반적으로 결단이 느린 편이다.	
A : 곤란한 상황에도 도전하는 편이다. B : 사물의 본질을 깊게 관찰하는 편이다.	
A : 시원시원하다는 말을 잘 듣는다. B : 꼼꼼하다는 말을 잘 듣는다.	

▶측정결과

㉠ 'A'가 많은 경우 : 꾸물거리는 것을 싫어하고 재빠르게 결단해서 행동하는 타입이다.

- 면접관의 심리 : '일을 처리하는 솜씨가 좋고, 일을 척척 진행할 수 있을 것 같다.'
- 면접대책 : 활동의욕이 높은 것은 플러스 평가가 된다. 사교성이나 활동성이 강하다는 인상을 준다.

㉡ 'B'가 많은 경우 : 안전하고 확실한 방법을 모색하고 차분하게 시간을 아껴서 일에 임하는 타입이다.

- 면접관의 심리 : '재빨리 행동을 못하고, 일의 처리속도가 느린 것이 아닐까?'
- 면접대책 : 활동성이 있는 것을 좋아하고 움직임이 더디다는 인상을 주지 않도록 한다.

3 인성검사의 대책

(1) 미리 알아두어야 할 점

① 출제 문항 수 … 인성검사의 출제 문항 수는 특별히 정해진 것이 아니며 각 기업체의 기준에 따라 달라질 수 있다. 보통 100문항 이상에서 500문항까지 출제된다고 예상하면 된다.

② 출제형식

㉠ 1Set로 묶인 세 개의 문항 중 자신에게 가장 가까운 것(Most)과 가장 먼 것(Least)을 하나씩 고르는 유형

다음 세 가지 문항 중 자신에게 가장 가까운 것은 Most, 가장 먼 것은 Least에 체크하시오.

질문	Most	Least
① 자신의 생각이나 의견은 좀처럼 변하지 않는다.	✔	
② 구입한 후 끝까지 읽지 않은 책이 많다.		✔
③ 여행가기 전에 계획을 세운다.		

㉡ '예' 아니면 '아니오'의 유형

다음 문항을 읽고 자신에게 해당되는지 안 되는지를 판단하여 해당될 경우 '예'를, 해당되지 않을 경우 '아니오'를 고르시오.

질문	예	아니오
① 걱정거리가 있어서 잠을 못 잘 때가 있다.	✔	
② 시간에 쫓기는 것이 싫다.		✔

㉢ 그 외의 유형

다음 문항에 대해서 평소에 자신이 생각하고 있는 것이나 행동하고 있는 것에 체크하시오.

질문	전혀 그렇지 않다	그렇지 않다	그렇다	매우 그렇다
① 머리를 쓰는 것보다 땀을 흘리는 일이 좋다.			✔	
② 자신은 사교적이 아니라고 생각한다.	✔			

(2) 임하는 자세

① **솔직하게 있는 그대로 표현한다** … 인성검사는 평범한 일상생활 내용들을 다룬 짧은 문장과 어떤 대상이나 일에 대한 선호를 선택하는 문장으로 구성되었으므로 평소에 자신이 생각한 바를 너무 골똘히 생각하지 말고 문제를 보는 순간 떠오른 것을 표현한다.

② **모든 문제를 신속하게 대답한다** … 인성검사는 시간 제한이 없는 것이 원칙이지만 기업체들은 일정한 시간 제한을 두고 있다. 인성검사는 개인의 성격과 자질을 알아보기 위한 검사이기 때문에 정답이 없다. 다만, 기업체에서 바람직하게 생각하거나 기대되는 결과가 있을 뿐이다. 따라서 시간에 쫓겨서 대충 대답을 하는 것은 바람직하지 못하다.

③ **일관성 있게 대답한다** … 간혹 반복되는 문제들이 출제되기 때문에 일관성 있게 답하지 않으면 감점될 수 있으므로 유의한다. 실제로 공기업 인사부 직원의 인터뷰에 따르면 일관성이 없게 대답한 응시자들이 감점을 받아 탈락했다고 한다. 거짓된 응답을 하다보면 일관성 없는 결과가 나타날 수 있으므로, 위에서 언급한 대로 신속하고 솔직하게 답해 일관성 있는 응답을 하는 것이 중요하다.

④ **마지막까지 집중해서 검사에 임한다** … 장시간 진행되는 검사에 지치지 않고 마지막까지 집중해서 정확히 답할 수 있도록 해야 한다.

CHAPTER 02

인성검사의 유형

〉〉 유형 Ⅰ

▌1~25▐ 다음 질문에 대해서 평소 자신이 생각하고 있는 것이나 행동하고 있는 것에 대해 주어진 응답요령에 따라 박스에 답하시오.

응답요령

- 응답 Ⅰ : 제시된 문항들을 읽은 다음 각각의 문항에 대해 자신이 동의하는 정도를 ①(전혀 그렇지 않다)~⑤(매우 그렇다)로 표시하면 된다.
- 응답 Ⅱ : 제시된 문항들을 비교하여 상대적으로 자신의 성격과 가장 가까운 문항 하나와 가장 거리가 먼 문항 하나를 선택하여야 한다(응답 Ⅱ의 응답은 가깝다 1개, 멀다 1개, 무응답 2개이어야 한다).

1

문항	응답 Ⅰ					응답 Ⅱ	
	①	②	③	④	⑤	멀다	가깝다
A. 몸을 움직이는 것을 좋아하지 않는다.							
B. 쉽게 질리는 편이다.							
C. 경솔한 편이라고 생각한다.							
D. 인생의 목표는 손이 닿을 정도면 된다.							

2

문항	응답 Ⅰ					응답 Ⅱ	
	①	②	③	④	⑤	멀다	가깝다
A. 무슨 일도 좀처럼 시작하지 못한다.							
B. 초면인 사람과도 바로 친해질 수 있다.							
C. 행동하고 나서 생각하는 편이다.							
D. 쉬는 날은 집에 있는 경우가 많다.							

3

문항	응답 I					응답 II	
	①	②	③	④	⑤	멀다	가깝다
A. 조금이라도 나쁜 소식은 절망의 시작이라고 생각해 버린다.							
B. 언제나 실패가 걱정이 되어 어쩔 줄 모른다.							
C. 다수결의 의견에 따르는 편이다.							
D. 혼자서 술집에 들어가는 것은 전혀 두려운 일이 아니다.							

4

문항	응답 I					응답 II	
	①	②	③	④	⑤	멀다	가깝다
A. 승부근성이 강하다.							
B. 자주 흥분해서 침착하지 못하다.							
C. 지금까지 살면서 타인에게 폐를 끼친 적이 없다.							
D. 소곤소곤 이야기하는 것을 보면 자기에 대해 험담하고 있는 것으로 생각된다.							

5

문항	응답 I					응답 II	
	①	②	③	④	⑤	멀다	가깝다
A. 무엇이든지 자기가 나쁘다고 생각하는 편이다.							
B. 자신을 변덕스러운 사람이라고 생각한다.							
C. 고독을 즐기는 편이다.							
D. 자존심이 강하다고 생각한다.							

6

문항	응답 I					응답 II	
	①	②	③	④	⑤	멀다	가깝다
A. 금방 흥분하는 성격이다.							
B. 거짓말을 한 적이 없다.							
C. 신경질적인 편이다.							
D. 끙끙대며 고민하는 타입이다.							

7

문항	응답 I					응답 II	
	①	②	③	④	⑤	멀다	가깝다
A. 감정적인 사람이라고 생각한다.							
B. 자신만의 신념을 가지고 있다.							
C. 다른 사람을 바보 같다고 생각한 적이 있다.							
D. 금방 말해버리는 편이다.							

8

문항	응답 I					응답 II	
	①	②	③	④	⑤	멀다	가깝다
A. 싫어하는 사람이 없다.							
B. 대재앙이 오지 않을까 항상 걱정을 한다.							
C. 쓸데없는 고생을 하는 일이 많다.							
D. 자주 생각이 바뀌는 편이다.							

9

문항	응답 I					응답 II	
	①	②	③	④	⑤	멀다	가깝다
A. 문제점을 해결하기 위해 여러 사람과 상의한다.							
B. 내 방식대로 일을 한다.							
C. 영화를 보고 운 적이 많다.							
D. 어떤 것에 대해서도 화낸 적이 없다.							

10

문항	응답 I					응답 II	
	①	②	③	④	⑤	멀다	가깝다
A. 사소한 충고에도 걱정을 한다.							
B. 자신은 도움이 안 되는 사람이라고 생각한다.							
C. 금방 싫증을 내는 편이다.							
D. 개성적인 사람이라고 생각한다.							

11

문항	응답 I					응답 II	
	①	②	③	④	⑤	멀다	가깝다
A. 자기주장이 강한 편이다.							
B. 뒤숭숭하다는 말을 들은 적이 있다.							
C. 학교를 쉬고 싶다고 생각한 적이 한 번도 없다.							
D. 사람들과 관계 맺는 것을 보면 잘하지 못한다.							

12

문항	응답 I					응답 II	
	①	②	③	④	⑤	멀다	가깝다
A. 사려 깊은 편이다.							
B. 몸을 움직이는 것을 좋아한다.							
C. 끈기가 있는 편이다.							
D. 신중한 편이라고 생각한다.							

13

문항	응답 I					응답 II	
	①	②	③	④	⑤	멀다	가깝다
A. 인생의 목표는 큰 것이 좋다.							
B. 어떤 일이라도 바로 시작하는 타입이다.							
C. 낯가림을 하는 편이다.							
D. 생각하고 나서 행동하는 편이다.							

14

문항	응답 I					응답 II	
	①	②	③	④	⑤	멀다	가깝다
A. 쉬는 날은 밖으로 나가는 경우가 많다.							
B. 시작한 일은 반드시 완성시킨다.							
C. 면밀한 계획을 세운 여행을 좋아한다.							
D. 야망이 있는 편이라고 생각한다.							

15

문항	응답 I					응답 II	
	①	②	③	④	⑤	멀다	가깝다
A. 활동력이 있는 편이다.							
B. 많은 사람들과 왁자지껄하게 식사하는 것을 좋아하지 않는다.							
C. 돈을 허비한 적이 없다.							
D. 운동회를 아주 좋아하고 기대했다.							

16

문항	응답 I					응답 II	
	①	②	③	④	⑤	멀다	가깝다
A. 하나의 취미에 열중하는 타입이다.							
B. 모임에서 회장에 어울린다고 생각한다.							
C. 입신출세의 성공이야기를 좋아한다.							
D. 어떠한 일도 의욕을 가지고 임하는 편이다.							

17

문항	응답 I					응답 II	
	①	②	③	④	⑤	멀다	가깝다
A. 학급에서는 존재가 희미했다.							
B. 항상 무언가를 생각하고 있다.							
C. 스포츠는 보는 것보다 하는 게 좋다.							
D. 잘한다라는 말을 자주 듣는다.							

18

문항	응답 I					응답 II	
	①	②	③	④	⑤	멀다	가깝다
A. 흐린 날은 반드시 우산을 가지고 간다.							
B. 주연상을 받을 수 있는 배우를 좋아한다.							
C. 공격하는 타입이라고 생각한다.							
D. 리드를 받는 편이다.							

19

문항	응답 I					응답 II	
	①	②	③	④	⑤	멀다	가깝다
A. 너무 신중해서 기회를 놓친 적이 있다.							
B. 시원시원하게 움직이는 타입이다.							
C. 야근을 해서라도 업무를 끝낸다.							
D. 누군가를 방문할 때는 반드시 사전에 확인한다.							

20

문항	응답 I					응답 II	
	①	②	③	④	⑤	멀다	가깝다
A. 노력해도 결과가 따르지 않으면 의미가 없다.							
B. 무조건 행동해야 한다.							
C. 유행에 둔감하다고 생각한다.							
D. 정해진 대로 움직이는 것은 시시하다.							

21

문항	응답 I					응답 II	
	①	②	③	④	⑤	멀다	가깝다
A. 꿈을 계속 가지고 있고 싶다.							
B. 질서보다 자유를 중요시하는 편이다.							
C. 혼자서 취미에 몰두하는 것을 좋아한다.							
D. 직관적으로 판단하는 편이다.							

22

문항	응답 I					응답 II	
	①	②	③	④	⑤	멀다	가깝다
A. 영화나 드라마를 보면 등장인물의 감정에 이입된다.							
B. 시대의 흐름에 역행해서라도 자신을 관철하고 싶다.							
C. 다른 사람의 소문에 관심이 없다.							
D. 창조적인 편이다.							

23

문항	응답 I					응답 II	
	①	②	③	④	⑤	멀다	가깝다
A. 비교적 눈물이 많은 편이다.							
B. 융통성이 있다고 생각한다.							
C. 친구의 휴대전화 번호를 잘 모른다.							
D. 스스로 고안하는 것을 좋아한다.							

24

문항	응답 I					응답 II	
	①	②	③	④	⑤	멀다	가깝다
A. 정이 두터운 사람으로 남고 싶다.							
B. 조직의 일원으로 별로 안 어울린다.							
C. 세상의 일에 별로 관심이 없다.							
D. 변화를 추구하는 편이다.							

25

문항	응답 I					응답 II	
	①	②	③	④	⑤	멀다	가깝다
A. 업무는 인간관계로 선택한다.							
B. 환경이 변하는 것에 구애되지 않는다.							
C. 불안감이 강한 편이다.							
D. 인생은 살 가치가 없다고 생각한다.							

〉〉 유형 Ⅱ

▌1~30▐ 다음 각 문제에서 제시된 4개의 질문 중 자신의 생각과 일치하거나 자신을 가장 잘 나타내는 질문과 가장 거리가 먼 질문을 각각 하나씩 고르시오.

	질문	가깝다	멀다
1	나는 계획적으로 일을 하는 것을 좋아한다.		
	나는 꼼꼼하게 일을 마무리 하는 편이다.		
	나는 새로운 방법으로 문제를 해결하는 것을 좋아한다.		
	나는 빠르고 신속하게 일을 처리해야 마음이 편하다.		
2	나는 문제를 해결하기 위해 여러 사람과 상의한다.		
	나는 어떠한 결정을 내릴 때 신중한 편이다.		
	나는 시작한 일은 반드시 완성시킨다.		
	나는 문제를 현실적이고 객관적으로 해결한다.		
3	나는 글보다 말로 표현하는 것이 편하다.		
	나는 논리적인 원칙에 따라 행동하는 것이 좋다.		
	나는 집중력이 강하고 매사에 철저하다.		
	나는 자기능력을 뽐내지 않고 겸손하다.		
4	나는 융통성 있게 업무를 처리한다.		
	나는 질문을 받으면 충분히 생각하고 나서 대답한다.		
	나는 긍정적이고 낙천적인 사고방식을 갖고 있다.		
	나는 매사에 적극적인 편이다.		
5	나는 기발한 아이디어를 많이 낸다.		
	나는 새로운 일을 하는 것이 좋다.		
	나는 타인의 견해를 잘 고려한다.		
	나는 사람들을 잘 설득시킨다.		
6	나는 종종 화가 날 때가 있다.		
	나는 화를 잘 참지 못한다.		
	나는 단호하고 통솔력이 있다.		
	나는 집단을 이끌어가는 능력이 있다.		
7	나는 조용하고 성실하다.		
	나는 책임감이 강하다.		
	나는 독창적이며 창의적이다.		
	나는 복잡한 문제도 간단하게 해결한다.		

질문		가깝다	멀다
8	나는 관심 있는 분야에 몰두하는 것이 즐겁다.		
	나는 목표를 달성하는 것을 중요하게 생각한다.		
	나는 상황에 따라 일정을 조율하는 융통성이 있다.		
	나는 의사결정에 신속함이 있다.		
9	나는 정리 정돈과 계획에 능하다.		
	나는 사람들의 관심을 받는 것이 기분 좋다.		
	나는 때로는 고집스러울 때도 있다.		
	나는 원리원칙을 중시하는 편이다.		
10	나는 맡은 일에 헌신적이다.		
	나는 타인의 감정에 민감하다.		
	나는 목적과 방향은 변화할 수 있다고 생각한다.		
	나는 다른 사람과 의견의 충돌은 피하고 싶다.		
11	나는 구체적인 사실을 잘 기억하는 편이다.		
	나는 새로운 일을 시도하는 것이 즐겁다.		
	나는 겸손하다.		
	나는 다른 사람과 별다른 마찰이 없다.		
12	나는 나이에 비해 성숙한 편이다.		
	나는 유머감각이 있다.		
	나는 다른 사람의 생각이나 의견을 중요시 생각한다.		
	나는 솔직하고 단호한 편이다.		
13	나는 낙천적이고 긍정적이다.		
	나는 집단을 이끌어가는 능력이 있다.		
	나는 사람들에게 인기가 많다.		
	나는 활동을 조직하고 주도해나가는데 능하다.		
14	나는 사람들에게 칭찬을 잘 한다.		
	나는 사교성이 풍부한 편이다.		
	나는 동정심이 많다.		
	나는 정보에 밝고 지식에 대한 욕구가 높다.		
15	나는 호기심이 많다.		
	나는 다수결의 의견에 쉽게 따른다.		
	나는 승부근성이 강하다.		
	나는 자존심이 강한 편이다.		
16	나는 한번 생각한 것은 자주 바꾸지 않는다.		
	나는 개성 있다는 말을 자주 듣는다.		
	나는 나만의 방식으로 업무를 풀어나가는데 능하다.		
	나는 신중한 편이라고 생각한다.		

	질문	가깝다	멀다
17	나는 문제를 해결하기 위해 많은 사람의 의견을 참고한다.		
	나는 몸을 움직이는 것을 좋아한다.		
	나는 시작한 일은 반드시 완성시킨다.		
	나는 문제 상황을 객관적으로 대처하는데 자신이 있다.		
18	나는 목표를 향해 계속 도전하는 편이다.		
	나는 실패하는 것이 두렵지 않다.		
	나는 친구들이 많은 편이다.		
	나는 다른 사람의 시선을 고려하여 행동한다.		
19	나는 추상적인 이론을 잘 기억하는 편이다.		
	나는 적극적으로 행동하는 편이다.		
	나는 말하는 것을 좋아한다.		
	나는 꾸준히 노력하는 타입이다.		
20	나는 실행력이 있는 편이다.		
	나는 조직 내 분위기 메이커이다.		
	나는 세심하지 못한 편이다.		
	나는 모임에서 지원자 역할을 맡는 것이 좋다.		
21	나는 현실적이고 실용적인 것을 추구한다.		
	나는 계획을 세우고 실행하는 것이 재미있다.		
	나는 꾸준한 취미를 갖고 있다.		
	나는 성급하게 결정하지 않는다.		
22	나는 싫어하는 사람과도 아무렇지 않게 이야기 할 수 있다.		
	내 책상은 항상 깔끔히 정돈되어 있다.		
	나는 실패보다 성공을 먼저 생각한다.		
	나는 동료와의 경쟁도 즐긴다.		
23	나는 능력을 칭찬받는 경우가 많다.		
	나는 논리정연하게 말을 하는 편이다.		
	나는 사물의 근원과 배경에 대해 관심이 많다.		
	나는 문제에 부딪히면 스스로 해결하는 편이다.		
24	나는 부지런한 편이다.		
	나는 일을 하는 속도가 빠르다.		
	나는 독특하고 창의적인 생각을 잘한다.		
	나는 약속한 일은 어기지 않는다.		
25	나는 환경의 변화에도 쉽게 적응할 수 있다.		
	나는 망설이는 것보다 도전하는 편이다.		
	나는 완벽주의자이다.		
	나는 팀을 짜서 일을 하는 것이 재미있다.		

질문		가깝다	멀다
26	나는 조직을 위해서 내 이익을 포기할 수 있다.		
	나는 상상력이 풍부하다.		
	나는 여러 가지 각도로 사물을 분석하는 것이 좋다.		
	나는 인간관계를 중시하는 편이다.		
27	나는 경험한 방법 중 가장 적합한 방법으로 일을 해결한다.		
	나는 독자적인 시각을 갖고 있다.		
	나는 시간이 걸려도 침착하게 생각하는 경우가 많다.		
	나는 높은 목표를 설정하고 이루기 위해 노력하는 편이다.		
28	나는 성격이 시원시원하다는 말을 자주 듣는다.		
	나는 자기 표현력이 강한 편이다.		
	나는 일의 내용을 중요시 여긴다.		
	나는 다른 사람보다 동정심이 많은 편이다.		
29	나는 하기 싫은 일을 맡아도 표시내지 않고 마무리 한다.		
	나는 누가 시키지 않아도 일을 계획적으로 진행한다.		
	나는 한 가지 일에 집중을 잘 하는 편이다.		
	나는 남을 설득하고 이해시키는데 자신이 있다.		
30	나는 비합리적이거나 불의를 보면 쉽게 지나치지 못한다.		
	나는 무엇이던 시작하면 이루어야 직성이 풀린다.		
	나는 사람을 가리지 않고 쉽게 사귄다.		
	나는 어렵고 힘든 일에 도전하는 것에 쾌감을 느낀다.		

〉〉 유형 Ⅲ

▌1~200▌ 다음 (　　) 안에 당신에게 해당사항이 있으면 'YES', 그렇지 않다면 'NO'를 선택하시오.

YES NO

1. 사람들이 붐비는 도시보다 한적한 시골이 좋다. ( )( )
2. 전자기기를 잘 다루지 못하는 편이다. ( )( )
3. 인생에 대해 깊이 생각해 본 적이 없다. ( )( )
4. 혼자서 식당에 들어가는 것은 전혀 두려운 일이 아니다. ( )( )
5. 이 세상에서 가장 중요한 것은 돈이다. ( )( )
6. 걸음걸이가 빠른 편이다. ( )( )
7. 육류보다 채소류를 더 좋아한다. ( )( )
8. 소곤소곤 이야기하는 것을 보면 본인을 험담하고 있다고 생각한다. ( )( )
9. 여럿이 어울리는 자리에서 이야기를 주도하는 편이다. ( )( )
10. 집에 머무는 시간보다 밖에서 활동하는 시간이 더 많은 편이다. ( )( )
11. 무엇인가 창조해내는 작업을 좋아한다. ( )( )
12. 자존심이 강하다고 생각한다. ( )( )
13. 금방 흥분하는 성격이다. ( )( )
14. 거짓말을 한 적이 많다. ( )( )
15. 신경질적인 편이다. ( )( )
16. 끙끙대며 고민하는 타입이다. ( )( )
17. 자신이 맡은 일에 반드시 책임을 지는 편이다. ( )( )
18. 누군가와 마주하는 것보다 통화로 이야기하는 것이 더 편하다. ( )( )
19. 운동신경이 뛰어난 편이다. ( )( )
20. 생각나는 대로 말해버리는 편이다. ( )( )
21. 싫어하는 사람이 없다. ( )( )
22. 학창시절 국·영·수보다는 예체능 과목을 더 좋아했다. ( )( )
23. 쓸데없는 고생을 하는 일이 많다. ( )( )
24. 자주 생각이 바뀌는 편이다. ( )( )
25. 갈등은 대화로 해결한다. ( )( )
26. 내 방식대로 일을 한다. ( )( )

	YES	NO
27. 영화를 보고 운 적이 많다.	( )	( )
28. 어떤 것에 대해서도 화낸 적이 없다.	( )	( )
29. 좀처럼 아픈 적이 없다.	( )	( )
30. 자신은 도움이 안 되는 사람이라고 생각한다.	( )	( )
31. 어떤 일이든 쉽게 싫증을 내는 편이다.	( )	( )
32. 개성적인 사람이라고 생각한다.	( )	( )
33. 자기주장이 강한 편이다.	( )	( )
34. 뒤숭숭하다는 말을 들은 적이 있다.	( )	( )
35. 인터넷 사용이 아주 능숙하다.	( )	( )
36. 사람들과 관계 맺는 것을 보면 잘하지 못한다.	( )	( )
37. 사고방식이 독특하다.	( )	( )
38. 대중교통보다는 걷는 것을 더 선호한다.	( )	( )
39. 끈기가 있는 편이다.	( )	( )
40. 신중한 편이라고 생각한다.	( )	( )
41. 인생의 목표는 큰 것이 좋다.	( )	( )
42. 어떤 일이라도 바로 시작하는 타입이다.	( )	( )
43. 낯가림을 하는 편이다.	( )	( )
44. 생각하고 나서 행동하는 편이다.	( )	( )
45. 쉬는 날은 밖으로 나가는 경우가 많다.	( )	( )
46. 시작한 일은 반드시 완성시킨다.	( )	( )
47. 면밀한 계획을 세운 여행을 좋아한다.	( )	( )
48. 야망이 있는 편이라고 생각한다.	( )	( )
49. 활동력이 있는 편이다.	( )	( )
50. 많은 사람들과 왁자지껄하게 식사하는 것을 좋아하지 않는다.	( )	( )
51. 장기적인 계획을 세우는 것을 꺼려한다.	( )	( )
52. 자기 일이 아닌 이상 무심한 편이다.	( )	( )
53. 하나의 취미에 열중하는 타입이다.	( )	( )
54. 스스로 모임에서 회장에 어울린다고 생각한다.	( )	( )
55. 입신출세의 성공이야기를 좋아한다.	( )	( )

YES NO

56. 어떠한 일도 의욕을 가지고 임하는 편이다. ( )( )
57. 학급에서는 존재가 희미했다. ( )( )
58. 항상 무언가를 생각하고 있다. ( )( )
59. 스포츠는 보는 것보다 하는 게 좋다. ( )( )
60. 문제 상황을 바르게 인식하고 현실적이고 객관적으로 대처한다. ( )( )
61. 흐린 날은 반드시 우산을 가지고 간다. ( )( )
62. 여러 명보다 1 : 1로 대화하는 것을 선호한다. ( )( )
63. 공격하는 타입이라고 생각한다. ( )( )
64. 리드를 받는 편이다. ( )( )
65. 너무 신중해서 기회를 놓친 적이 있다. ( )( )
66. 시원시원하게 움직이는 타입이다. ( )( )
67. 야근을 해서라도 업무를 끝낸다. ( )( )
68. 누군가를 방문할 때는 반드시 사전에 확인한다. ( )( )
69. 아무리 노력해도 결과가 따르지 않는다면 의미가 없다. ( )( )
70. 솔직하고 타인에 대해 개방적이다. ( )( )
71. 유행에 둔감하다고 생각한다. ( )( )
72. 정해진 대로 움직이는 것은 시시하다. ( )( )
73. 꿈을 계속 가지고 있고 싶다. ( )( )
74. 질서보다 자유를 중요시하는 편이다. ( )( )
75. 혼자서 취미에 몰두하는 것을 좋아한다. ( )( )
76. 직관적으로 판단하는 편이다. ( )( )
77. 영화나 드라마를 보며 등장인물의 감정에 이입된다. ( )( )
78. 시대의 흐름에 역행해서라도 자신을 관철하고 싶다. ( )( )
79. 다른 사람의 소문에 관심이 없다. ( )( )
80. 창조적인 편이다. ( )( )
81. 비교적 눈물이 많은 편이다. ( )( )
82. 융통성이 있다고 생각한다. ( )( )
83. 친구의 연락처를 잘 모른다. ( )( )
84. 스스로 고안하는 것을 좋아한다. ( )( )

	YES	NO
85. 정이 두터운 사람으로 남고 싶다.	( )	( )
86. 새로 나온 전자제품의 사용방법을 익히는 데 오래 걸린다.	( )	( )
87. 세상의 일에 별로 관심이 없다.	( )	( )
88. 변화를 추구하는 편이다.	( )	( )
89. 업무는 인간관계로 선택한다.	( )	( )
90. 환경이 변하는 것에 구애되지 않는다.	( )	( )
91. 다른 사람들에게 첫인상이 좋다는 이야기를 자주 듣는다.	( )	( )
92. 인생은 살 가치가 없다고 생각한다.	( )	( )
93. 의지가 약한 편이다.	( )	( )
94. 다른 사람이 하는 일에 별로 관심이 없다.	( )	( )
95. 자주 넘어지거나 다치는 편이다.	( )	( )
96. 심심한 것을 못 참는다.	( )	( )
97. 다른 사람을 욕한 적이 한 번도 없다.	( )	( )
98. 몸이 아프더라도 병원에 잘 가지 않는 편이다.	( )	( )
99. 금방 낙심하는 편이다.	( )	( )
100. 평소 말이 빠른 편이다.	( )	( )
101. 어려운 일은 되도록 피하는 게 좋다.	( )	( )
102. 다른 사람이 내 의견에 간섭하는 것이 싫다.	( )	( )
103. 낙천적인 편이다.	( )	( )
104. 남을 돕다가 오해를 산 적이 있다.	( )	( )
105. 모든 일에 준비성이 철저한 편이다.	( )	( )
106. 상냥하다는 말을 들은 적이 있다.	( )	( )
107. 맑은 날보다 흐린 날을 더 좋아한다.	( )	( )
108. 많은 친구들을 만나는 것보다 단 둘이 만나는 것이 더 좋다.	( )	( )
109. 평소에 불평불만이 많은 편이다.	( )	( )
110. 가끔 나도 모르게 엉뚱한 행동을 하는 때가 있다.	( )	( )
111. 생리현상을 잘 참지 못하는 편이다.	( )	( )
112. 다른 사람을 기다리는 경우가 많다.	( )	( )
113. 술자리나 모임에 억지로 참여하는 경우가 많다.	( )	( )

YES NO

114. 결혼과 연애는 별개라고 생각한다. ( )( )

115. 노후에 대해 걱정이 될 때가 많다. ( )( )

116. 잃어버린 물건은 쉽게 찾는 편이다. ( )( )

117. 비교적 쉽게 감격하는 편이다. ( )( )

118. 어떤 것에 대해서는 불만을 가진 적이 없다. ( )( )

119. 걱정으로 밤에 못 잘 때가 많다. ( )( )

120. 자주 후회하는 편이다. ( )( )

121. 쉽게 학습하지만 쉽게 잊어버린다. ( )( )

122. 낮보다 밤에 일하는 것이 좋다. ( )( )

123. 많은 사람 앞에서도 긴장하지 않는다. ( )( )

124. 상대방에게 감정 표현을 하기가 어렵게 느껴진다. ( )( )

125. 인생을 포기하는 마음을 가진 적이 한 번도 없다. ( )( )

126. 규칙에 대해 드러나게 반발하기보다 속으로 반발한다. ( )( )

127. 자신의 언행에 대해 자주 반성한다. ( )( )

128. 활동범위가 좁아 늘 가던 곳만 고집한다. ( )( )

129. 나는 끈기가 다소 부족하다. ( )( )

130. 좋다고 생각하더라도 좀 더 검토하고 나서 실행한다. ( )( )

131. 위대한 인물이 되고 싶다. ( )( )

132. 한 번에 많은 일을 떠맡아도 힘들지 않다. ( )( )

133. 사람과 약속은 부담스럽다. ( )( )

134. 질문을 받으면 충분히 생각하고 나서 대답하는 편이다. ( )( )

135. 머리를 쓰는 것보다 땀을 흘리는 일이 좋다. ( )( )

136. 결정한 것에는 철저히 구속받는다. ( )( )

137. 아무리 바쁘더라도 자기관리를 위한 운동을 꼭 한다. ( )( )

138. 이왕 할 거라면 일등이 되고 싶다. ( )( )

139. 과감하게 도전하는 타입이다. ( )( )

140. 자신은 사교적이 아니라고 생각한다. ( )( )

141. 무심코 도리에 대해서 말하고 싶어진다. ( )( )

142. 목소리가 큰 편이다. ( )( )

	YES	NO
143. 단념하기보다 실패하는 것이 낫다고 생각한다.	( )	( )
144. 예상하지 못한 일은 하고 싶지 않다.	( )	( )
145. 파란만장하더라도 성공하는 인생을 살고 싶다.	( )	( )
146. 활기찬 편이라고 생각한다.	( )	( )
147. 자신의 성격으로 고민한 적이 있다.	( )	( )
148. 무심코 사람들을 평가 한다.	( )	( )
149. 때때로 성급하다고 생각한다.	( )	( )
150. 자신은 꾸준히 노력하는 타입이라고 생각한다.	( )	( )
151. 터무니없는 생각이라도 메모한다.	( )	( )
152. 리더십이 있는 사람이 되고 싶다.	( )	( )
153. 열정적인 사람이라고 생각한다.	( )	( )
154. 다른 사람 앞에서 이야기를 하는 것이 조심스럽다.	( )	( )
155. 세심하기보다 통찰력이 있는 편이다.	( )	( )
156. 엉덩이가 가벼운 편이다.	( )	( )
157. 여러 가지로 구애받는 것을 견디지 못한다.	( )	( )
158. 돌다리도 두들겨 보고 건너는 쪽이 좋다.	( )	( )
159. 자신에게는 권력욕이 있다.	( )	( )
160. 자신의 능력보다 과중한 업무를 할당받으면 기쁘다.	( )	( )
161. 사색적인 사람이라고 생각한다.	( )	( )
162. 비교적 개혁적이다.	( )	( )
163. 좋고 싫음으로 정할 때가 많다.	( )	( )
164. 전통에 얽매인 습관은 버리는 것이 적절하다.	( )	( )
165. 교제 범위가 좁은 편이다.	( )	( )
166. 발상의 전환을 할 수 있는 타입이라고 생각한다.	( )	( )
167. 주관적인 판단으로 실수한 적이 있다.	( )	( )
168. 현실적이고 실용적인 면을 추구한다.	( )	( )
169. 타고난 능력에 의존하는 편이다.	( )	( )
170. 다른 사람을 의식하여 외모에 신경을 쓴다.	( )	( )
171. 마음이 담겨 있으면 선물은 아무 것이나 좋다.	( )	( )

YES NO

172. 여행은 내 마음대로 하는 것이 좋다. ( )( )
173. 추상적인 일에 관심이 있는 편이다. ( )( )
174. 큰일을 먼저 결정하고 세세한 일을 나중에 결정하는 편이다. ( )( )
175. 괴로워하는 사람을 보면 답답하다. ( )( )
176. 자신의 가치기준을 알아주는 사람은 아무도 없다. ( )( )
177. 인간성이 없는 사람과는 함께 일할 수 없다. ( )( )
178. 상상력이 풍부한 편이라고 생각한다. ( )( )
179. 의리, 인정이 두터운 상사를 만나고 싶다. ( )( )
180. 인생은 앞날을 알 수 없어 재미있다. ( )( )
181. 조직에서 분위기 메이커다. ( )( )
182. 반성하는 시간에 차라리 실수를 만회할 방법을 구상한다. ( )( )
183. 늘 하던 방식대로 일을 처리해야 마음이 편하다. ( )( )
184. 쉽게 이룰 수 있는 일에는 흥미를 느끼지 못한다. ( )( )
185. 좋다고 생각하면 바로 행동한다. ( )( )
186. 후배들은 무섭게 가르쳐야 따라온다. ( )( )
187. 한 번에 많은 일을 떠맡는 것이 부담스럽다. ( )( )
188. 능력 없는 상사라도 진급을 위해 아부할 수 있다. ( )( )
189. 질문을 받으면 그때의 느낌으로 대답하는 편이다. ( )( )
190. 땀을 흘리는 것보다 머리를 쓰는 일이 좋다. ( )( )
191. 단체 규칙에 그다지 구속받지 않는다. ( )( )
192. 물건을 자주 잃어버리는 편이다. ( )( )
193. 불만이 생기면 즉시 말해야 한다. ( )( )
194. 안전한 방법을 고르는 타입이다. ( )( )
195. 사교성이 많은 사람을 보면 부럽다. ( )( )
196. 성격이 급한 편이다. ( )( )
197. 갑자기 중요한 프로젝트가 생기면 혼자서라도 야근할 수 있다. ( )( )
198. 내 인생에 절대로 포기하는 경우는 없다. ( )( )
199. 예상하지 못한 일도 해보고 싶다. ( )( )
200. 평범하고 평온하게 행복한 인생을 살고 싶다. ( )( )

PART

03

면접

CHAPTER 01

면접의 기본

1 면접준비

(1) 면접의 기본 원칙

① **면접의 의미** … 면접이란 다양한 면접기법을 활용하여 지원한 직무에 필요한 능력을 지원자가 보유하고 있는지를 확인하는 절차이다. 즉, 지원자의 입장에서는 채용 직무수행에 필요한 요건들과 관련하여 자신의 환경, 경험, 관심사, 성취 등에 대해 어필할 수 있는 기회를 제공받는 것이며, 서류전형만으로 알 수 없는 지원자에 대한 정보를 직접적으로 수집하고 평가하는 것이다.

② **면접의 특징** … 면접은 서류전형이나 필기전형에서 드러나지 않는 지원자의 능력이나 성향을 볼 수 있는 기회로, 면대면으로 이루어지며 즉흥적인 질문들이 포함될 수 있기 때문에 지원자가 완벽하게 준비하기 어려운 부분이 있다. 하지만 지원자 입장에서도 서류전형이나 필기전형에서 모두 보여주지 못한 자신의 능력 등을 기업의 인사담당자에게 어필할 수 있는 추가적인 기회가 될 수도 있다.

③ **면접의 유형**

㉠ **구조화 면접** : 구조화 면접은 사전에 계획을 세워 질문의 내용과 방법, 지원자의 답변 유형에 따른 추가 질문과 그에 대한 평가 역량이 정해져 있는 면접 방식으로 표준화 면접이라고도 한다.

- 표준화된 질문이나 평가요소가 면접 전 확정되며, 지원자는 편성된 조나 면접관에 영향을 받지 않고 동일한 질문과 시간을 부여받을 수 있다.
- 조직 또는 직무별로 주요하게 도출된 역량을 기반으로 평가요소가 구성되어, 조직 또는 직무에서 필요한 역량을 가진 지원자를 선발할 수 있다.
- 표준화된 형식을 사용하는 특성 때문에 비구조화 면접에 비해 신뢰성과 타당성, 객관성이 높다.

㉡ **비구조화 면접** : 비구조화 면접은 면접 계획을 세울 때 면접 목적만을 명시하고 내용이나 방법은 면접관에게 전적으로 일임하는 방식으로 비표준화 면접이라고도 한다.

- 표준화된 질문이나 평가요소 없이 면접이 진행되며, 편성된 조나 면접관에 따라 지원자에게 주어지는 질문이나 시간이 다르다.
- 면접관의 주관적인 판단에 따라 평가가 이루어져 평가 오류가 빈번히 일어난다.
- 상황 대처나 언변이 뛰어난 지원자에게 유리한 면접이 될 수 있다.

④ 경쟁력 있는 면접 요령

㉠ 면접 전에 준비하고 유념할 사항

- 예상 질문과 답변을 미리 작성한다.
- 작성한 내용을 문장으로 외우지 않고 키워드로 기억한다.
- 지원한 회사의 최근 기사를 검색하여 기억한다.
- 지원한 회사가 속한 산업군의 최근 기사를 검색하여 기억한다.
- 면접 전 1주일간 이슈가 되는 뉴스를 기억하고 자신의 생각을 반영하여 정리한다.
- 찬반토론에 대비한 주제를 목록으로 정리하여 자신의 논리를 내세운 예상답변을 작성한다.

㉡ 면접장에서 유념할 사항

- 질문의 의도 파악 : 답변을 할 때에는 질문 의도를 파악하고 그에 충실한 답변이 될 수 있도록 질문 사항을 유념해야 한다. 많은 지원자가 하는 실수 중 하나로 답변을 하는 도중 자기 말에 심취되어 질문의 의도와 다른 답변을 하거나 자신이 알고 있는 지식만을 나열하는 경우가 있는데, 이럴 경우 의사소통능력이 부족한 사람으로 인식될 수 있으므로 주의하도록 한다.
- 답변은 두괄식 : 답변을 할 때에는 두괄식으로 결론을 먼저 말하고 그 이유를 설명하는 것이 좋다. 미괄식으로 답변을 할 경우 용두사미의 답변이 될 가능성이 높으며, 결론을 이끌어 내는 과정에서 논리성이 결여될 우려가 있다. 또한 면접관이 결론을 듣기 전에 말을 끊고 다른 질문을 추가하는 예상치 못한 상황이 발생될 수 있으므로 답변은 자신이 전달하고자 하는 바를 먼저 밝히고 그에 대한 설명을 하는 것이 좋다.
- 지원한 회사의 기업정신과 인재상을 기억 : 답변을 할 때에는 회사가 원하는 인재라는 인상을 심어주기 위해 지원한 회사의 기업정신과 인재상 등을 염두에 두고 답변을 하는 것이 좋다. 모든 회사에 해당되는 두루뭉술한 답변보다는 지원한 회사에 맞는 맞춤형 답변을 하는 것이 좋다.
- 나보다는 회사와 사회적 관점에서 답변 : 답변을 할 때에는 자기중심적인 관점을 피하고 좀 더 넓은 시각으로 회사와 국가, 사회적 입장까지 고려하는 인재임을 어필하는 것이 좋다. 자기중심적 시각을 바탕으로 자신의 출세만을 위해 회사에 입사하려는 인상을 심어줄 경우 면접에서 불이익을 받을 가능성이 높다.
- 난처한 질문은 정직한 답변 : 난처한 질문에 답변을 해야 할 때에는 피하기보다는 정면 돌파로 정직하고 솔직하게 답변하는 것이 좋다. 난처한 부분을 감추고 드러내지 않으려 회피하려는 지원자의 모습은 인사담당자에게 입사 후에도 비슷한 상황에 처했을 때 회피할 수도 있다는 우려를 심어줄 수 있다. 따라서 직장생활에 있어 중요한 덕목 중 하나인 정직을 바탕으로 솔직하게 답변을 하도록 한다.

(2) 면접의 종류 및 준비 전략

① 인성면접

㉠ 면접 방식 및 판단기준

- 면접 방식 : 인성면접은 면접관이 가지고 있는 개인적 면접 노하우나 관심사에 의해 질문을 실시한다. 주로 입사지원서나 자기소개서의 내용을 토대로 지원동기, 과거의 경험, 미래 포부 등을 이야기하도록 하는 방식이다.
- 판단기준 : 면접관의 개인적 가치관과 경험, 해당 역량의 수준, 경험의 구체성 · 진실성 등

㉡ 특징 : 인성면접은 그 방식으로 인해 역량과 무관한 질문들이 많고 지원자에게 주어지는 면접질문, 시간 등이 다를 수 있다. 또한 입사지원서나 자기소개서의 내용을 토대로 하기 때문에 지원자별 질문이 달라질 수 있다.

㉢ 예시 문항 및 준비전략

- 예시 문항

> - 3분 동안 자기소개를 해 보십시오.
> - 자신의 장점과 단점을 말해 보십시오.
> - 학점이 좋지 않은데 그 이유가 무엇입니까?
> - 최근에 인상 깊게 읽은 책은 무엇입니까?
> - 일과 개인생활 중 어느 쪽을 중시합니까?
> - 10년 후 자신은 어떤 모습일 것이라고 생각합니까?
> - 휴학 기간 동안에는 무엇을 했습니까?

- 준비전략 : 인성면접은 입사지원서나 자기소개서의 내용을 바탕으로 하는 경우가 많으므로 자신이 작성한 입사지원서와 자기소개서의 내용을 충분히 숙지하도록 한다. 또한 최근 사회적으로 이슈가 되고 있는 뉴스에 대한 견해를 묻거나 시사상식 등에 대한 질문을 받을 수 있으므로 이에 대한 대비도 필요하다. 자칫 부담스러워 보이지 않는 질문으로 가볍게 대답하지 않도록 주의하고 모든 질문에 입사 의지를 담아 성실하게 답변하는 것이 중요하다.

② 발표면접

㉠ 면접 방식 및 판단기준

- 면접 방식 : 지원자가 특정 주제와 관련된 자료를 검토하고 그에 대한 자신의 생각을 면접관 앞에서 주어진 시간 동안 발표하고 추가 질의를 받는 방식으로 진행된다.
- 판단기준 : 지원자의 사고력, 논리력, 문제해결력 등

㉡ 특징 : 발표면접은 지원자에게 과제를 부여한 후, 과제를 수행하는 과정과 결과를 관찰 · 평가한다. 따라서 과제수행 결과뿐 아니라 수행과정에서의 행동을 모두 평가할 수 있다.

ⓒ 예시 문항 및 준비전략

• 예시 문항

[신입사원 조기 이직 문제]

※ 지원자는 아래에 제시된 자료를 검토한 뒤, 신입사원 조기 이직의 원인을 크게 3가지로 정리하고 이에 대한 구체적인 개선안을 도출하여 발표해 주시기 바랍니다.

※ 본 과제에 정해진 정답은 없으나 논리적 근거를 들어 개선안을 작성해 주십시오.

• A기업은 동종업계 유사기업들과 비교해 볼 때, 비교적 높은 재무안정성을 유지하고 있으며 업무강도가 그리 높지 않은 것으로 외부에 알려져 있음.
• 최근 조사결과, 동종업계 유사기업들과 연봉을 비교해 보았을 때 연봉 수준도 그리 나쁘지 않은 편이라는 것이 확인되었음.
• 그러나 지난 3년간 1~2년차 직원들의 이직률이 계속해서 증가하고 있는 추세이며, 경영진 회의에서 최우선 해결과제 중 하나로 거론되었음.
• 이에 따라 인사팀에서 현재 1~2년차 사원들을 대상으로 개선되어야 하는 A기업의 조직문화에 대한 설문조사를 실시한 결과, '상명하복식의 의사소통'이 36.7%로 1위를 차지했음.
• 이러한 설문조사와 함께, 신입사원 조기 이직에 대한 원인을 분석한 결과 파랑새 증후군, 셀프홀릭 증후군, 피터팬 증후군 등 3가지로 분류할 수 있었음.

〈신입사원 조기 이직의 원인〉

• 파랑새 증후군
-현재의 직장보다 더 좋은 직장이 있을 것이라는 막연한 기대감으로 끊임없이 새로운 직장을 탐색함.
-학력 수준과 맞지 않는 '하향지원', 전공과 적성을 고려하지 않고 일단 취업하고 보자는 '묻지마 지원'이 파랑새 증후군을 초래함.
• 셀프홀릭 증후군
-본인의 역량에 비해 가치가 낮은 일을 주로 하면서 갈등을 느낌.
• 피터팬 증후군
-기성세대의 문화를 무조건 수용하기보다는 자유로움과 변화를 추구함.
-상명하복, 엄격한 규율 등 기성세대가 당연시하는 관행에 거부감을 가지며 직장에 답답함을 느낌.

• 준비전략 : 발표면접의 시작은 과제 안내문과 과제 상황, 과제 자료 등을 정확하게 이해하는 것에서 출발한다. 과제 안내문을 침착하게 읽고 제시된 주제 및 문제와 관련된 상황의 맥락을 파악한 후 과제를 검토한다. 제시된 기사나 그래프 등을 충분히 활용하여 주어진 문제를 해결할 수 있는 해결책이나 대안을 제시하며, 발표를 할 때에는 명확하고 자신 있는 태도로 전달할 수 있도록 한다.

③ 토론면접

㉠ 면접 방식 및 판단기준

- 면접 방식 : 상호갈등적 요소를 가진 과제 또는 공통의 과제를 해결하는 내용의 토론 과제를 제시하고, 그 과정에서 개인 간의 상호작용 행동을 관찰하는 방식으로 면접이 진행된다.
- 판단기준 : 팀워크, 적극성, 갈등 조정, 의사소통능력, 문제해결능력 등

㉡ 특징 : 토론을 통해 도출해 낸 최종안의 타당성도 중요하지만, 결론을 도출해 내는 과정에서의 의사소통능력이나 갈등상황에서 의견을 조정하는 능력 등이 중요하게 평가되는 특징이 있다.

㉢ 예시 문항 및 준비전략

- 예시 문항

  - AI 생성이미지 저작권 소유자 미지정 찬반토론
  - 담뱃값 인상에 대한 찬반토론
  - 비정규직 철폐에 대한 찬반토론
  - 대학교의 비인기학과 통폐합 찬반토론
  - 워크숍 장소 선정을 위한 토론

- 준비전략 : 토론면접은 무엇보다 팀워크와 적극성이 강조된다. 따라서 토론과정에 적극적으로 참여하며 자신의 의사를 분명하게 전달하며, 갈등상황에서 자신의 의견만 내세울 것이 아니라 다른 지원자의 의견을 경청하고 배려하는 모습도 중요하다. 갈등상황을 일목요연하게 정리하여 조정하는 등의 의사소통능력을 발휘하는 것도 좋은 전략이 될 수 있다.

④ 상황면접

㉠ 면접 방식 및 판단기준

- 면접 방식 : 상황면접은 직무 수행 시 접할 수 있는 상황들을 제시하고, 그러한 상황에서 어떻게 행동할 것인지를 이야기하는 방식으로 진행된다.
- 판단기준 : 해당 상황에 적절한 역량의 구현과 구체적 행동지표

㉡ 특징 : 실제 직무 수행 시 접할 수 있는 상황들을 제시하므로 입사 이후 지원자의 업무수행능력을 평가하는 데 적절한 면접 방식이다. 또한 지원자의 가치관, 태도, 사고방식 등의 요소를 통합적으로 평가하는 데 용이하다.

㉢ 예시 문항 및 준비전략

• 예시 문항

> 당신은 생산관리팀의 팀원으로, 생산팀이 기한에 맞춰 효율적으로 제품을 생산할 수 있도록 관리하는 역할을 맡고 있습니다. 3개월 뒤에 제품A를 정상적으로 출시하기 위해 생산팀의 생산 계획을 수립한 상황입니다. 그러나 원가가 곧 실적으로 이어지는 구매팀에서는 최대한 원가를 줄여 전반적 단가를 낮추려고 원가절감을 위한 제안을 하였으나, 연구개발팀에서는 구매팀이 제안한 방식으로 제품을 생산할 경우 대부분이 구매팀의 실적으로 산정될 것이므로 제대로 확인도 해보지 않은 채 적합하지 않은 방식이라고 판단하고 있습니다. 당신은 어떻게 하겠습니까?

• 준비전략 : 상황면접은 먼저 주어진 상황에서 핵심이 되는 문제가 무엇인지를 파악하는 것에서 시작한다. 주요 질문과 세부질문을 통하여 질문의 의도를 파악하였다면, 그에 대한 구체적인 행동이나 생각 등에 대해 응답할수록 높은 점수를 얻을 수 있다.

⑤ 역할면접

㉠ 면접 방식 및 판단기준

• 면접 방식 : 역할면접 또는 역할연기 면접은 기업 내 발생 가능한 상황에서 부딪히게 되는 문제와 역할을 가상적으로 설정하여 특정 역할을 맡은 사람과 상호작용하고 문제를 해결해 나가도록 하는 방식으로 진행된다. 역할연기 면접에서는 면접관이 직접 역할연기를 하면서 지원자를 관찰하기도 하지만, 역할연기 수행만 전문적으로 하는 사람을 투입할 수도 있다.

• 판단기준 : 대처능력, 대인관계능력, 의사소통능력 등

㉡ 특징 : 역할면접은 실제 상황과 유사한 가상 상황에서의 행동을 관찰함으로서 지원자의 성격이나 대처 행동 등을 관찰할 수 있다.

㉢ 예시 문항 및 준비전략

• 예시 문항

> [금융권 역할면접의 예]
> 당신은 ㅇㅇ은행의 신입 텔러이다. 사람이 많은 월말 오전 한 할아버지(면접관 또는 역할담당자)께서 ㅇㅇ은행을 사칭한 보이스피싱으로 500만 원을 피해 보았다며 소란을 일으키고 있다. 실제 업무상황이라고 생각하고 상황에 대처해 보시오.

• 준비전략 : 역할연기 면접에서 측정하는 역량은 주로 갈등의 원인이 되는 문제를 해결 하고 제시된 해결방안을 상대방에게 설득하는 것이다. 따라서 갈등해결, 문제해결, 조정 · 통합, 설득력과 같은 역량이 중요시된다. 또한 갈등을 해결하기 위해서 상대방에 대한 이해도 필수적인 요소이므로 고객 지향을 염두에 두고 상황에 맞게 대처해야 한다.

역할면접에서는 변별력을 높이기 위해 면접관이 압박적인 분위기를 조성하는 경우가 많기 때문에 스트레스 상황에서 불안해하지 않고 유연하게 대처할 수 있도록 시간과 노력을 들여 연습한다.

2 면접 이미지 메이킹

(1) 성공적인 이미지 메이킹 포인트

① 복장 및 스타일

㉠ 남성

- 양복 : 양복은 단색으로 하며 넥타이나 셔츠로 포인트를 주는 것이 효과적이다. 짙은 회색이나 감청색이 가장 단정하고 품위 있는 인상을 준다.
- 셔츠 : 흰색이 가장 선호되나 자신의 피부색에 맞추는 것이 좋다. 푸른색이나 베이지색은 산뜻한 느낌을 줄 수 있다. 양복과의 배색도 고려하도록 한다.
- 넥타이 : 의상에 포인트를 줄 수 있는 아이템이지만 너무 화려한 것은 피한다. 지원자의 피부색은 물론, 정장과 셔츠의 색을 고려하며, 체격에 따라 넥타이 폭을 조절하는 것이 좋다.
- 구두 & 양말 : 구두는 검정색이나 짙은 갈색이 어느 양복에나 무난하게 어울리며 깔끔하게 닦아 준비한다. 양말은 정장과 동일한 색상이나 검정색을 착용한다.
- 헤어스타일 : 머리스타일은 단정한 느낌을 주는 짧은 헤어스타일이 좋으며 앞머리가 있다면 이마나 눈썹을 가리지 않는 선에서 정리하는 것이 좋다.

㉡ 여성

- 의상 : 단정한 스커트 투피스 정장이나 슬랙스 슈트가 무난하다. 블랙이나 그레이, 네이비, 브라운 등 차분해 보이는 색상을 선택하는 것이 좋다.
- 소품 : 구두, 핸드백 등은 같은 계열로 코디하는 것이 좋으며 구두는 너무 화려한 디자인이나 굽이 높은 것을 피한다. 스타킹은 의상과 구두에 맞춰 단정한 것으로 선택한다.
- 액세서리 : 액세서리는 너무 크거나 화려한 것은 좋지 않으며 과하게 많이 하는 것도 좋은 인상을 주지 못한다. 착용하지 않거나 작고 깔끔한 디자인으로 포인트를 주는 정도가 적당하다.
- 메이크업 : 화장은 자연스럽고 밝은 이미지를 표현하는 것이 좋으며 진한 색조는 인상이 강해 보일 수 있으므로 피한다.
- 헤어스타일 : 커트나 단발처럼 짧은 머리는 활동적이면서도 단정한 이미지를 줄 수 있도록 정리한다. 긴 머리의 경우 하나로 묶거나 단정한 머리망으로 정리하는 것이 좋으며, 짙은 염색이나 화려한 웨이브는 피한다.

② 인사의 핵심 포인트

㉠ 인사말 : 인사말을 할 때에는 밝고 친근감 있는 목소리로 하며 자신을 간략하게 소개한다.

㉡ 시선 : 상대방의 눈을 보며 하는 것이 중요하며 빤히 쳐다본다는 느낌이 들지 않도록 한다.

㉢ 표정 :살짝 미소를 지으며 하는 것이 좋다.

㉣ 자세 : 가볍게 목만 숙인다거나 흐트러진 상태에서 인사를 하지 않고 절도 있고 확실하게 한다.

③ 시선처리와 표정, 목소리

㉠ 시선처리와 표정 : 표정은 면접에서 지원자의 첫인상을 결정하는 중요한 요소이다. 얼굴표정은 사람의 감정을 가장 잘 표현할 수 있는 의사소통 도구로 표정 하나로 상대방에게 호감을 주거나, 비호감을 사기도 한다. 호감이 가는 인상의 특징은 부드러운 눈썹, 자연스러운 미간, 적당히 볼록한 광대, 올라간 입 꼬리 등으로 가볍게 미소를 지을 때의 표정과 일치한다. 따라서 면접 중에는 밝은 표정으로 미소를 지어 호감을 형성할 수 있도록 한다. 시선은 면접관과 고르게 맞추되 생기 있는 눈빛을 띄도록 하며, 너무 빤히 쳐다본다는 인상을 주지 않도록 한다.

㉡ 목소리 : 면접은 주로 면접관과 지원자의 대화로 이루어지므로 목소리가 미치는 영향이 상당하다. 답변을 할 때에는 부드러우면서도 활기차고 생동감 있는 목소리로 하는 것이 면접관에게 호감을 줄 수 있으며 적당한 제스처가 더해진다면 상승효과를 얻을 수 있다. 그러나 적절한 답변을 하였음에도 불구하고 콧소리나 날카로운 목소리, 자신감 없는 작은 목소리는 답변의 신뢰성을 떨어뜨릴 수 있으므로 주의하도록 한다.

④ 자세

㉠ 걷는 자세

- 면접장에 입실할 때에는 상체를 곧게 유지하고 무릎을 스치듯 11자로 걷는다.
- 시선은 정면을 향하고 턱은 가볍게 당기며 어깨나 엉덩이가 흔들리지 않도록 주의한다.
- 발바닥 전체가 닿는 느낌으로 안정감 있게 걸으며 발소리가 나지 않도록 주의한다.
- 보폭은 어깨넓이만큼이 적당하지만, 스커트를 착용했을 경우 보폭을 줄인다.
- 걸을 때도 미소를 유지한다.

㉡ 서있는 자세

- 몸 전체를 곧게 펴고 가슴을 자연스럽게 내민 후 등과 어깨에 힘을 주지 않는다.
- 정면을 바라본 상태에서 턱을 약간 당기고 아랫배에 힘을 주어 당기며 바르게 선다.
- 양 무릎과 발뒤꿈치는 붙이고 발끝은 11자 또는 V형을 취한다.

㉢ 앉은 자세

- 의자 깊숙이 앉고 등받이와 등 사이에 주먹 1개 정도의 간격을 두며 기대듯 앉지 않도록 주의한다.
- 선은 정면을 바라보며 턱은 가볍게 당기고 미소를 짓는다.
- 앉고 일어날 때에는 자세가 흐트러지지 않도록 주의한다.

(2) 면접 예절

① 행동 관련 예절

㉠ **지각은 절대금물** : 시간을 지키는 것은 예절의 기본이다. 지각을 할 경우 면접에 응시할 수 없거나, 면접 기회가 주어지더라도 불이익을 받을 가능성이 높아진다. 따라서 면접장소가 결정되면 교통편과 소요시간을 확인하고 가능하다면 사전에 미리 방문해 보는 것도 좋다. 면접 당일에는 서둘러 출발하여 면접 시간 20~30분 전에 도착하여 회사를 둘러보고 환경에 익숙해지는 것도 성공적인 면접을 위한 요령이 될 수 있다.

㉡ **면접 대기 시간** : 지원자들은 대부분 면접장에서의 행동과 답변 등으로만 평가를 받는다고 생각하지만 그렇지 않다. 면접관이 아닌 면접진행자 역시 대부분 인사실무자이며 면접관이 면접 후 지원자에 대한 평가에 있어 확신을 위해 면접진행자의 의견을 구한다면 면접진행자의 의견이 당락에 영향을 줄 수 있다. 따라서 면접 대기 시간에도 행동과 말을 조심해야 하며, 면접을 마치고 돌아가는 순간까지도 긴장을 늦춰서는 안 된다. 면접 중 압박적인 질문에 답변을 잘 했지만, 면접장을 나와 흐트러진 모습을 보이거나 욕설을 한다면 면접 탈락의 요인이 될 수 있으므로 주의해야 한다.

㉢ **입실 후 태도** : 본인의 차례가 되어 호명되면 또렷하게 대답하고 들어간다. 만약 면접장 문이 닫혀 있다면 상대에게 소리가 들릴 수 있을 정도로 노크를 두세 번 한 후 대답을 듣고 나서 들어가야 한다. 문을 여닫을 때에는 소리가 나지 않게 조용히 하며 공손한 자세로 인사한 후 성명과 수험번호를 말하고 면접관의 지시에 따라 자리에 앉는다. 이 경우 착석하라는 말이 없는데 먼저 의자에 앉으면 무례한 사람으로 보일 수 있으므로 주의한다. 의자에 앉을 때에는 끝에 앉지 말고 무릎 위에 양손을 가지런히 얹는 것이 예절이라고 할 수 있다.

㉣ **옷매무새를 자주 고치지 마라.** : 일부 지원자의 경우 옷매무새 또는 헤어스타일을 자주 고치거나 확인하기도 하는데 이러한 모습은 과도하게 긴장한 것 같아 보이거나 면접에 집중하지 못하는 것으로 보일 수 있다. 남성 지원자의 경우 넥타이를 자꾸 고쳐 맨다거나 정장 상의 끝을 너무 자주 만지작거리지 않는다. 여성 지원자는 머리를 계속 쓸어 올리지 않고, 특히 짧은 치마를 입고서 신경이 쓰여 치마를 끌어 내리는 행동은 좋지 않다.

㉤ **다리를 떨거나 산만한 시선은 면접 탈락의 지름길** : 자신도 모르게 다리를 떨거나 손가락을 만지는 등의 행동을 하는 지원자가 있는데, 이는 면접관의 주의를 끌 뿐만 아니라 불안하고 산만한 사람이라는 느낌을 주게 된다. 따라서 가능한 한 바른 자세로 앉아 있는 것이 좋다. 또한 면접관과 시선을 맞추지 못하고 여기저기 둘러보는 듯한 산만한 시선은 지원자가 거짓말을 하고 있다고 여겨지거나 신뢰할 수 없는 사람이라고 생각될 수 있다.

② 답변 관련 예절

㉠ **면접관이나 다른 지원자와 가치 논쟁을 하지 않는다.** : 질문을 받고 답변하는 과정에서 면접관 또는 다른 지원자의 의견과 다른 의견이 있을 수 있다. 특히 평소 지원자가 관심이 많은 문제이거나 잘 알고 있는 문제인 경우 자신과 다른 의견에 대해 이의가 있을 수 있다. 하지만 주의할 것은 면접에서 면접관이나 다른 지원자와 가치 논쟁을 할 필요는 없다는 것이며 오히려 불이익을 당할 수도 있다. 정답이 정해져 있지 않은 경우에는 가치관이나 성장배경에 따라 문제를 받아들이는 태도에서 답변까지 충분히 차이가 있을 수 있으므로 굳이 면접관이나 다른 지원자의 가치관을 지적하고 고치려 드는 것은 좋지 않다.

㉡ **답변은 항상 정직해야 한다.** : 면접이라는 것이 아무리 지원자의 장점을 부각시키고 단점을 축소시키는 것이라고 해도 절대로 거짓말을 해서는 안 된다. 거짓말을 하게 되면 지원자는 불안하거나 꺼림칙한 마음이 들게 되어 면접에 집중을 하지 못하게 되고 수많은 지원자를 상대하는 면접관은 그것을 놓치지 않는다. 거짓말은 그 지원자에 대한 신뢰성을 떨어뜨리며 이로 인해 다른 스펙이 아무리 훌륭하다고 해도 채용에서 탈락하게 될 수 있음을 명심하도록 한다.

㉢ **경력직을 경우 전 직장에 대해 험담하지 않는다.** : 지원자가 전 직장에서 무슨 업무를 담당했고 어떤 성과를 올렸는지는 면접관이 관심을 둘 사항일 수 있지만, 이전 직장의 기업문화나 상사들이 어땠는지는 그다지 궁금해 하는 사항이 아니다. 전 직장에 대해 험담을 늘어놓는다든가, 동료와 상사에 대한 악담을 하게 된다면 오히려 지원자에 대한 부정적인 이미지만 심어줄 수 있다. 만약 전 직장에 대한 말을 해야 할 경우가 생긴다면 가능한 한 객관적으로 이야기하는 것이 좋다.

㉣ **자기 자신이나 배경에 대해 자랑하지 않는다.** : 자신의 성취나 부모 형제 등 집안사람들이 사회·경제적으로 어떠한 위치에 있는지에 대한 자랑은 면접관으로 하여금 지원자에 대해 오만한 사람이거나 배경에 의존하려는 나약한 사람이라는 이미지를 갖게 할 수 있다. 따라서 자기 자신이나 배경에 대해 자랑하지 않도록 하고, 자신이 한 일에 대해서 너무 자세하게 얘기하지 않도록 주의해야 한다.

3 면접 질문 및 답변 포인트

(1) 대인관계에 관한 질문

① 친구 관계에 대해 말해 보십시오.

지원자의 인간성을 판단하는 질문으로 교우관계를 통해 답변자의 성격과 대인관계능력을 파악할 수 있다. 새로운 환경에 적응을 잘하여 새로운 친구들이 많은 것도 좋지만, 깊고 오래 지속되어온 인간관계를 말하는 것이 더욱 바람직하다.

② 갈등해결 경험에 대해서 말해 보십시오.

지원자의 대인관계에서 갈등을 해결해본 경험을 물어보는 것은 문제해결능력을 확인하기 위해서이다. 관계에서 문제를 해결해본 경험이 많은 지원자일수록 좋은 점수를 제시하기 때문에, 갈등해결 경험에 대해서 상세히 설명해주는 것이 좋다.

(2) 성격 및 가치관에 관한 질문

① 당신의 PR포인트를 말해 주십시오.

PR포인트를 말할 때에는 지나치게 겸손한 태도는 좋지 않으며 적극적으로 자기를 주장하는 것이 좋다. 앞으로 입사 후 하게 될 업무와 관련된 자기의 특성을 구체적인 일화를 더하여 이야기하도록 한다.

② 당신의 장 · 단점을 말해 보십시오.

지원자의 구체적인 장 · 단점을 알고자 하기 보다는 지원자가 자기 자신에 대해 얼마나 알고 있으며 어느 정도의 객관적인 분석을 하고 있나, 그리고 개선의 노력 등을 시도하는지를 파악하고자 하는 것이다. 따라서 장점을 말할 때는 업무와 관련된 장점을 뒷받침할 수 있는 근거와 함께 제시하며, 단점을 이야기할 때에는 극복을 위한 노력을 반드시 포함해야 한다.

③ 가장 존경하는 사람은 누구입니까?

존경하는 사람을 말하기 위해서는 우선 그 인물에 대해 알아야 한다. 잘 모르는 인물에 대해 존경한다고 말하는 것은 면접관에게 바로 지적당할 수 있으므로, 추상적이라도 좋으니 평소에 존경스럽다고 생각했던 사람에 대해 그 사람의 어떤 점이 좋고 존경스러운지 대답하도록 한다. 또한 자신에게 어떤 영향을 미쳤는지도 언급하면 좋다.

(3) 학교생활에 관한 질문

① 지금까지의 학교생활 중 가장 기억에 남는 일은 무엇입니까?

가급적 직장생활에 도움이 되는 경험을 이야기하는 것이 좋다. 또한 경험만을 간단하게 말하지 말고 그 경험을 통해서 얻을 수 있었던 교훈 등을 예시와 함께 이야기하는 것이 좋으나 너무 상투적인 답변이 되지 않도록 주의해야 한다.

② 성적은 좋은 편이었습니까?

면접관은 이미 서류심사를 통해 지원자의 성적을 알고 있다. 그럼에도 불구하고 이 질문을 하는 것은 지원자가 성적에 대해서 어떻게 인식하느냐를 알고자 하는 것이다. 성적이 나빴던 이유에 대해서 변명하려 하지 말고 담백하게 받아드리고 그것에 대한 개선노력을 했음을 밝히는 것이 적절하다.

③ 학창시절에 시위나 집회 등에 참여한 경험이 있습니까?

기업에서는 노사분규를 기업의 사활이 걸린 중대한 문제로 인식하고 거시적인 차원에서 접근한다. 이러한 기업문화를 제대로 인식하지 못하여 학창시절의 시위나 집회 참여 경험을 자랑스럽게 답변할 경우 감점요인이 되거나 심지어는 탈락할 수 있다는 사실에 주의한다. 시위나 집회에 참가한 경험을 말할 때에는 타당성과 정도에 유의하여 답변해야 한다.

(4) 지원동기 및 직업의식에 관한 질문

① 우리 교육청에 지원한 이유는 무엇입니까?

이 질문은 가장 먼저 물어보고 싶은 것으로 지원자들은 교육이념, 연봉, 복리후생 등 외적인 부분을 설명하는 경우가 많다. 이러한 답변도 적절하지만 지원하는 교육청의 교육정책, 교육공무직원의 봉사정신 등을 입사동기를 설명한다면 상당히 주목 받을 수 있을 것이다.

② 만약 이번 채용에 불합격하면 어떻게 하겠습니까?

불합격할 것을 가정하고 응시하는 지원자는 거의 없을 것이다. 이는 지원자를 궁지로 몰아넣고 어떻게 대응하는지를 살펴보며 입사 의지를 알아보려고 하는 것이다. 이 질문은 너무 깊이 들어가지 말고 침착하게 답변하는 것이 좋다.

③ 당신이 생각하는 바람직한 교육공무직원은 어떤 모습입니까?

직장인으로서 또는 조직의 일원으로서의 자세를 묻는 질문으로 지원하는 교육청에서 어떤 인재상을 요구하는 가를 알아두는 것이 좋으며, 평소에 자신의 생각을 미리 정리해 두어 당황하지 않도록 한다.

④ 직무상의 적성과 보수의 많음 중 어느 것을 택하겠습니까?

이런 질문에서 원하는 답변은 당연히 직무상의 적성에 비중을 둔다는 것이다. 그러나 적성만을 너무 강조하다 보면 오히려 솔직하지 못하다는 인상을 줄 수 있으므로 어느 한 쪽을 너무 강조하거나 경시하는 태도는 바람직하지 못하다.

⑤ 상사와 의견이 다를 때 어떻게 하겠습니까?

과거와 다르게 최근에는 상사의 명령에 무조건 따르겠다는 수동적인 자세는 바람직하지 않다. 때에 따라 자신이 판단하고 행동하기를 원하기 때문이다. 그러나 지나치게 자신의 의견만을 고집한다면 이는 팀원 간의 불화를 야기할 수 있으며 팀 체제에 악영향을 미칠 수 있으므로 선호하지 않는다는 것에 유념하여 답해야 한다.

(5) **여가 활용에 관한 질문**- 취미가 무엇입니까?

기초적인 질문이지만 특별한 취미가 없는 지원자의 경우 대답이 애매할 수밖에 없다. 그래서 가장 많이 대답하게 되는 것이 독서, 영화감상, 혹은 음악감상 등과 같은 흔한 취미를 말하게 되는데 이런 취미는 면접관의 주의를 끌기 어려우며 설사 정말 위와 같은 취미를 가지고 있다하더라도 제대로 답변하기는 힘든 것이 사실이다. 가능하면 독특한 취미를 말하는 것이 좋으며 이제 막 시작한 것이라도 열의를 가지고 있음을 설명할 수 있으면 그것을 취미로 답변하는 것도 좋다.

(6) **지원자를 당황하게 하는 질문**

① 성적이 좋지 않은데 이 정도의 성적으로 합격할 수 있다고 생각합니까?

비록 자신의 성적이 좋지 않더라도 이미 서류심사에 통과하여 면접에 참여하였다면 지원자의 성적보다 성적 이외의 요소, 즉 성격 · 열정 등을 높이 평가했다는 것이라고 할 수 있다. 그러나 이런 질문을 받게 되면 지원자는 당황할 수 있으나 주눅 들지 말고 침착하게 대처하는 면모를 보인다면 더 좋은 인상을 남길 수 있다.

② 우리 지역 교육감에 대해서 알고 있습니까?

교육감의 이름을 조사하는 것은 면접일을 통고받았을 때 이미 사전 조사되었어야 하는 사항이다. 단답형으로 이름만 말하기보다는 입사를 희망하는 지원자의 입장과 함께 답변하는 것이 좋다.

③ 당신은 해당 직무에 적합하지 않은 것 같군요.

이 질문은 지원자의 입장에서 상당히 곤혹스러울 수밖에 없다. 질문을 듣는 순간 그렇다면 면접은 왜 참가시킨 것인가 하는 생각이 들 수도 있다. 하지만 당황하거나 흥분하지 말고 침착하게 자신의 어떤 면이 적당하지 않는지 겸손하게 물어보고 지적당한 부분에 대해서 고치겠다는 의지를 보인다면 오히려 자신의 능력을 어필할 수 있는 기회로 사용할 수도 있다.

④ 다시 공부할 계획이 있습니까?

이 질문은 지원자가 합격하여 직장을 다니다가 공부를 더 하기 위해 그만 두거나 학습에 더 관심을 두어 일에 대한 능률이 저하될 것을 우려하여 묻는 것이다. 이때에는 당연히 학습보다는 일을 강조해야 하며, 업무 수행에 필요한 학습이라면 업무에 지장이 없는 범위에서 야간학교를 다니거나 제공하는 연수 프로그램 등을 활용하겠다고 답변하는 것이 적당하다.

⑤ 지원한 분야가 전공한 분야와 다른데 여기 일을 할 수 있겠습니까?

수험생의 입장에서 본다면 지원한 분야와 전공이 다르지만 서류전형과 필기전형에 합격하여 면접을 보게 된 경우라고 할 수 있다. 이는 결국 해당 회사의 채용 방침상 전공에 크게 영향을 받지 않는다는 것이므로 무엇보다 자신이 전공하지는 않았지만 어떤 업무도 적극적으로 임할 수 있다는 자신감과 능동적인 자세를 보여주도록 노력하는 것이 좋다.

CHAPTER 02

면접기출

1 공통 면접기출

① 자기소개를 해 보세오.

② 본인에게 주어진 담당업무 외에 학교나 학생을 위해서 할 수 있는 일이 무엇이 있을지 말해 보세오.

③ 퇴근 시간 이후 업무가 주어진다면 어떻게 하겠습니까?

④ 당 교육청(또는 교육지원청)의 교육지표에 대해 알고 있습니까?

⑤ 지원 직종에 필요하다고 생각하는 자질에 대해 설명해 보세요.

⑥ 우리 지역 자랑을 30초 간 해 보세요.

⑦ 방학중 비근무인데 일정이나 계획에 대해 간단히 말해 보세요. (방학중 비근무직)

⑧ 김영란법에 대해 설명해 보시오.

⑨ 공무직과 공무원의 차이점에 대해 말해보시오.

⑩ 강하게 민원을 제기하는 경우 어떻게 대처할 것인가 말해보시오.

2 직종별 면접기출

① 교육실무원의 업무에 대해 설명해 보세요.

② 공문서 작성법에 대해 간략히 설명해 보세요.

③ 만약 교사가 부당한 일을 시킨다면, 어떻게 대처하겠습니까?

④ 여러 명의 교사가 동시에 업무를 부탁할 경우, 어떤 순서에 따라 처리하겠습니까?

⑤ 외부에서 학교로 전화가 온 상황을 가정하여 통화해 보세요.

⑥ 특수교육실무원이 되기 위해 어떤 노력을 했는지 말해 보시오.

⑦ 개인적으로 중요한 일정과 학교 행사가 겹칠 경우 어떻게 하겠습니까?

⑧ 전문상담사에게 필요하다고 생각하는 자질에 대해 설명해 보세요.

⑨ 매 여름이면 발생하는 통학 차량 아동 갇힘 사고를 방지할 수 있는 방법이 있다면 말해 보세요.

⑩ 학대 및 방치가 의심되는 아동이 있다면 어떻게 대처하겠습니까?

⑪ 기억에 남는 학교폭력 상담 경험에 대해 말해 보세요.

⑫ 자신만의 상담 프로그램 개발 및 운영 방법이 있다면 말해 보세요.

⑬ 학교폭력이 발생한 상황에서 피해 학생과 가해 학생의 부모 간 중재

⑭ 특수교육대상 학생 지원이 일반 학생 지원과 다른 점을 말해 보세요.

⑮ 특수교육대상 학생 생활지도에 있어 가장 중요한 점은 무엇이라고 생각합니까?

⑯ 사서로서 학생들의 독서를 독려하기위해 생각한 프로그램이 있다면 말해 보세요.

⑰ 교육복지사로서 가장 중요하게 여겨야 할 점은 무엇이라고 생각합니까?

⑱ 학교폭력에 시달리는 학생을 발견한다면 어떻게 대처할 것입니까?

⑲ 학부모가 금품을 전달한다면 어떻게 대응할지 말해 보세요.

⑳ 담당 선생님과 갈등이 생긴다면 어떻게 대처할 것인지 말해 보세요.

Wish List

고생한 나에게 주는 선물! 머리가 어지러울 때
시험이 끝나고 하고 싶은 일들을 하나씩 적어보세요.

01		
02		
03		
04		
05		
06		
07		
08		
09		
10		

성공하기 전에는 항상 그것이 불가능한 것처럼 보이기 마련이다. – 넬슨 만델라

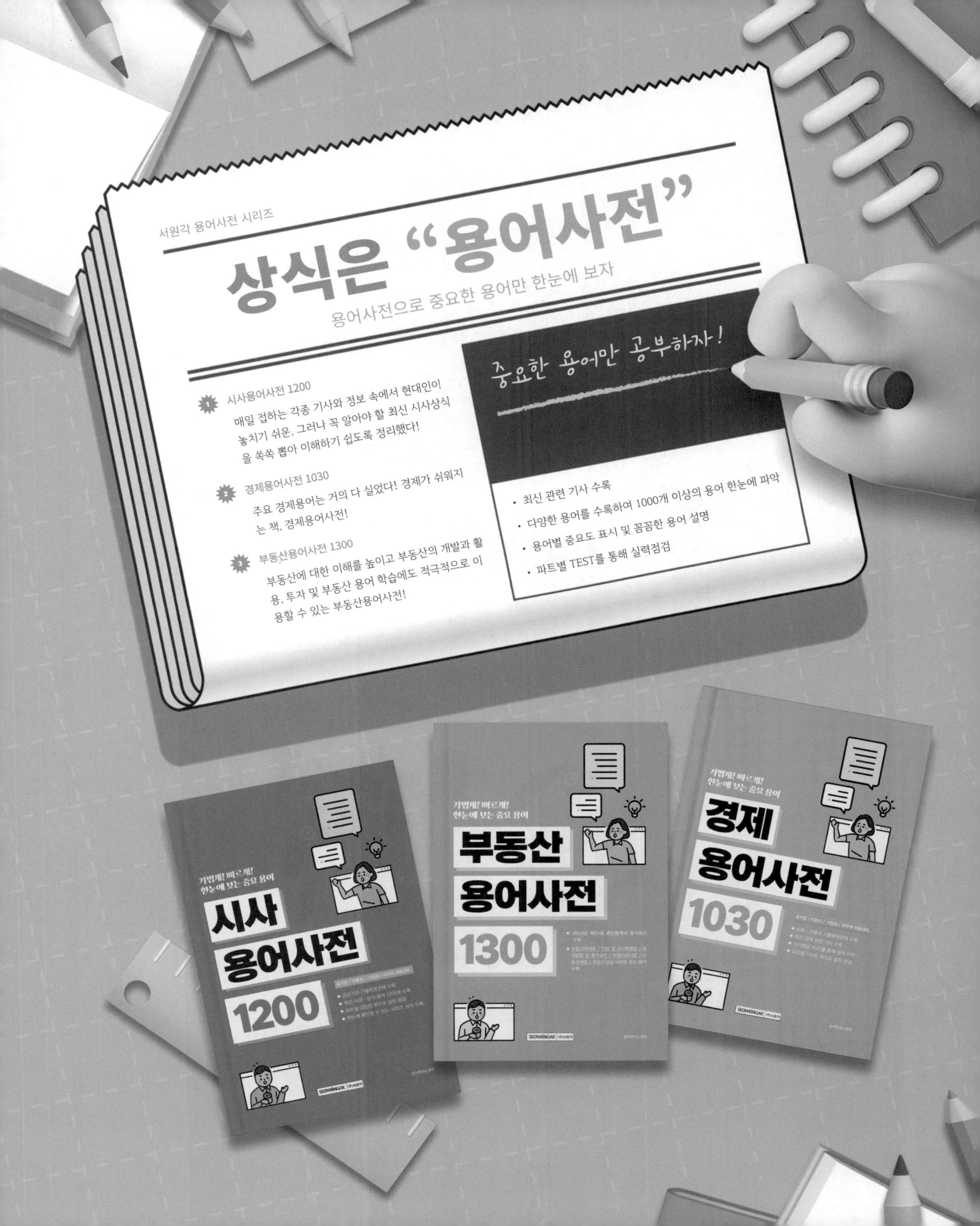

서원각 용어사전 시리즈
상식은 "용어사전"
용어사전으로 중요한 용어만 한눈에 보자
1 시사용어사전 1200
매일 접하는 각종 기사와 정보 속에서 현대인이 놓치기 쉬운, 그러나 꼭 알아야 할 최신 시사상식을 쏙쏙 뽑아 이해하기 쉽도록 정리했다!
2 경제용어사전 1030
주요 경제용어는 거의 다 실었다! 경제가 쉬워지는 책, 경제용어사전!
3 부동산용어사전 1300
부동산에 대한 이해를 높이고 부동산의 개발과 활용, 투자 및 부동산 용어 학습에도 적극적으로 이용할 수 있는 부동산용어사전!
중요한 용어만 공부하자!
• 최신 관련 기사 수록
• 다양한 용어를 수록하여 1000개 이상의 용어 한눈에 파악
• 용어별 중요도 표시 및 꼼꼼한 용어 설명
• 파트별 TEST를 통해 실력점검
가볍게! 빠르게! 한눈에 보는 중요 용어
시사 용어사전 1200
SEOWONGAK (주)서원각
가볍게! 빠르게! 한눈에 보는 중요 용어
부동산 용어사전 1300
SEOWONGAK (주)서원각
가볍게! 빠르게! 한눈에 보는 중요 용어
경제 용어사전 1030
SEOWONGAK (주)서원각

자격증

한번에 따기 위한 서원각 교재

한 권에 준비하기 시리즈 / 기출문제 정복하기 시리즈를 통해 자격증 준비하자!